決断科学のすすめ

持続可能な未来に向けて、どうすれば社会を変えられるか？

An Introduction to Decision Science

How can we transform our society to a sustainable future?

はじめに

私たちは日々、多くの意思決定を行っている。これらの意思決定の中には、簡単にできるものもあれば、難しいものもある。私たちは、難しい問題についての意思決定を「決断」(hard decision)と呼んで区別している。自分自身に関する意思決定は、多くの場合簡単だ。意思決定の結果を引き受けるのは自分だから、基本的には自分の好きな道を選べばよい。しかし、他者に対する意思決定、あるいは社会の意思決定は、多くの場合難しい。問題の複雑さ、不確実性や価値観の違いを考慮に入れて、「決断」する必要がある。

私たちはどうすれば良い決断ができるのだろうか。チームの上に立ち、チームの運命に責任を負うリーダーは、いつもこの問いに直面している。なぜなら、決断することが、リーダーの最も重要な仕事のひとつだからだ。チームの中で意見や判断が分かれる案件については、最終的にはリーダーが決断を下し、そしてその決断に対して責任を負わなければならない。さまざまな経験を積んだリーダーならば、長年の経験で培った判断力によって難しい局面で良い決断ができるかもしれない。しかし、若いリーダーの場合、経験不足を補うために先人の知恵を本で学ぶ必要がある。このため、書店のビジネス書コーナーに行けば、リーダーをめざす人のための指南書がたくさんある。中でもよく売れているのは、成功したリーダーが書いた本だ。

しかし、ビジネスリーダーであり読書家で知られる出口治明さんは、このようなビジネス書に対して以下のように批判的だ(1)。

〈大成功者の本を読み、彼と同じように行動したからといって、ビジネスがうまくいくとは限りません。すべてのビジネスは、人間と人間がつくる社会を相手にしているのですから、「人間とはどういう動物なのか」を理解することを優先したほうがいいと思うのです。ビジネス書を読んで、その内容を受け売りするよりも、小説や歴史書から、人間はどんな動物でどんな知恵を持っているのか、社会はどんな構成要素で成り立っているのか、人はどんな場面でどのように行動するのかなどを学んだほうが、はるかに有益です。〉

（『本の「使い方」』１３８ページ）

私もこの見解にほぼ同感だ。ただし、「人間はどんな動物でどんな知恵を持っているのか、社会はどんな構成要素で成り立っているのか、人はどんな場面でどのように行動するのか」などの疑問に対する答えを知るには、小説や歴史書から学ぶだけでなく、科学から学ぶことも必要だろう。出口さんがあげた上記の疑問については、科学研究の成果にもとづいて答えることが可能だ。もちろん、完全な答えなどない。科学というのは、より良い答えを探す絶えざる努力のことだ。さらに、人間には多様性があるので、あらゆるケースにあてはまる答えはない。この点についても、出口さんは以下のように的確な指摘をされている。

〈人間の生き方も、考え方も、能力も、千差万別です。そういった人間が織りなすビジネスの実相も千差万別で、ひとつとして同じケースはありません。即ちビジネスにおける正解は

ひとつではなく、すべてが応用問題だと私は思っています。〉（同137ページ）

しかし、千差万別といってもでたらめではなく、そこにはある程度の規則的なパターンがある。これらのパターンや、その背景についての科学の成果を学ぶことで、さまざまな局面での決断に応用できる考え方の軸を持つことができる。本書では、そのような考え方の軸を紹介し、社会的リーダーに必要な科学的思考法について解説したい。

なお本書が想定するリーダーは、ビジネス界のリーダーだけでなく、自治体や政府、学界、市民団体、国際組織など、あらゆるチームのリーダーである。そして、社会を少しでも良い方向に改革しようという意思があるリーダーを想定している。また、現時点でリーダーの立場にある人だけでなく、これからリーダーをめざす人、そしてリーダーをサポートしてチームを支えている人を読者に想定している。どんな組織であれ、そのパーフォーマンスは、トップリーダーだけでなくメンバーの力量に依存する。このため、リーダーシップは必ずしもトップリーダーだけが身につければ良いものではない。

本書は、文部科学省が2011年に開始した「博士課程教育リーディングプログラム」をきっかけに生まれた。このプログラムは、人類社会が直面している課題の解決に向けて、「俯瞰力と独創力を備え広く産学官にわたりグローバルに活躍するリーダー」を育てることを目標にしている。私たちの社会はいま、気候変動、生物多様性の消失、大規模災害、貧困や飢餓、高齢化、テロの脅威など、多くの困難な課題に直面している。これらの問題の解決には、さまざまな分野の専門家と、問題解決をめざす市民と、政府や自治体との協働が欠かせない。このような協働を発展させるうえで、すぐれた社会的リーダーが必要とされていることは確かだ。

私はこのプログラムの「オールラウンド型」を立案する立場に立ち、社会的リーダー養成に取り組む機会を得た。そこで私は、社会的リーダーなら誰しも身につけておくべき新しい科学の体系を作る、という目標を考え、新しい科学に「決断科学」という名前をつけて、「持続可能な社会を拓く決断科学大学院プログラム」を立案した。幸いこの提案は2013年に採択された。このプログラムでは、九州大学の全大学院から集まった意欲的な大学院生（2017年1月時点で77名）が、教員との共同作業によって「決断科学」の教科書づくりに取り組んでいるが、この作業が実を結ぶにはもう少し時間がかかる。そこで、まずは私が入門書を書いて、「決断科学」についての下絵を描いてみることにした。

私はまた、2015年4月以来、日本科学技術振興機構によるフューチャー・アース構想の推進事業「フューチャー・アース：課題解決に向けたトランスディシプリナリー研究の可能性調査」の研究代表者をつとめている。「フューチャー・アース」とは、世界の科学者が協力して、人類が直面するさまざまな課題の解決に寄与する新しい統域科学を作り出そうという、壮大なプロジェクトだ（このプロジェクトについては、5.4で紹介している）。「博士課程教育リーディングプログラム」が教育改革の予算であるのに対して、「フューチャー・アース構想の推進事業」は、科学自体を改革するための予算だ。私は「フューチャー・アース」の前身となる国際プログラムで委員をつとめ、「フューチャー・アース」構想の国際討議に参加してきたので、「博士課程教育リーディングプログラム」オールラウンド型の提案書では、この国際プログラムと連携して「決断科学」という新しい統域科学を作り出す方針を明記した。２０１５年度には、日本科学技術振興機構によるフューチャー・アース構想の推進事業本格研究の予算を得ることができたので、「フューチャー・アース」という世界の科学者のチャレンジにどのような貢献ができるかについても真剣に考えながら、本書の原稿を書き進めた。

フューチャー・アース構想の推進事業が開始された２０１５年4月から、JB Pressに一般向けの記事を書く機会に恵まれた。そこで本書をまとめることを念頭に、月2回の記事を書いてきた。本書はこれらの記事を再配列し、改訂したものである。JB Pressで公開した記事に加えて、各記事でとりあげたテーマについてさらに理解を深めるための読書案内をつけた。また、引用文献をつけて、これまでの研究成果にもとづく記述と、私自身の見解を区別した。

本書では、企業・自治体・政府関係者など、さまざまな立場の方にも理解してもらえるように、可能なかぎりわかりやすい表現を工夫した。そのために、専門の研究者からすれば、厳密さを欠くと批判されるかもしれない。しかし、これからの時代の科学者、とくに社会的問題の解決に関わる科学者には、さまざまな立場の多様な主体と協力し、科学の成果を社会に生かす努力が求められる。それこそが、フューチャー・アース構想がめざす新しい科学の姿だ。本書を通じて、科学と社会とのかかわりがいま大きく変わろうとしていることを少しでもお伝えできれば幸いである。

目　次

第2部　社会の科学　私たちはどこから来て、どこへ行くのか？

第1部　人間の科学　人間とはどんな動物なのか？

第1章　進化的思考――人間と社会の理解の礎

1.1　生命の進化に学ぶイノベーションの原理

生物進化は、おそるべき創造を成し遂げた。化学物質から生じた生命は、進化を通じてどんなデザイナーにも描き出せない多様で斬新なデザインを生み出し、どんな技術者にも到達できていないエネルギー変換技術と生命機械を創り出した。そして、どんな人工知能ですらかなわない学習能力と知性を持つヒト（ホモ・サピエンス）を生み出した。今や私たちヒトは、世界の過去を知り、未来を変える力を手にしている。このような進化的創造は、いったいどのような原理で成し遂げられたのだろうか。より良い未来への夢を描くために、まず私たちを生み出した進化の原理について学ぼう。

進化が生み出した驚異的なデザイン

まずは私が生物進化を研究することになったきっかけから話を始めよう。私が進化に興味を抱いたのは、中学1年生の7月のことだ。福岡市近郊の山で「ナツエビネ」という野生ランの花と出会ったことが、私の運命を変えた。ナツエビネの花は私が知っていたどんな園芸ランの花よりも美しく、そしてデザインがすばらしかった。そして、これほどの美しさとデザインを兼ね備えた花が常緑樹林の下に野生しているという事実、すなわちその花が自然界における進化の結果生み出されたという事実に驚かされた。この衝撃がきっかけとなって、その後私は生物進化の研究に携わることになった。最近では東南アジア熱帯林の調査を通じて、さまざまな野生ランに出会うが、その多様なデザインにはいつも驚かされるばかりだ。ランは園芸用に改良され、さまざまな色や形の花が作り出されているが、人間が施したデザインの修正は、野生ランが進化の結果生み出したオリジナリティに遠く及ばない。[(1)]

大学時代に友人を通じて知ったウミウシのデザインのすばらしさも、筆舌に尽くしがたい。最近では、ウミウシ観察がダイバーの間で普及し、「ピカチュウウミウシ」「イチゴミルクウミウシ」「パンダツノウミウシ」などの親しみやすい和名がつけられている。「ナショナル ジオグラフィック」誌のウェブサイト[(2)]に充実したフォトギャラリーがあるので、ぜひ訪問して、進化が生み出した自然の造形のすばらしさを堪能していただきたい。

人知をはるかに凌駕する機能

生物進化は、デザインだけでなく機能の点でもすばらしい創造を成し遂げた。糖の分解によってエネルギー分子を効率よく生産する仕組みや、太陽エネルギーを使って二酸化炭素と水を炭水化物に変える仕組みは、人類の技術がまだ遠く及ばないイノベーションだ。[(3)]

また、私たちの五感（視覚・聴覚・味覚・嗅覚・触覚）を支えるさまざまな器官やセンサーの性能も驚異的だ。たとえば眼のレンズは、最先端のカメラのレンズをはるかに凌駕する性能を持つ。味覚・

嗅覚によってワインの銘柄を識別できるソムリエの能力は、人工的な味覚・嗅覚センサーが到底太刀打ちできない水準にある。

そして何よりも、人間が獲得した学習能力や知性は、生物進化の最高傑作と言えるだろう。人工知能の性能が「2045年」に人間の脳を超えるという予測があるが、残念ながらそれは夢物語だ。人間には夢を描く能力があるが、では人工知能にどうやって夢を語らせればよいだろうか。その方法は、今のところ皆目見当がつかない。もし人工知能が夢を語れる日が来るとしても、それは「2045年」よりもっと遠い未来のことだろう。

生き残るのは誰か？

では、生物進化による驚異的なイノベーションは、いったいどのようなメカニズムで実現したのだろうか。その基本原理は、実は驚くほど簡単だと考えられている。突然変異に対して自然選択という一種の「市場メカニズム」が作用することで、環境に適応した変異が広がり、進化が起きるのだ。(4)

突然変異は遺伝子のコピーミスによって生じるランダムな変化であり、多くの場合は失敗に終わる。これは多くの新規ビジネスが失敗に終わるのに似ている。生物は環境にうまく適応しているので、その状態を変えることは通常は生存や繁殖に不利なのだ。このため、自然選択は多くの場合、現状維持を促す保守的な力として働く。しかし環境が変化したときには、突然変異の中で、新たな環境の下でより生存力や繁殖力が高いものが増えていく。すなわち、自然選択という「市場メカニズム」が、ランダムな突然変異の中から環境により適したものを選び出すのだ。これは、企業をとりまく環境が変化したときに、新たなニーズに応える商品を開発した企業が成功することに似ている。

私が大学で学んだ1970年代には、適応進化の原理の説明はこれで尽きていた。しかし、この原理による説明には、大きな疑問が残る。生物の適応進化のおそるべき創造性を担っているのは、「新たなニーズに応える商品」の開発、すなわち新しい環境の下で生存・繁殖力の点でより高いパーフォーマンスを持つデザインや機能の創出だ。それはいったいどのようにして可能になったのか？

進化的創造の原理は「一創造百盗作」

この疑問に答えたのは、故オオノ・ススム（大野乾）博士だ。オオノ博士は1970年に『遺伝子重複による進化』という本を出版し、ある遺伝子が二つ（あるいはそれ以上）に増え、一方が古い機能を維持しながら、他方が新しい機能へと進化することで、進化的な創造が可能になると主張した。(5)

オオノ博士によるこの考えは、その後の多くの研究によって裏付けられた。たとえば眼のレンズを構成する「α（アルファ）クリスタリン」の遺伝子は、熱ショックタンパク質（熱から細胞を守るタンパク質）の遺伝子のコピーから進化した。(6) いわば、耐熱服の素材を転用することで、レンズの進化が可能になったのだ。私たち人間の眼の光センサーは、赤・緑・青の光を感じる3種のタンパク質からなるが、これら3種のタンパク質の遺伝子も、それぞれの色をうまく吸収できるように祖先遺伝子のコピーを作り変えたものだ。(7) 同じように、野生ランの花に見られる驚くべき多様性も、花の形づくりに関わる遺伝子が遺伝子重複によって多様化し、重複した遺伝子が花の特定の位置での色や形を変える機能を獲得することによって生じたことが最近の研究で分かってきた。(8)

オオノ博士はこの原理が、科学を含む創造の過程で広く働くことを指摘し、その過程を「一創造百盗作」と呼んだ。[9] 本当に画期的な、0から1を生み出すような創造はめったになく、ほとんどの創造はコピーを作り変えただけだという主張である。違法な「盗作」は論外だが、歴史を通じて蓄積された既存の知識や技術を別の用途に転用し、それを作り変えることで、大きな進歩がもたらされているのが現実だ。

性が生み出す「組み合わせの妙」

進化的創造の重要な原理は、実はもう一つある。それは、オスとメスによる有性生殖だ。有性生殖は母親と父親の遺伝子をシャッフルして子供に多様性を作りだす。この仕組みのおかげで、一卵性双生児の場合を除き、生物の個体はすべて世界にたった一つの独自な存在となる。この過程で、父親にしかなかった遺伝子と母親にしかなかった遺伝子の新たな組み合わせが生じる。この仕組みは、生物の形や機能を新しい環境に適応するように改良していく効率を高める。[10]

眼を考えれば分かるように、生物の機能は多くの部品の組み合わせによって成り立っている。眼の場合には、角膜（単焦点レンズ）、水晶体（可変焦点レンズ）、瞳孔（絞り）、網膜（フィルム）などの光学系が、神経系・筋肉系・血管系と複合して高度な機能を達成している（図1）。このような各部品の機能を支えている遺伝子の数は、主要なものだけでも数百におよぶ。

眼の進化の過程では、これらの遺伝子それぞれにおいて改良が加えられてきた。[11] これらの改良を組み合わせる上で、有性生殖による組換えが大きな威力を発揮したはずだ。たとえば、水晶体のクリス

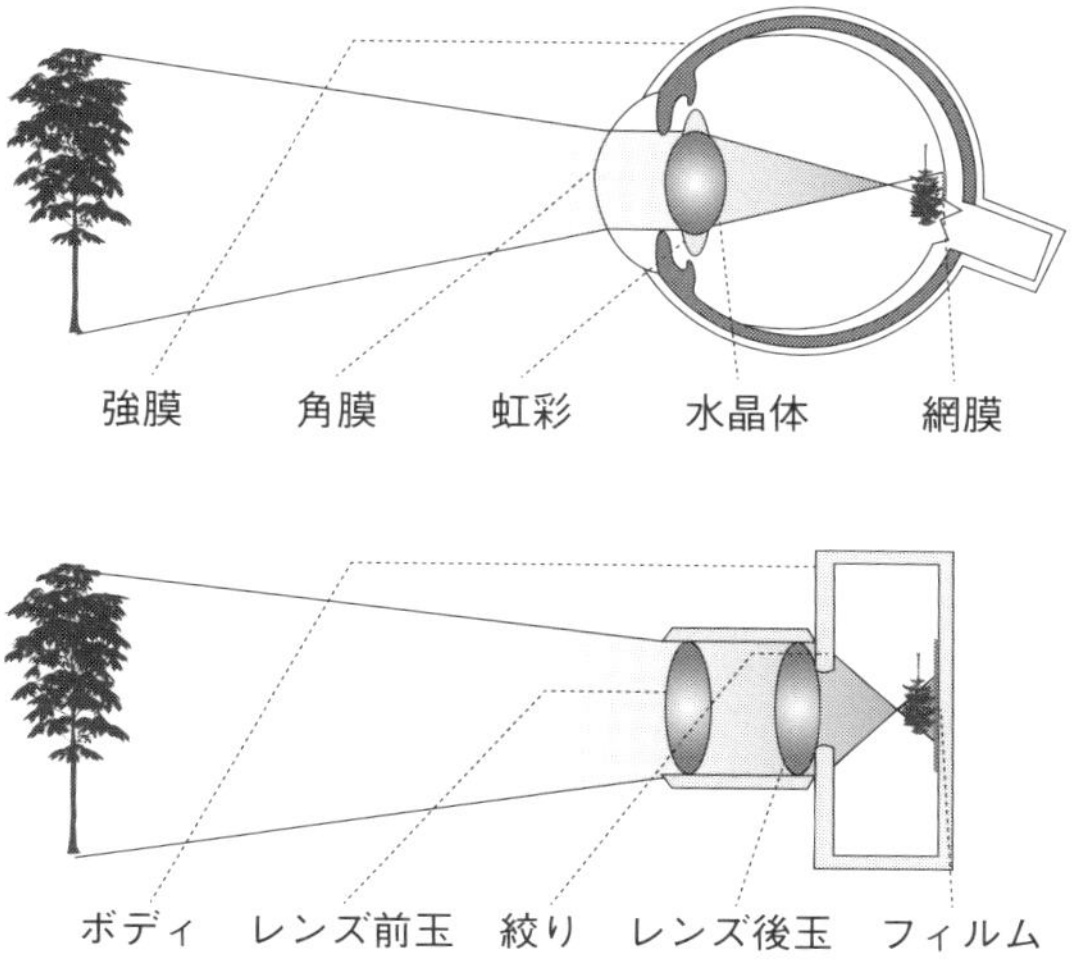

図1　目の構造とものが見えるしくみ。カメラとの比較（協同組合オールジャパンメガネチェーンによる原図をもとに作図）

タリンの機能が高い変異を持つ母親と、網膜の光センサーの機能が高い変異を持つ父親の子供の中には、組換えの結果として、両方の機能が高い子供が生まれる。

組換えにはさらに、「組み合わせの妙」を生みだす力がある。すなわち、二つ以上の遺伝子の機能がうまくマッチしたときにだけうまくいく組み合わせを作り出すことができるのだ。「組み合わせの妙」が創造の源泉であるという原理は、技術の進歩においても働いている。しばしば指摘されるように、スティーブ・ジョブスはパソコンの発明者でもなければ、携帯電話の発明者でもない。「iPhone」「iPad」などのイノベーションは、既存の技術の「組み合わせの妙」によって達成されたのである。[12]

0から1を生みだすには？

では、まったく新奇の遺伝子の進化、０か

ら1を生みだすような発明は、どのようにして可能になったのだろうか。再び、眼の進化を例に考えよう。眼の構造は、いろいろな動物の各グループで何回も進化したと考えられていた。人間を含む脊椎動物の単眼と、昆虫の複眼では、形態的な構造が全く違うので、起源も異なると考えられていたのだ。ところが、眼という構造を発生させるスイッチの遺伝子は、人間でも昆虫でもよく似ていることが分かった。「*Pax6*」と名付けられたこの遺伝子は、その後の研究でたった1回しか進化しなかったことが確認された。[13][14]

*Pax6*はまさに0から1を生みだすような発明だったわけだが、6番という番号がついているように、実は動物の発生過程のあちこちで、*Pax6*に類似した遺伝子が異なる器官を発生させるスイッチを入れていることが分かった。これら一群の遺伝子は、*Pax*遺伝子ファミリーと呼ばれている。その祖先の機能をたどっていくと、「DNA同士がペアでくっつきやすい性質」という、一見何の価値もなさそうな発明に行きつく。[15] 同様な例が、重要な機能を持つ他の遺伝子の祖先でも知られている。生物進化における革命的なイノベーションのルーツはしばしば、一見たいした価値がなさそうな遺伝子なのだ。

人間が生み出した技術的イノベーションのルーツをたどってみても、同じような結論にたどり着く。たとえばコンピュータ技術のルーツ。[16] パンチカードが1725年頃に使われ始めたとき、その有用性は織機の制御に限定されたものだった。ブール代数の理論が1854年に提唱されたとき、それがコンピュータによる演算の基礎になるとは誰も予想しなかった。チューリングマシンの数学的アイデアが1936年に発表されたときですら、このアイデアが世界を変える発明につながると考えた人は皆無だっただろう。

小さな夢がイノベーションの原動力

これまでの紹介から、生物進化において新しいデザインや機能が生み出される原理と、技術の進歩の過程で新しいアイデアや技術が生み出される原理は、とてもよく似ていることが分かるだろう。いずれにおいても、画期的な発明のルーツをたどると、一見平凡な発明に行きつく。しかしこのような小さな発明が組み合わされ、改良されることによって、生物の進化においては驚異的な眼や脳が生まれ、技術の進歩においてはすばらしいカメラやコンピュータが生まれた。小さな発明、その転用と組み合わせ、そして市場メカニズムによる改良、この三つが創造の基本原理だ。

ただし、生物の進化と技術の進歩には、一つ大きな違いがある。生物の進化において新しいデザインや機能を選び出すのは自然選択であり、そこには誰かの意思は介在しない。しかし、技術の進歩は意思を持った人間の希望や夢によってけん引される。希望や夢を実現したいという人間の意思こそが、技術の進歩の原動力である。

人間には希望を語り、夢を描く能力があるが、いったいなぜこのような能力が進化したのだろう。それはおそらく、このような能力が高い者ほど、社会の中で評価され、子孫を多く残すことができたからだろう。

人間が抱く希望や夢は、個人的なものであるばかりでなく、他者から共感や協力を引き出し、社会的な絆を強める力がある。このため、希望や夢を語れる能力が高ければ、社会の中でより高い地位を得る機会が大きかっただろう。このように、人間の高度な知性を進化させたのは、自然環境ではなく社会における人間関係だ。

社会における人間関係は非常に複雑だ。利害の対立や価値観の違いから、しばしばもめごとが起きる。そういう社会の中でうまく生きていく能力として、人間の高度な知的能力が進化した。中でも、夢を描くという高度な知的能力は、すばらしい可能性を秘めている。

これからの社会は、人間がどんな夢を描くかによって変わる。一人ひとりが描く小さな夢が組み合わされ、社会の中でより多くの人が支持する夢へと育っていくことで、社会のあり方が変わっていくはずだ。このように考えてみると、進化における創造の原理は、社会を変えていく方法にも、重要なヒントを与えてくれる。一人ひとりが描く小さな夢こそが、いずれは社会的なイノベーションを生み出すかもしれない、大切なシーズなのだ。

さらに学びたい人のために

本書で扱うさまざまなテーマを統一的に理解する礎は、進化についての科学である。進化について学ぶために最初に読む本としては、鷲谷いづみさんと共著で書いた『保全生態学入門[17]』を勧める。この本のテーマは、進化ではなく生物多様性の保全だが、生物多様性を理解する基礎は、進化生物学である。このため、本書では随所で進化生物学の基礎が解説されている。本書を読めば、生物多様性の保全という社会的課題と関係づけながら、進化生物学の考え方を学ぶことができる。

カール・ジンマー著『進化[18]』は、第一級のサイエンスライターによる普及書。進化生物学についての幅広い話題をカバーした４４８ページの大著だ。病気、性など、人間に関する話題もとりあげられており、楽しく読める。進化について学ぶうえで、ベストの一冊。

マット・リドレー著『進化は万能である』[19]は文化・経済・技術・政府などの歴史的発展をすべて、広義の進化原理（さまざまな「変異」の中からより優れたものが非意図的に選び出されるアルゴリズム）によって説明することを試みた意欲的な著作だ。本書の内容と関連が深く、本書の次に読む本として勧める。ただし、サイエンス・ライターによる著作であり、文化進化についての理論的研究が正確に紹介されてはいない。文化進化への生物進化理論の拡張については、アレックス・メスーディ著『文化進化論』[20]を参照されたい。文化進化に関する科学的研究の到達点が体系的に紹介されている。

進化の駆動力である自然選択は、種や社会に対してではなく、個体（より厳密には遺伝子）に作用する。したがって、「種の保存」や「社会にとっての有利さ」による説明は、ほとんどの場合に間違っている。この点を指摘し、大きな反響を読んだ著作が、ドーキンス著『利己的な遺伝子』だ。[21]出版からすでに30年以上が経過した本だが、進化について理解を深めるうえでは今なお必読書だ。

進化には、自然選択による適応進化以外に、偶然による進化がある。この偶然による進化の原理を解明したのは、故木村資生博士だ。『生物進化を考える』[22]には、木村博士による分子進化の中立理論が解説されている。分子進化の中立理論については、4.2でとりあげる。

1.2 人類はどうやって暴力を減らしてきたのか

人間にはぞっとするほどの暴力性と、平和を望む非暴力性とが備わっている。幸いにして、人類史を通じて暴力は減り続けてきた、と心理学者のスティーブン・ピンカーは力説する。2015年1月に邦訳が出版された彼の著作『暴力の人類史』(1)を参照しながら、人間の本性について考えてみよう。

2011年に出版された『暴力の人類史』の原題は、"The better angels of our nature - why violence has declined"（われわれの本性はよりよい天使―なぜ暴力は減ってきたか）である。邦題を見ると人間による暴力の歴史をつづった憂鬱な本だと誤解されそうだが、実際には人類史を通じて暴力が一貫して減少してきたことを立証した本である。「人類の未来に向けた希望の書」という帯の説明のほうが、本書の内容をよく表している。

かつて略奪、決闘、殺害は当たり前だった

著者はまず、狩猟採集生活時代の残虐性を暴き出す。国家が成立する前の部族社会では、土地・資源・女性をめぐる部族同士の略奪や戦争が頻繁に起きていた。その結果、10万人あたり平均500人が毎年殺されていた。農業が開始され、国家が成立した後の社会では、このような略奪や戦争が減り、死者数も10万人あたり平均100人を下回るようになった。さらに、中世の小規模国家が統合されて中央集権国家が成立し、警察機構によって治安が向上すると、殺人が減った。英国では、最初の

統計資料が得られる１３００年代には、10万人あたり数十人が毎年殺されていたが、産業革命が起きた１８００年代には数人のレベルに減少した。

要するに、国家が成立する前の狩猟採集社会や、中世の農村社会は、今よりもずっと野蛮だったのだ。狩猟採集社会では、自分がほしいものを他人や他部族が持っていて、自分のほうが強ければ、略奪するのは当たり前だった。中世には、国家によって略奪が取り締まられてはいたが、「やられたらやりかえす」という復讐や、名誉をかけた決闘は容認されており、ちょっとした侮辱が血で血を洗う争いに転じがちだった。また、奴隷制や拷問が許されており、魔女狩りのような迷信による殺害も横行していた。

このような人間の残虐性、暴力性は、今を生きる私たちの中にもある。それは人間の本性の一部なのだ、と著者は主張する。ここでいう「本性」とは、遺伝によって、つまり生まれながらにして備わっている性質のことである。それは進化する性質と言い換えても良い。遺伝する性質は必ず変異し、そして自然選択の働きによって進化する。人間は、チンパンジーに近縁な動物であり、ゲノム上のＤＮＡ配列の違いは４％に過ぎない(2)(なお、４％という違いはヒトかチンパンジーだけにある配列を含めた数字であり、ヒトとチンパンジーに共通する配列だけに限れば、両者のゲノム配列の違いは１％に満たない)。チンパンジーとの共通祖先が持っていた動物的な性質を少しだけ修正して、より高い協力性を進化させた種が人間だ(3)。

人間の中には五人の悪魔が棲んでいる

より高い協力性を持つとはいえ、人間は残虐性や暴力性を、動物から引き継いでもいる。例えばライオンの世界では、オスは生まれた群れを離れて育つが、成獣になると他の群れを襲い、群れの支配者であるオスを追い出して、なわばり（土地）とメス（女性）を獲得する。チンパンジーでも同様な現象が見られるし、狩猟採集社会における人間の略奪行為は、ライオンやチンパンジーの行動と大差ない。[(3)] このような、動物的な残虐性、暴力性を、著者は「悪魔」と呼び、われわれの中には五人の悪魔が棲んでいると主張する。その五人とは、捕食や略奪、順位による抑圧、報復性、サディズム、そしてイデオロギーである。

ここでイデオロギーが登場することに違和感を覚える方が多いだろう。イデオロギーは遺伝的なのか？　実はそうなのだと、著者は考えている。この見解は、２００４年に邦訳が出版された『人間の本性を考える』[(4)] の中で、すでに述べられている。生まれてすぐに別々に育てられた双子を使った研究から、保守的かリベラルかの傾向は、ある程度遺伝することが分かっている。[(5)] この違いは新しい経験を好む程度（開放性と呼ばれる性格因子）の個体差に関係している（4.5）。

このような遺伝に関する説明をすると、遺伝の影響は変化しないものと誤解される場合が多いので、遺伝の影響は環境や年齢によって大きく変化することを強調しておきたい。双子を使った研究から、好奇心、攻撃性、慎重さなど多くの心的性質に遺伝の影響があることが分かっている。その影響の程度を「遺伝率」という指標で測るのだが、「遺伝率」は年齢とともに高まることが多い。[(6)]「年をとるほど親に似る」というのは、本当なのだ。若いときにはさまざまな環境に柔軟に対処する必要があるため遺伝の影響が小さいが、年齢を経て地位や暮らしが安定すると遺伝の影響が大きくなるのだ。

残虐性、暴力性を抑えてきた「天使」とは

さて、人間が生まれながらにして残虐性、暴力性を持っているとすれば、どうして人類史を通じて暴力は減り続けてきたのだろうか。それは、私たちの中にある非暴力的性質（天使）が社会において表現される機会が増えてきたからだと著者は主張する。

その「天使」とは、共感（エンパシー）、自制心、道徳的感情、理性の四人である。これらの人間的性質は、おそらくチンパンジーにもその原型が見られるが、人間への進化の過程で「よりよい天使」へと強化された。なお、心理学においては、同情（シンパシー）と共感（エンパシー）は異なる心的能力だと考えられている。共感とは、単に同情する（他人の痛みを感じる）だけでなく、相手の視点に立って考え、関心を共有できる能力のことである。共感はもともと、家族や友人に対する協力行動を支える心的能力として進化したものと考えられる。動物の社会における協力行動は、血縁者同士か、あるいは日常的に助け合うことができる親しい個体同士（いわば友人同士）に限られる。一方、人間の協力行動は、日常的な親しさを超えた大規模な集団で行われる。このような大規模な集団での協力行動を支えるのが共感力であり、さらに自制心、道徳的感情や理性である。

このような人間の性質がいかにして進化したかはまだ十分には解明されていない。しかしこれらの能力が、われわれの中にある残虐性、暴力性を抑えて、今日の社会を作りだしたことは、ピンカーが

主張する通りだろう。

現代社会でいちばん危ない悪魔は「イデオロギー」

ところで、20世紀には2回の世界大戦が起きた。この2回の世界大戦は、「人類史を通じて暴力が一貫して減少してきた」という著者の主張に反しているように思える。しかし著者は、実は必ずしもそうとは言えないと主張する。確かに死者数は過去の戦争に比べて圧倒的に多い（第1次大戦：2600万人、第2次大戦：5355万人）。しかし、そもそも世界人口が大きく増えているのだ。人口比で比較すると、第2次大戦を上回る戦争が過去に何度もあったことが分かる。そして、第2次大戦後は、戦争による死者数は減り続けている。この減少には、書物やテレビ、最近ではインターネットによって、非常に多くの情報を交換できるようになったことが関係している。これらの情報源のおかげで、今や私たちは、いちども会ったことがない世界各国の人たちとつながり、共感し合うことができる。

ただし、私たちが暴力的衝動をどれだけ抑制できるかは、社会環境によって大きく変化する。「よりよい天使」への進化に要した数十万年の時間ではなく、わずか数十年や、ときには数年のうちに、天使から悪魔に逆戻りすることもあり得る。

私たちの中に棲む五人の悪魔の中で、現代社会に最も力を持っているのはイデオロギーだろう。イデオロギーが違えば、何が道徳的かの規範が違う。イデオロギーを同じくする者同士の共感が強まれば、イデオロギーを異にする集団間での対立が先鋭化する。私たちがさらによい天使となるためには、このようなイデオロギーによる対立を避け、科学や理性にもとづく意思決定を当たり前にする必要がある。

さらに学びたい人のために

人間の善悪は、古くて新しいテーマだ。かつては哲学者や倫理学者によって考えられていたこのテーマが、いまでは心理学や認知科学の実験的研究の対象となり、科学的理解が進んでいる。『暴力の人類史[1]』は一流の心理学者であるピンカーが、人間の善性・悪性についての科学的研究の成果にもとづいてまとめた本だ。

ピンカーが四人の天使と呼ぶもののうち、理性は間違いなく人間性のライト・サイドだ。理性は脳がコストをかけて冷静な判断をする仕組みであり、システム２とも呼ばれる（2.3参照）。一方、共感と道徳は、時として対立の火種になる（4.5参照）。社会的リーダーは、共感と道徳をダーク・サイドに落とさないよう、上手に使いこなす必要がある。ダーク・サイドへの歯止めとなるのが理性であり、理性的判断に従うように行動をコントロールする力が自制心だ。

しかし、理性の力はしばしばもろく、共感や道徳にもとづく直観に負けてしまうことがある。直観による失敗を避けるには、日頃から理性によって直観を鍛える訓練が重要だ（5.2参照）。

スティーブン・ピンカーは間違いなく「知の巨人」の一人だ。社会的リーダーをめざす人には、ぜひ彼の著作を読んで、ピンカーが築き上げた知的世界を自分のものにしてほしい。『心の仕組み[7]』は、人間の意識についての科学的理解を紹介した名著だ。人工知能研究から進化生物学まで、幅広い知識を統合して、私たちの心のしくみを解き明かした、エキサイティングな本だ。

また『言語を生みだす本能(8)』は、私たちが言語をいかにして獲得したかというテーマについて、最新の研究成果をもとに独自の洞察を深めた著作だ。私たち人間が持つ高度な知的能力は言語と関わりが深い。言語を使うことによって、高度な知性が生まれたと言っても過言ではない。知性的なリーダーとなるために、『言語を生みだす本能』についての理解を深めておきたい。

1.3 人類はどうやって自由を手に入れたのか

人類史の大きな流れを展望すれば、私たちはより自由な社会への道を歩んできた。女性や障がい者が社会で活躍する機会が拡大していることは、自由な社会への変化を象徴している。もちろん改善が必要な問題はたくさんあるが、社会をよりよくする能力が私たちに備わっていることに、もっと希望を抱いて良いと思う。その能力とは、ひとことで言えば「人間力」だ。人間力とは何か、そしてそれはどのようにして人間に備わったのか。

人間力とは何か

２０１６年1月15日、私は人間力について考えをめぐらしながら、ある会議に出ていた。その会議とは、博士課程教育リーディングプログラム・オールラウンド型７大学シンポジウムである。博士の学位に加え、人間力や俯瞰力を身につけたグローバルリーダーを育てるという難題に取り組む７大学の教員と学生が集まり、経験を交流し、課題について討論した。各大学の発表に先立ち、楽天取締役常務執行委員の杉原章郎さんが「グローバル人材・リーダー人材に期待するもの」と題して基調講演をされた。ＴＯＥＩＣ８００点を目指すチームと８５０点を目指すチームでは、後者の方が早く８００点を取ったという経験を紹介され、高い目標を設定することで人間は成長できることを指摘された。さらに、イノベーティブな人材の育成・創出にはイノベーションに取り組みたいと思える環境が大事であり、本人のチャレンジを後押しする制度を工夫しているというお話には、とても納得がいった。

杉原さんがリーダー人材に期待される「人間力」の内容はかなり具体的だ。何よりもまず実行力、つまり高い目標を設定し、その目標を何がなんでも達成する能力だ。次に創造力、つまり自分で目標を設定して新しい価値を創造する能力だ。3番目は、明言はされなかったが、やる気を引き出す能力だと理解した。幹部になれば、社員により高い目標へのチャレンジを促し、その目標達成の背中を押す能力が求められる。

自由こそ未知の可能性を開く鍵

7大学の大学院生による活動報告はどれもすばらしかった。実行力・創造力を持ち、チームのやる気を引き出して主体的に課題に取り組んでいる大学院生の達成に、会場からも高く評価する発言があった。一方、シンポジウムの最後にはパネルディスカッションが行われたが、壇上のパネラーはみな教員だったので、議論は教員目線に偏りがちだった。たとえば、どうすれば社会や企業が求める博士人材を養成できるか、というような議論だ。

これに対して、フロアの名古屋大院生から「まるで学生が商品のような議論だ。(特定の枠組みに)学生をあてはめるのではなく、未知の可能性に学生を開いていくことが大事だ」という意見が出たので、私は大きな拍手を送った。

新しい価値を創造する人材を育てる鍵は、「自由」にある。教員はとかく教えたがるが、教えて伝えられる知識は限られている。一方で、自由に学ぶ力が学生にあれば、全人類が蓄積した知恵と、学生自身の経験から、はるかに豊かな知識を得ることができる。もちろん、自由には責任が伴うが、その責任感も含めて、学生の自由な意志力を高めたいものだ。

自由意志を支えるのは「自制心」

さて、「自由な意志力」と書いたが、そもそも「自由意志」とは何だろう？　このテーマは、トーマス・ホッブス[(1)]をはじめ多くの哲学者によって考察されてきた。[(2)]その考察の歴史は興味深いが、私は生物学者なので、チンパンジーとヒトの生物学的な比較を通じて、自由意志とは何かを考えたい。言うまでもなく、自由意志はチンパンジーにはなくヒトにある性質、つまり人間性の一部だ。

チンパンジーとヒトの社会を比べる場合には、ヒトの社会で最も祖先的な狩猟採集社会を取り上げる必要がある。しかも農業成立以後の人類社会の影響が、可能な限り小さな社会との比較が必要だ。クリストファー・ボーム著『モラルの起源[(3)]』には、このような狩猟採集社会とチンパンジーの社会との比較研究の成果が紹介されている。

祖先的な狩猟採集社会は、平均して20〜30人で構成され、血縁関係にある家族と、血縁のない家族との混成である。彼らは恒久的な集落を持たず、移動を繰り返しながら、ほ乳類の狩猟と植物の採集を組み合わせて暮らしている。彼らは大型動物の肉を個々の家族で貯蔵するのではなく、広く分け合う。彼らの社会はきわめて平等であり、権力者は存在しない。もし誰かが狩猟や分配の過程で獲物を独り占めしようとすれば、激しい社会的制裁を受ける。最悪の場合、殺されることもある。つまり、彼らの社会には道徳（内面化されたルール）があり、自制心（ルールを守るように自制する性質）が低い者は、生存や繁殖において不利である。このため、自制心を強める進化が起きたと考えられる。生物学的には、このようにして進化した自制心が、自由意志の一つの基盤だと考えられる。なぜなら、内面化されたルールに従って自分の行動を制御できる能力がなければ、意志を持った行動はできないからだ。

このようなヒトの狩猟採集社会と比べ、チンパンジーの社会には順位制があり、明白な権力者であるアルファ雄が存在する。いわゆるボス猿である（霊長類学では、擬人的表現を避けてアルファ雄と呼ぶ）。集団が狩りに成功すると、アルファ雄が肉を占有し、分け前を下位の個体に分配する。しかし、ボームによれば、アルファ雄は少数の味方にだけ肉を分配し、他の下位の個体には分配しないという。全員を敵にまわせば不利なので、順位の高い個体を肉で買収しているのだ。このため雌や下位の雄は、自分で食料を探さねばならない。稀に、下位の雄たちが雌の助けを借りてアルファ雄の支配に抵抗し、大勢で攻撃して集団から追い出すことがある。また動物園で飼育されている大集団では、雌の栄養状態が良いため、団結した雌が雄の弱い者いじめを抑え込むことが多いという。

これらの事実から、ヒトが大型のほ乳類を狩猟できるようになった（つまり餌資源が豊富になった）時点で、下位の個体が協力してアルファ雄を倒すようになり、平等な状態が実現したのだろうとボームは考えている。

しかしこの説明だけでは、なぜチンパンジーで同様な進化が起きなかったかが理解できない。ボームは、人間の知性が十分に高まった結果、下位の個体がアルファ雄を抑え込めるようになったのだろうと述べているが、では人間の知性はなぜ高まったのだろうか？

６万年前にはじまるヒトの大躍進

チンパンジーに似た祖先からヒト科の祖先、つまり直立歩行をする猿人が進化したのは、ＤＮＡ配列の証拠から約６００万年前（推定誤差を考えれば５００〜１０００万年前）と推定されている。その後、現代人の祖先が登場したのが、約50万年（30〜70万年）前だ。[(4)] ここまでの進化はすべてアフリカ大陸で起きた。その後、現代人の祖先は3種に分かれた。アフリカを出てヨーロッパに進出した「ネアンデルタール人」、アジアに拡がった「デニソワ人」、そしてアフリカに留まった「ヒト（ホモ・サピエンス）」だ。[(4)] ヒト（ホモ・サピエンス）の起源は、ＤＮＡ配列の比較から17万１５００±５万年前と推定されている。[(5)]

約６００万年の進化の歴史を通じて、ヒト科では手と脳が次第に発達したが、知性や人間性と呼べるものが現れたのはかなり新しく、壁画や装飾品（ビーズなど）の確実な証拠は約６万年前以後に限られる。[(6)] ヒトがアフリカを出て世界中への移住を開始したのは、ＤＮＡ配列の比較によれば５万２０００±２万７５００年前、[(5)] 考古学的な証拠も総合すると約６万年前と考えられる。そして、約５万年前には、ヒトはオーストラリアに到達している。[(7)] 彼らは、船を使って移動したと考えざるを得ない。また、この原稿を書いている間に、ユーラシア大陸の北極海沿岸で約４万５０００年前にヒトがマンモスを狩っていた証拠が、「ネイチャー」誌に発表された。[(8)] 彼らは寒さをしのぐ衣服や住居を作る高度な技術を獲得していたはずだ。

ヨーロッパに進出したヒト（クロマニオン人）については、多くの遺跡が発掘され、その暮らしぶりがよく分かっている。彼らは弓矢でマンモスを狩り、釣り針で漁業を営み、洞窟の壁に芸術的な絵画を描いた。一方、「約6万年前」以前にアフリカで暮らしていたヒト（中期旧石器時代アフリカ人）の遺跡からは、矢尻や釣り針、壁画は見つからない。つまり「約6万年前」に、ヒトは高度な知性を獲得し、大きなイノベーションを成し遂げたのだ。ただし、貝殻などの交易は約14万年前、骨の加工は約10万年前に開始されていた。[8] 人類最初の埋葬の証拠が発見されたレバント（現在のレバノン付近）の遺跡の年代は、9～12万年前と推定されている。[8] このような事実から、中期旧石器時代を通じて次第に知性が発達し、「約6万年前」に壁画や装飾品（ビーズなど）という象徴的なイノベーションが成し遂げられたと考えられる。

このようなヒトの高度な知性を発達させたのは言語の使用だろうと、多くの研究者が考えている。[2] 現在使われている言語の系統関係にもとづく最近の研究によれば、言語の起源は10～20万年前と推定されている。この年代は、ヒト（ホモ・サピエンス）の起源の推定値（17万1500±5万年前）とほぼ一致する。[9] 言語を使うことで、コミュニケーションを含む情報処理能力をヒトは格段に高めることができた。そして、経験を一般化・概念化し、予測力・想像力を働かせることによって、自然界に存在しない絵画や道具を創造する能力を身に付けた。このような創造力が、自由な意志のもう一つの基盤だ。なぜなら、創造力がなければ、意志によって実現を目指す目標や夢を描くことができないからだ。

共感力を高めた男女の愛と結婚

自由な意志には、もう一つの基盤がある。それは他者との共感力だ。社会における自由とは、自分だけが自由にふるまうことではない。自分の行為によって他者の自由が侵されれば、他者からの反感や反撃を招く。また、社会に生きる私たちにとって、自分の目標達成のためには他者の協力が不可欠だ。この二つの理由から、他者の立場にたって考えることができる能力、すなわち共感力がなければ、自由な意志を持つことは不可能だ。人間社会における自由とは、他者との協力を通じて目標を達成できる道があることなのだ。

このような共感力の進化を促した大きな要因は、男女の愛と結婚だと考えられる。共感力は動物において親子の絆を強める働きとして進化した。もちろん人間の親子間にも強い共感が生じるが、人間においてはその力が男女間や家族間へと拡張され、強化されている。その背景には、結婚という長期の協働生活が営まれるようになった事情がある。

チンパンジーの社会では交尾もアルファ雄にかなり独占されており、アルファ雄が多数の雌と交尾する。下位の雄が交尾できる機会は少なく、アルファ雄が食事をしているときなどに、見えない場所で交尾する。ボームによれば、交尾時間はたったの８秒程度である。(3) 雄は子育てを手伝わない。一方、ヒトの狩猟採集社会では、男女一組が結婚し、長期にわたって協力して子供を育てる。女性において発情期が消失している（厳密にいえば月経周期が男性に分からない）ため、子どもができるよりずっと前から、夫婦は何度も性交渉を繰り返す。そこにかける時間はチンパンジーよりはるかに長く、そして快楽を伴うことはよくご存知のとおりだ。この快楽は、男女間の協力を長期にわたり継続する仕組みとして進化したものだ(10)。

このような協力のパートナーを選ぶ主役は、多くの動物と同様に女性だ。狩りなどの仕事能力に加えて、子育てをしっかり手伝ってくれる共感力の高い男性が選ばれる。その資質の指標として、言語によるコミュニケーション力が使われ、強化されただろう。共感力はさらに、一緒に暮らす他の家族との協力の中でも強化されただろう。男女一組の結婚にともない、その両親が同盟を結び、血縁のない家族が一緒に暮らすので、同居する他の家族とコミュニケーションをとり、共感することが重要なのだ。このような家族生活で発達した共感力は、社会における道徳的な協力行動を支えるうえでも、大きな役割を担ったはずだ。

人間力の育て方

以上のように、チンパンジーとの比較は、人間力とは何かについての大きな手がかりを与えてくれる。チンパンジーにはない、人間の自由意志を支える能力は、「自制心」「創造力」「共感力」である。したがって、人間力を養うには、これら三つの能力を高めるトレーニングを積む必要がある。それぞれについてトレーニング法を考案できるが、ここではこれら三つの能力がすべて、言語の使用を通じて発達したことに注意を向けたい。

我々は「人間力を養う」という課題を、しばしば内面的な成長と考えがちだ。しかし、人間の内面的人格はかなり遺伝的に決まっており、一方で内面的な心理は環境に応じて変化するものだ。人間力を養うためには、内面ではなく、人間の自由意志を支えるスキル、つまり言語能力のトレーニングに力点を置くほうが良い。この考えから、三つの方法を提案したい。

第一に、異なる立場を演じる経験を積むことは、共感力を高めるうえで大きな効果がある。たとえばワークショップにおいて、異性や子供、障がい者などの役割を担当して発言する経験を積むと良い。演じることの重要性を知るには、平田オリザ著『わかりあえないことから』[11]の一読を勧めたい。

第二に、楽天が実施しているように、会話を含む英語学習を強化することは、自制心を鍛えるうえでも、グローバルな共感力を養う上でも、有効なトレーニング法だ。できれば、第３、第４の言語にチャレンジすることを勧めたい。韓国語や中国語が使えれば、韓国や中国への見方が大きく変わるだろう。

第三に、文章を書くことは、創造力を養う上でとても有効なトレーニング法だ。創造力とは、意外な要素を組み合わせて新たな価値を創発する能力にほかならず、文章を書く行為はこの創発作業の典型だ。日記でもブログでも、フェイスブックの記事でもよい。楽しかったことや、自分の夢など、ポジティブな文章を書き続けることを勧めたい。次第に、新しい価値を生み出す能力が身につくだろう。

これからの時代には、新しい価値として、物語の役割が大きくなるだろう。すぐれた物語には、自制・創造・共感という３要素が組み合わされている。これらは、神話からスター・ウォーズに至るまで、多くの物語に共通するものであり、そして私たちの人間性に宿り、社会を発展させてきた能力だ。これらの３要素を意識し、言語能力を磨くことで、あなたの人間力は必ず高まるはずだ。

さらに学びたい人のために

人間性について理解を深めるうえで、クリストファー・ボーム著『モラルの起源』(3)は必読書だ。ボームは、チンパンジーとヒト（狩猟採集民）の両方を研究した経験がある、数少ない研究者だ。ボームのこの著作では、類人猿と狩猟採集社会の研究の成果が紹介され、これらの比較を通じて、道徳や良心がどのように進化したかが考察されている。本節で紹介した内容以外にも、人間性について示唆にとむ事実や考えが紹介されている。

人間性の進化については、1.1で紹介したカール・ジンマー著『進化』が参考になる。進化生物学の諸原理を説明する際に、ヒトについての研究成果が頻繁に使用されているので、ヒトの進化について学ぶ本としても優れている。また、図がとてもわかりやすい。たとえば図14・6は、脳の感覚野のニューロン数に応じて、体の各器官の大きさをデフォルメした図だが、ヒトでは手と口に対応するニューロン数がとても多いことが一目でわかる。ヒトの大きな特徴が、道具を使う能力と言語能力にあることを象徴的にあらわしている。

最近翻訳が出版された『進化の教科書』第1巻(12)は、カール・ジンマーによるコンパクトな教科書だ。第4章「人類の進化」では、ヒトの進化についての最新の研究成果が要領良く紹介されている。やはり、図がとてもわかりやすい。

「自由意志とは何か」という問題は、哲学において古くから考え続けられてきた。この問題については、ダニエル・C・デネット『自由は進化する』(2)が必読書だ。デネットは哲学者だが、人間の意識や自由意志に関連する自然科学（神経科学・心理学・進化生物学など）の研究成果を徹底して理解し、その理解のうえに立って、自然科学者が答えきれていない問題に取り組んでいる。本書の内容についてさらに理解を深めるうえで、ぜひ一読をお勧めしたい。

トーマス・ホッブス『リヴァイアサン』(1)は、人間性について考察した古典だ。神の存在を前提として書かれた著作なので、人間が進化の産物であるという理解はまったくないのだが、にもかかわらず人間についての深い洞察が書かれている。ホッブスは、「人間の本性には紛争の原因となる敵愾心・猜疑心・自負心があり、国家が存在しないと万人の万人に対する戦争が絶えない」と考えた。この考えは、「人間の本性には利己性があり、国家が存在しなければ利己的な略奪を防げない」という進化生物学にもとづく現代的な考えに先がけたものだ。ホッブスはまた、感情や理性は人間を平和に向けて後押しすると考え、自然権や自然法という概念を導いた。彼の言う自然権とは、理性にもとづいて行動する自由のことである。感情や理性については、本書でこれからとりあげる。本書や『自由は進化する』を読んだうえで『リヴァイアサン』を読めば、ホッブスの洞察を現代に生かすことができるだろう。

1.4 今の日本には遊びが足りない！

「遊び」が指し示す内容は、実に幅広い。ゲーム、スポーツ、ダンス、楽器の演奏、演劇、クイズ、祭り、これらはみんな「遊び」だ。日本人は遊びの達人であり、日本文化の中には遊びの精神が脈々と流れている。しかし、最近の日本は遊びを軽んじていないだろうか。日本を元気にするには、遊びをもっと大切にする必要がある。

遊ぶ人間、ホモ・ルーデンス

大学に勤めて33年になるが、最近の大学には「遊び」が減っていると感じる。シェークスピアを教えるより、観光案内に役立つ英語を教えろという提案が文部科学省で議論され[(1)]、すぐに役に立つ教育や成果が求められる。こうして大学はどんどん「まじめ」な教育をするようになっている。しかし、果たしてそれで創造的な人間が育つかどうか、甚だ疑問だ。そこで、遊びの効用について、まじめに考えてみたい。

そもそも、「遊び」(play)とは何だろうか？　この疑問を掘り下げて、人間についての考察を深めた人物がいる。『ホモ・ルーデンス[(2)]』という本を著した言語学者ヨハン・ホイジンガだ。ホモ・ルーデンスとは、ルードス(ludos)をする人(遊ぶ人)、という意味である。彼は遊びこそが、人間を人間たらしめているものだと考えた。

遊びという概念を理解するには、これと対をなす概念を考えてみるのが近道だ。それは「まじめ」だとホイジンガは書いている。これも一案だが、私にとってもっと納得がいく対語は「仕事」(work)だ。仕事は、収入を得たり家庭を維持したりするための諸活動である。これに対して「遊び」は、勤務時間や家事のとき以外に、自分の興味や要求を満たすために行う行為だ。また勤務や家事においても、通常要求される仕事の水準をこえて、自分の興味や要求を満たすために付加する行為は、「遊び」と呼ばれる。つまり「仕事」の中にもしばしば「遊び」があるので、両者は厳密に二分できるものではないが、「収入を得たり家庭を維持したりする」行為(仕事)と、「自分の興味や要求を満たす」行為(遊び)では、その目的が異なるのだ。なお、スポーツ、ダンスなどの「遊び」にルーツがある行為を「仕事」にしている人がいる。この場合には、仕事と遊びの区別がとくに曖昧になる。

コミュニケーション能力は〝遊び〟を通じて育まれる

仕事と遊びの違いは、進化のメカニズムである「自然選択」と「性選択」の違いに対応していると私は考えている。

仕事は、狩猟採集生活時代における、男性による狩猟や女性による種子採集にルーツがある。当時の社会において、狩猟技術や収穫能力は、生存に直結していたに違いない。このため、自然選択(生存率や繁殖力の点で有利な遺伝子がひろがっていくプロセス)によって手や手を使う技能が進化し、それが頭脳の発達につながった。今日でも、あらゆる職種を通じて、仕事とは手と頭を使う作業である。

一方、ダンス、スポーツなどの遊びは仕事と違って、生存率を高めず、ときには下げることもある。

それはクジャクの雄が羽根を広げて雌に求愛する行為に似ている。クジャクの雄は生存にとってはむしろ不都合な大型の尾羽を持つが、これはメスをめぐるオスどうしの競争、およびメスによる選択の結果進化したものである。このような繁殖をめぐる同性間競争や、異性による選択において有利な遺伝子がひろがっていくプロセスは、「性選択」と呼ばれる。(3) 動物の世界の性選択では、通常メスがオスを選ぶが、(3)(4) 人間では男性も女性も選び合う。

選ぶ基準の中で重要な位置を占めるのが、「遊び」の技量だ。今なお狩猟採集を営んでいる社会では、狩猟という協力行為で得られた獲物は平等に分配され、複数の家族が食卓を囲む。(4) このような食事の場で、歌が歌われ、踊りが踊られる。(5) 定住生活を営む農耕社会では、より多くの人が集まる場で、歌が歌われ、踊りが踊られる。アジア東部に広く見られる「歌垣《うたがき》」の習慣はその好例だ。(6)「歌垣」とは、若い男女が集まり、愛の歌を歌い合って互いに相手を選び合う求愛の習俗だ。歌は踊りを伴い、「うたまい」と呼ばれた。漢字の渡来以後、「うたまい」には「楽」という字があてられたが、「楽」は「あそび」とも読まれたという。

このような歌や踊りは、人類が農業を開始する前の狩猟採集社会ですでにあったと考えられる。その有力な証拠は言葉だ。言語系統学の研究から、インド・ヨーロッパ系の言語の起源は約8700年前のトルコと推定されている。(7) 農業が開始された時期とほぼ一致するこの年代に、play、sing、danceなどを意味する単語はすでに存在していた。また、約8700年前のレヴァント（現在のレバノン付近）の遺跡から、祝祭が行われた考古学的証拠が見つかっており、(8) このような祝祭で人々は歌い、踊ったはずだ。当時の社会において、歌や踊りの技量は、配偶者を得たり、家族や部族からの評価を得るうえで重要なものだっただろう。こう考えてみれば、「遊び」はすべて他者（異性や社会）に対する自己表現に起源があり、そこには必然的にコンテストが伴うことが分かる。[2] 遊びは主観的には「自分の興味や要求を満たす」行為でありながら、実は他者の目（評価）を意識した行為である場合が少なくない。自己実現は実は、承認要求と深く結び付いているのだ。

「遊び」の技量への選択は、その技量に相関する他の能力を選んでいる点で、ヒト以外の動物にみられる「性選択」に似ている。クジャクのメスは、美しい尾羽やそれをひろげるディスプレイを通じてオスの遺伝的な質を選んでいると考えられている。同様に、人間社会における「遊び」の技量への評価では、その技量を通じて、創造性、自制心、協調性などの能力を選んでいると考えられる。このような評価を通じて遺伝子が選ばれるプロセスは「社会選択」と呼ばれる。[9] それは、社会を通じて男性も女性も選びあうプロセスである。このような遊びの技量への「社会選択」が、人間の豊かな表現力や理解力を進化させ、脳の領域でいえば前頭葉（意欲、創造、実行をつかさどる領域）の発達を促したと考えられる。コミュニケーション能力や、意欲、創造性、自制心など、これからの時代にますます重要になる人間の能力は、実は「遊び」を通じて発達したのだ。

約2万8000年前の氷河時代のヨーロッパでネアンデルタール人が滅び、ヒト（ホモ・サピエンス）はこの氷河時代を生き抜いて文明を発展させたが、この運命を分けたのも、「遊び」の能力の違いだった可能性が高い。ネアンデルタール人の道具は、アフリカを出てヨーロッパに広がったヒトの道具に比べて、多様性・創造性・繊細さに欠けていた。[8] 人類学者のロビン・ダンバーは、「彼らの道具は総じて機能一辺倒で、現生人類の芸術作品に見られる遊び心がない」と述べている。この違いの背景には、脳の前頭葉の容量の違いがあり、ヒトのほうが「自分の興味や要求を満たす」ために創意工夫する能力、つまり遊びの能力が高かったと考えられる。

「共同体の遊び」が生み出した社会性

農業を営む定住生活が始まったあとは、「共同体の遊び」とも言える「祭り」が発達した。とくに、収穫の後には、一年の労働をねぎらったり豊作を祝ったりする収穫祭が催された。アマゾンの奥地に暮らすヤノマミ族では、バナナの祭り、パパイヤの祭り、タロイモの祭りなど、作物の数だけ祭りがあるそうだ。(5) ヤノマミ族は狩猟採集民だが、畑作と組み合わせた生活を営み、150人程度が共同住居に暮らしている。人類の初期社会では、このような中間段階を経て、より本格的な農耕社会が発展したのだろう。農耕社会では宗教が発達し、日本の「盆踊り」のように宗教と結びついた祭りが発達した。「盆踊り」は現在では仏教と結びついた祭りだが、その起源はおそらく仏教伝来より古い。盆のように死者を迎える祝祭は世界各地にあり、ハロウィンのルーツにあたるケルト人の儀式や、メキシコの死者の日のルーツにあたるアステカ族の祝祭などは、その例である。このように、古代社会においては、遊びは宗教的な祝祭と深く結びついた。

「盆踊り」のような「共同体の遊び」は、しばしば親族や地域間の競争の場となり、阿波踊りの「連」や祇園山笠の「流」のような、チーム同士で競い合う風習が発達したものと考えられる。このような「共同体の遊び」を通じて、人間はチームの中で役割を演じ、他者から承認される喜び（承認要求）を強めた。「同性に勝ちたい、異性によく見られたい」という個人的な意欲が、チームの中で成功を収め評価されたい、という社会的な意欲へと変化したのだ。またそれは、自分自身を高め、自己実現を図りたいという意欲を高めることにもなった。

そして「遊び」が宗教と結び付いた場合には、自己犠牲をともなう行為にもつながった。メキシコの古代社会、アステカ族の神殿には球技場があり、神聖な球技が行われたが、その勝者は人身御供として神に心臓を捧げた。このような自己犠牲は、勝者が属す家族や部族の地位を高めたのだろう。また「遊び」には、儀式化された闘争、という側面がある。ルーツをたどれば、遊びと戦争は、いずれも雄間の闘争が生み出した行為なのだ。動物の雄同士の争いには、ゾウアザラシのように血まみれになって闘争する場合と、ゴクラクチョウのように儀式化されたダンスを踊ってメスへのアピール競争をする場合がある。

人間の初期社会においては、前者のような闘争の直接行使が戦争を生み出し、後者のような闘争の儀式化が遊びを生み出した(2)。遊びには、闘争を暴力的な行為から平和的な行為に変え、緊張関係を緩和するという重要な社会的機能があるのだ(8)。

遊びが生み出した芸術と基礎科学

このような「共同体の遊び」から生まれたものが、和歌、俳句、物語などの文学であり、能、歌舞伎、落語などの演芸であり、茶道、華道などの芸道であり、そして剣道や柔道などの武道である。武道においては、闘争の技術が儀式化されている。西欧社会では、西洋演劇、西洋風のミュージック、ダンス、スポーツなどが生まれた。さらに、基礎科学も遊びから生まれた。ギリシャにおけるソフィストの弁論術は男性間の競争の産物であり、そこからギリシャ哲学が生まれた[2]。さまざまな経験的事実をもとに、世界を説明することを競う「遊び」が、基礎科学のルーツなのだ。科学は一方で、仕事の役に立つ知識として発展した面があるが、好奇心にもとづく「遊び」の側面があることも忘れるべきではない。

日本人は遊びの達人である。古代から「あそび」という一般概念を持ち、歌うことも舞うことも、楽器を奏でることも、狩りをすることも、「あそび」と呼んだ。禅僧が山寺をたずね歩いて修行することを遊山と言い、学ぶことも「あそび」だった[2]。このような「あそび」を通じて、平安時代には「源氏物語」や「枕草子」のような傑作文学が生まれ、能のルーツである田楽や猿楽が生まれた。以後今日まで、日本人は数々のユニークな文学、演芸、芸道を生み出した。

これらの「あそび」の表現者には、常に研鑽を重ねる求道者的な姿勢が強く求められた。日本社会では、何かを表現するには形式を学んで一定のレベルまで技量を積むことが重要なのだ[10]。多くの少年マンガで描かれているように、修行を通じて実力をつけ、高度な技を身につけることが、日本ではかっこいいのだ。この「あそび」の精神があるからこそ、芸術やスポーツ、科学の分野で日本は高い水準に達している。

現在の日本に、もっと遊びを

ところがどうも、最近の日本社会はまじめすぎる。冨山和彦氏による「日本の大学の大半を職業訓練校にするべきだ」という主張は、まじめすぎる提案の典型だ。冨山氏の提案では、ローカル経済の生産性、つまり「仕事」に直結する教育しか考えられていない。しかし、人間は「仕事」だけで生きているわけではない。

人間として豊かに生きるためには、さまざまな知識が必要だ。したがって大学は、学生が社会に出て以後、長い人生を豊かに生きていくための手がかりを提供する必要がある。本節で取り上げた「遊び」についての知識は、このような手がかりの一例だ。英語では、「遊ぶ」ことも「演奏する」ことも、playと言う。ふとこのことに気づき、遊びと演奏にどのような関係があるのだろうという疑問について考えて書いたのが本節だ。このようにして、一見関係のないテーマの間をつなぐ発想力は、人生を豊かにするし、仕事の上でも役立つ。人口減少に直面している地域社会を含めて、これからの社会においては、一人ひとりの「仕事」における創造性を高めることがますます重要になる。その創造性の源は、「遊び」である。

また、地域の課題は「仕事」の生産性向上だけではない。私自身、いくつかの地域に関わっているが、人口減少、高齢化、限界集落、医療難民、獣害、自然災害、伝統文化の継承など、さまざまな課題がある。これらの課題を解決しながら地域づくりを進めるためには、地域住民がやる気を出せるビジョンが必要であり、そのビジョンの実現をになう地域のリーダーが求められている。そして地域のリーダーには、「共同体の遊び」の中でみんなの中心になれる能力が必要だ。

これからの大学教育では、そういう人間力を養うことも大きな課題であり、そのためには「遊び」というテーマも含めて、人間をよりよく理解するための教育を深め、実践することが重要だろう。

さらに学びたい人のために

性選択についてさらに理解を深めるうえでは、ダーウィンの古典的著作『人間の由来　上・下』[3]を一読することをお勧めしたい。「人間とはどういう動物なのか」を理解するうえでの必読書である。ただし、ダーウィンの論考は重厚であり、初心者にとって読みやすい本とは言えない。

ジェフェリー・ミラー『恋人選びの心』[11]は、性選択（性淘汰）についてのすぐれた解説書であり、また、性選択による人類進化についての独創的な著作でもある。本節の内容について理解を深めるうえで、最初に読む本として勧めたい。本書はまた、1.2節で紹介したスティーブン・ピンカー著『心の仕組み』の内容を補う本でもある。ピンカーは、音楽、物語などを生み出す人間の能力は、自然選択による進化で生じた他の能力の副産物だと考えた。彼は人間の心を「実用的な問題解決装置」とみなしている。もちろんその側面もあるのだが、ミラーが指摘したように、音楽や物語などを生み出す人間の心の能力は性選択（およびその拡張としての社会選択）によって進化した可能性が高い。ただし、ミラーは性選択のみをとりあげ、社会選択についてはまったく触れていない。社会選択については、前節で紹介したクリストファー・ボーム著『モラルの起源―道徳、良心、利他行動はどのように進化したのか』の中で、狩猟採集社会において評判や処罰が大きな選択圧になる事実が紹介されている。理論的側面については日本語での良い解説がないので、この点について学びたい方はネスによる英文総説[8]を参照されたい。

ロビン・ダンバー著『人類進化の謎を解き明かす』[8]には、チンパンジーなどに見られる毛づくろいから遊びが進化したというユニークな説が紹介されている。毛づくろいには集団に属する個体間の争いから生じるストレスを緩和する効果がある。毛づくろいは一対一で行われるので、大きな集団で暮らすチンパンジーなどは長い時間を毛づくろいに使う必要が生じる。この問題を解決したのがユーモアや笑いだとダンバーは考えた。ユーモアは一対多の間でストレスを緩和できるのだ。実際に彼の研究結果はこの仮説を支持している。さらに、より効果的に集団内のストレスを緩和する方法として、歌や踊りが発達したとダンバーは考えている。歌や踊りには本節で述べたように異性や社会からの評価を通じて進化した側面と、ダンバーが主張するようにストレスを緩和する仕組みとして進化した側面の両方があるのだろう。

ヨハン・ホイジンガ著『ホモ・ルーデンス(2)』は、「遊び」について包括的に考察した、言語学者によるユニークな著作である。日本語における「遊び」についても考察されており、「キリスト教中世の騎士道のように、日本の武士道も、あくまで遊びの領域の中で展開された」という興味深い指摘がある。ただし、進化的な視点は採用されていないので、本書の視点を念頭に置きながら読まれることを勧める。

冨山和彦著『なぜローカル経済から日本は甦るのか(12)』では、地域経済の生産性向上策について著者の考えが展開され、地方大学の教育における実学の重要性が強調されている。地方大学に限らず、今後の大学教育の中で実学を取り入れていくことに私は賛成であり、大学人は冨山氏の問題提起を真摯に受け止めるべきだと思う。ただし、冨山氏の問題提起は批判ばかりで、ユーモアや遊びがないのである。人を動かし現実を変えるには、もっと共感を呼ぶ提案が有効だと考える。共感を呼ぶ方法については、本書の6.2を参照されたい。

1.5 学力の意味——試験は何を選んでいるか

国立情報学研究所のチームが開発を進める人工知能「東ロボくん」が大学入試センター試験模試で偏差値57・8を獲得し、話題を呼んでいる。開発チームは2021年度の東京大学入学試験突破を目標にしている。一方で、文部科学省は「正解を出す能力」(とくに暗記力)に偏重した大学入試から、思考力を問う入試への改革を模索している。しかし、この改革の具体化はこれからの大きな課題だ。ここでは、そもそも試験で人が選べるのか、という根本的な問題を考えてみよう。

「試験」の起源はメスによるオス選び

そもそも私たちはなぜ人を選ぶのだろうか? それは、私たちが人を選びたがる性質を生まれつき持っているからだ[(1)]。私たち人間だけでなく、多くの動物が他の個体を選ぶ。動物の世界で選ぶ側に立つのは、ふつうメスだ。そして、オスはメスをめぐって競争し、選ばれる側に立たされる。クジャクのオスが大きな尾羽をひろげて地味なメスに対して求愛することは、多くの方がご存じだろう。ゴクラクチョウ(フウチョウ)の仲間では、華やかな色の羽毛を持つオスがとても手の込んだダンスを踊ってメスにアピールする。

このような求愛の努力にもかかわらず、多くのオスはメスに選んでもらえない。選ばれるのは1羽のオスだけだ。このような競争の結果、クジャクの尾羽やゴクラクチョウの奇天烈なダンスが進化し、一方でオスの「品質」を慎重に選ぶというメスの性質が進化した。

いったいメスはオスのどのような「品質」を選んでいるのだろうか。それは、遺伝的な健康さだと考えられている。生物の遺伝子には複製ミスによってしばしば突然変異が生じるが、その多くは生存力や繁殖力を下げてしまう。尾羽の豪華さやダンスの超絶技法は、おそらくこの有害な突然変異が少ないことを表しており、オスの遺伝的健康さの「正直なシグナル」（信頼できる指標）である。メスはこれらを指標にしてオスの遺伝的な健康さを選んでいるのだ。[(2)] このようなメスによるオスの選択の結果、動物の世界では一般にオスのほうがメスよりも美しく、生存・繁殖にとっては無駄な装飾を持っていることが多い。

シカの角やライオンのたてがみ（オスだけにある）、セミの鳴き声（オスだけが鳴く）などはすべて、このようなメスによるオスの選択の結果である。

メスによるオスの選択が起きるのは、卵よりも精子のほうがたくさん作られること、そしてメスが産卵・育児などに長い時間をかけるのに対して、オスは交尾してしまえば時間が余ることが原因だ。このような違いの結果、メスに比べオスの方がより競争的な環境に置かれ、競争に勝つことによってより多くの遺伝子を残すチャンスに恵まれる。一方、タツノオトシゴの仲間では、メスがオスの腹部にある育児嚢に卵を産み、オスは卵が孵化するまで育児嚢に空気を送って世話をする。このため、メスは産卵後すぐに他のオスと交尾できるが、オスは卵が孵化するまで交尾できない。このようなタツノオトシゴの仲間では、オスがメスを選ぶ。

さて、人間の場合はどうかというと、ご存知のとおり男性が長期にわたって子育てを手伝い、そして女性も男性も互いに選び合う。思春期におきる男性の声変わりはおそらく女性が男性を選んだ結果、進化した性質であり、大人の女性の腰がくびれているのは男性が女性を選んだ結果だと考えられる。[3][4]しかしこのような性間の選択に加えて、人間では社会の中での選択が顕著である。大学入試や入社試験はその典型例だ。

高い知能は時に不利になる

人間は、他の動物とは比較にならない大規模な集団で協力して生活する。人間以外の動物社会での協力は、血縁者どうしか、顔見知りどうしに限られる。しかし、人間の社会では、顔見知りでない非血縁者とも協力する。お互いが顔見知りになれない大規模な社会では、協力に対する裏切りや手抜きが頻繁に生じるので、そのような非協力的行動に対するペナルティが発達している。このような社会の中でうまく生き抜く性質が選ばれ、進化した。その結果、人間には裏の裏を読むことを可能にする高度な知能や、社会の中で協調して働くことを可能にする心性（道徳心や共感力など）が進化した。

このような人間独自の性質の中で、大学入試や入社試験で選んでいるのは、主として知能である。知能を測る制度は中国の科挙の例のように古くから発達したが、このように制度化されるよりずっと前から、人間は知能の高い者を語り部や神官として選んできた。

皮肉なことだが、知能の高さによって選ばれることは、生存・繁殖の上では必ずしも有利ではなかった。知能が高い者は権力者にとって脅威でもあるため、権力の交代とともにしばしば粛正された。[5]これは、クジャクの羽根に象徴される多くの動物の美しい性質が、天敵に見つかりやすく、動作を緩慢にする点で、生存にとっては不利だったことと似ている。試験学力もある種の知的能力と相関してはいるが、人間社会で成功する上で不可欠なものではなく、時には足かせにすらなる。(6)

大学入試の影で働くもう一つの「選択」

大学入試では知能を測っているわけだが、受験生による志望大学の「選択」は、偏差値だけで決まるわけではない。京大で大学院まで9年間学び、東大に12年間在籍した経験から、大学入試の学力試験の影で働いているもう一つの「選択」について考えみたい。ただし、個人的経験にもとづく話なので、あくまでも少数サンプルにもとづく考察である。東大・京大の中に、私の例示にはあてはまらない大きな多様性があることをあらかじめお断りしておく。

私は京大理学部植物学科で学んだが、この進学先を決めたのは、中学時代に愛用した植物図鑑の著者が京大の先生だったからだ。私が植物に興味を持った時、両親は本格的な植物図鑑を買ってくれた。この点には心から感謝している。この図鑑を手にしなければ、私が植物学者になることはなかっただろう。この図鑑を使い込み、海岸から、９００メートルを超える山まで歩き回って、郷土の植物を覚えた。そのうちに、図鑑では同定できない植物があることを知り、国立国会図書館から英文の文献を取り寄せて読んでみた。このとき調べたヤブマオという植物は、雌花だけで種子をつける不思議な性質を持っており、この出会いが私を性の進化の研究へと誘った。(7)この私の勉強法は、今で言う「アクティブラーニング」だ。自分で勝手に問題を見つけて、それについて徹底して調べるのだ。このような学生は、いつの時代もいるだろう。日本は同調性が高い社会だが、ありがたいことに、このような

変わり者を許容する文化も併せ持っている。(8)

京大に入って驚いたのは、私のような何かにとりつかれた学生がたくさんいたことだ。植物学科や動物学科の同級生には、「磯乞食」（海岸で貝殻をひろい集めて調べている者）、とんぼオタクなど、何かの生き物に魅了され、入学時点から大学院で目指す研究室が決まっている学生が多かった。

その後、東大理学部に助手として採用され、教養教育を担当する駒場キャンパスで助教授となった。駒場では毎年、新入生と接する機会があった。そこで驚いたのは、「どうして東大を選んだの？」という質問に対して、「入試の時点で学科を決めなくて良いから」という回答が多数を占めたことだ。

東大は、理Ⅰ・理Ⅱ・理Ⅲ・文Ⅰ・文Ⅱ・文Ⅲという独自の区分で学生を募集する。駒場（2年次）から本郷（3年次）に進むときに、学部と学科を選ぶ。このとき「進学振り分け」（通称「進振り」）という制度があり、駒場時代の成績で進学できる学科が決まる。この進振りは、旧制一高から東京帝国大学への進学試験にルーツがある。この制度のおかげで、東大生は入学後もよく勉強し、基礎知識と思考力をしっかり身につける。一方、私が在学した当時の京大では「勉強は自分でするもんや」という文化があり、まじめに授業に出ることを小馬鹿にするところがあった。授業で学べるものは限られているし、所詮、人と同じことしか学べない。このため意欲的な学生は自分で多くの本を読み、自分の知的世界を築いていった。そして、語学の必修8科目に一つも合格しなくても4年生になれた人もいた（ちなみに、そのような学生を京大ではエイトマンと呼んだ。ただし、私が在学した当時の話であり、いまもエイトマンが実在するかどうかは分からないが）。

「おもろい」京大、「できる」東大

私は京大大学院の指導教員であった岩槻邦男教授が東大理学部附属小石川植物園の教授に転任されたときに助手として採用され、京大とは教育文化が異なる東大で学生を教えることになった。着任当時、京大と東大の教育の違いについて岩槻教授と議論したことをよく覚えている。「東大で京大のようなチャランポランな教育をやったらあかんのとちゃいますか」という私の問い。それに対する岩槻教授の答えに、深く納得した。

「そうや矢原くん、知っとるか、東大ではなぁ、学生が落ちこぼれると教員のせいになるんや。東大というエエ大学に合格し、それから進振りでエエ点とって植物学科に来た学生が、エエ研究せぇへんかったら教員が悪いんや。京大では学生のせいで済んだんやけどな。１００人落ちこぼれても一人うまくいきゃあ、そんでエエと思うとったけど、ここではそうはいかん」

京大と東大では文化が大きく異なる。私が学んだ京大では、「おもろい」ことを尊ぶ。京大では他人と大きく違っていることが重要であり、その意味で変人が多い。一方の東大は「できる」学生が集まる大学であり、何でもできる高い学力を身に付けた学生が、さらに高みを目指す。いろいろな分野の基礎をしっかり勉強している東大生に研究を教える仕事は、私が京大で経験した教育とは比べ物にならない真剣勝負だった。彼らは挑戦的なテーマを与えれば、素晴らしい能力を発揮してくれるので、彼らと新しい研究室を作る仕事はとても充実していた。

その後に駒場で経験した教養教育も楽しかった。駒場は、本郷に進むための予備校では決してない。

全国で教養部が解体される中で、駒場では教養教育を守り続けた。駒場の教員は、学部・大学院の教育や研究に加えて教養教育に大きな時間と労力を費やす必要があるので、とても大変だ。しかし、多くの教員は東大生に本物の教養教育を施すことに情熱を持っている。

私は駒場に勤務したときに、「野外生物学」という講義と実習をハイブリッドした新しいコースを始めたが、20名程度の定員に100名程度の受講希望があり、嬉しい悲鳴をあげた。正解がない問題に学生と一緒になって取り組むこのコースは、今も続いている。日本にこのように大きく個性の異なるトップ大学が二つあることは、世界に誇ってよい。

東大がアジアのトップ大学から転落し、京大もランクを下げたことが話題になっているが、皮相な議論だ（論文数が減っているのは問題だが、これは博士課程大学院生の減少に主たる原因があり、東大・京大だけの問題ではない）。トップ大学に必要なのは、その大学を特徴づける強烈な個性である。東大・京大が100年余りをかけて築き上げた個性と肩を並べられる大学がアジア諸国に他にあるかどうか疑わしい。ただし、アジア諸国の大学の教育研究の水準は急速に改善されており、この進歩は日本の学術にとっては朗報である。以前は欧米を訪問しなければ先端研究について議論することはできなかったが、今はアジアの研究者とその議論ができる。

試験よりも大切なこと

以上の経験にもとづけば、「試験で人が選べるのか」という問いへの答えは明らかだ。この問い自体が、設定不良問題（2.4）である。問題の設定を変えなければ、正しい答えも得られない。そもそも、受験生のほうが大学を選んでいるのだ。入学試験で大学が選んでいるのは、その大学を受験することを選択した学生の中での試験学力に過ぎない。試験学力で測れる知能はクジャクの羽根のような一種のブランドであり、人間社会で成功するうえで不可欠なものではない。

人工知能などの技術が発達し、試験学力で測れる程度の知能はいずれ機械が代行してくれる時代が来るだろう。一方で、価値観が多様化し、社会が直面する問題は複雑になっている。これらの問題を解決するには、ビジョン、実行力、共感力など、試験で測ることが難しい能力が必要とされている。また、これらの能力は、科学研究の新たな発展のためにも、重要な素質だろう。いま大学が考えなければならないのは、どのような素質と志向性を持つ受験生を集めるかについての、個性的なビジョンだ。同じことは、企業の採用についても言える。日本特有の新卒一括採用はもはや時代遅れだ。これからは、企業の個性的なビジョンが、人材採用の成否を左右する時代になっていくだろう。

さらに学びたい人のために

性選択の過程では、オスの装飾的な性質と、メスの選好性の間に、しばしば進化的なエスカレーションが生じる。「ランナウェイ選択」と呼ばれるこの過程を通じて、オスはますます派手な性質を進化させ、メスはますます派手なオスを選ぶようになる。[(2)] その結果として、カブトムシの立派な角や、クジャクの美しい尾羽が進化したと考えられる。同様なプロセスが、人間の脳や知性の進化でもはたらいたと考えられている。[(9)] マット・リドレー著『赤の女王』[(9)] には、その根拠が詳しく紹介されている。赤の女王とは、ルイス・キャロル作『鏡の国のアリス』の登場人物であり、アリスの手を引いて「さあ、この国では、同じ場所にとどまるためには、全速力で走らねばならぬ」と言って走り出す。このエピソードにちなんで、際限ない進化のエスカレーションは「赤の女王」プロセスと呼ばれている。人間の脳や知性の進化は、その一例なのだ。

「赤の女王」プロセスのもうひとつの例は、オスとメスによる有性生殖の進化だ。これは私が京大・東大を通じて研究したテーマである。このテーマについての私の研究は、『花の性(7)』で紹介している。受験を控えた高校生にぜひ読んでほしい本だ。受験勉強よりもずっと面白い、興奮に満ちた世界があることを知ってほしい。また、京大・東大の学風の違いについても少し書いている。

京大の学風をさらに知るうえでは、山極寿一総長による『京大式 おもろい勉強法(10)』を一読されたい。京大のひとつの個性である探検生物学の伝統に触れることができる。一方で、巌佐庸『数理生物学(2)』は、日本の数理生物学を国際的な水準に引き上げた名著である。京大にはこのような理論研究の伝統もある。私が植物学出身でありながら、人類進化や社会科学までカバーして本書を書くことができたのも、理論研究の伝統のおかげである。

本書をほぼ書き上げた段階で、本郷・駒場を通じて同僚だった大隅良典さんのノーベル賞受賞が発表された。この受賞はもちろん、大隅さんの研究への誠実な取り組みが生んだ成果であり、大隅さんに心から拍手を送りたい。大隅さんの研究と人柄については、『独創性のおじさん〜元同僚として見た大隅博士の素顔(11)』を参照されたい。

コラム1

誰もが「スター・ウォーズ」に心奪われる必然的理由

文字が発明されて以来、人類はさまざまな物語を生み出してきた。かつて、これらの物語は特定の地域・文化に根差していた。しかし世界のグローバル化とともに、一つの物語が世界中で共有されるようになってきた。

その象徴が、「スター・ウォーズ」だ。「スター・ウォーズ」を題材に、世界中にファンを生み出す物語にはどんな秘密が隠されているのかについて考えてみよう。

「スター・ウォーズ」37年目の新作

「スター・ウォーズ」第1作「新たなる希望」が日本で公開されたのは1978年、ちょうど私が大学に入学した年だ。当時34歳の若さのジョージ・ルーカスが監督したこの映画は、全9作からなる物語のエピソード4であると宣言されていた。なんとも壮大な構想ではないか。

第1作を映画館で観たときの興奮は忘れられない。冒頭シーンにまず心を奪われた。映画は、宇宙空間をあらわす真っ暗な沈黙の画面で始まる。そこに、次の文字が浮かび上がる。

A long time ago in a galaxy far, far away... （遠い昔、銀河系の遥か彼方で……）

次の瞬間、大音量のオーケストラ演奏とともに、「STAR WARS」のロゴがスクリーンいっぱいに映し出される。そして、ジョン・ウィリアムズによる名曲とともに、黄色い文字が画面手前から奥へと流れ、エピソード4に至るあらすじが紹介される。

時は内乱のさなか。(中略)凶悪な帝国軍に追われながら、レイア姫は盗み出した設計図を手に故郷へと急いだ。人民を救い、銀河に平和を取り戻すために……。

冒険の旅が始まる! オープニングだけでここまで胸が躍った映画はほかにない。おそらく、同じ意見の読者も多いことだろう。そこからの映像と物語はスリル満点であり、登場人物やロボットのキャラクターも魅力的で、何よりも宇宙の壮大な歴史を描く世界観が圧巻だった。そして、劇場公開の映画なのに、続きが気になって仕方がない状態で終わってみせた。次回作までファンを2年も待たせるという映画製作は、当時としては異例だった。

それから38年間、スター・ウォーズは旧3部作(エピソード4~6)、新3部作(エピソード1~3)を通じて、ファンを魅了し続けてきた。[(1)]

エピソード3が公開された2005年には、シリーズが9話ではなく6話で完結することになり、ファンをがっかりさせた。しかしその後10年を経て、ルーカスフィルムはディズニーに買収され、ディズニーによってエピソード7~9が映画化されることになった。監督は、スター・ウォーズを見て育ち、別の名作SF「スタートレック」の新シリーズをヒットさせたJ・J・エイブラムスに委ねられた。J・J・エイブラムスの手腕に期待をかけつつも、ディズニーの下で果たして新たな名作が誕生するのかどうか、ファンは不安を抱きながら新作の公開を待った。

2015年12月18日に公開されたエピソード7の評判は、上々である。「まさしくスター・ウォーズだった」「懐かしさと感動をおぼえた」など、好評価のコメントがネット上をかけめぐった。

魅入らせるストーリーの共通性

「スター・ウォーズ」の新作「フォースの覚醒」は、場面設定・主要人物の設定・ストーリー展開の点で、「スター・ウォーズ」第1作「新たなる希望」と似ているところが多い。このように似ている理由は、旧作へのリスペクトやファンへのサービスだけではない。それは、私たちが心を奪われるストーリー構成には、ある種の共通性があるからだ(2)。

あなたはまず、非日常の世界に連れていかれる。そこはたとえば砂漠の惑星だ。しかしそこで出会う主人公は、あなたと同様に、生きるために毎日を繰り返す、平凡な暮らしをしている。そこに異世界から予期せぬ訪問者があらわれる。そこから、主人公の（そして主人公に共感したあなたの）冒険が始まる。冒険の旅をともにする仲間と出会い、危機をくぐりぬけ、そして旅立ちの日を迎える。今や主人公は、自分には使命があることを知っている。その使命を果たすために、仲間とともに故郷を後にする。

そして、数々の冒険を経て使命を果たした主人公は、やがて故郷に戻ってくる。主人公とともに冒険の旅を終えたあなたは、「大いなる使命を果たした」という満足感を味わうことができる。

この構成は、さまざまな物語で使われている。たとえば、トールキン作『指輪物語』や宮崎駿の名作アニメ「天空の城ラピュタ」がその例だ。人間は、日々の生活に憂き身をやつすよりも、何か大きな目的のために生きたいと考える心理的傾向を持っている。上記のような物語から、あなたはこの心理を満たす疑似体験ができるのだ。

重要なモチーフのルーツは

「スター・ウォーズ」では、この「大いなる使命」に加えて、「光と影の戦い」というもう一つの重要なモチーフが使われている。このモチーフは、より哲学的だ。私たち人間は、光（善）と影（悪）をあわせもっている。いかにしてこの二面性に向き合うかというテーマは、人間にとってきわめて身近で、しかも極めて解決困難な問いである。

「スター・ウォーズ」は、この難問をモチーフに取り上げることで、物語に深みを与えている。「スター・ウォーズ」の世界には、「フォース」という銀河のエネルギーが登場するが、フォースには光明面（ライトサイド）と暗黒面（ダークサイド）がある。怒りを制御する力を持てば、フォースの光明面を身に着け、「ジェダイ」と呼ばれる善の存在となる。怒りに身を任せればフォースの暗黒面に落ち、「シス」と呼ばれる悪の存在となる。スター・ウォーズは、ジェダイとシスの戦いの物語、つまり善と悪の対立を描く物語なのだ。

人間性に潜む光と影というテーマは、1965年以後のベトナム戦争を経験したアメリカ合衆国の知識人にとって大きな関心事だった。アーシュラ・K・ル＝グウィン作の小説『ゲド戦記』の第1作『影との戦い』（1968年）は、このテーマを正面から取り上げた作品だ(3)。主人公のゲドはロークの魔法学校で禁止されていた術を使い、「影」を呼び出してしまった。ゲドはその「影」の恐怖に立ち向かい、師の導きによって「影」と対峙し、ついに「影」に打ち勝った。ただし、この勝利は束の間のものだった。第2作以後の「ゲド戦記」は、世界の均衡を回復しようとするゲドの戦いを描いているが、私が読む限りゲドは「世界の均衡を回復」する道を発見できず、やがてすべての魔力を失った。『ゲド戦記』は明らかに「ハリー・ポッター」シリーズに影響を与えた作品だが、私は宮崎駿作『風の谷のナウシカ』にも影響していると思う。「アニメージュ」に連載されたコミック版『風の谷のナウシカ』(4)はアニメ版後の世界まで描いた長編だが、そのテーマはまさに「世界の均衡を回復する旅」である。ナウシカの師ユパのモデルは大賢人ゲドであり、そしてナウシカはゲドに代わって世界の均衡を回復する旅をする。旅の途中で、「影は闇に帰れ!」と叫ぶシーンがあるし、「墓所」を破壊するラストシーンもゲド戦記の展開に似ている。悪心を持たない新人類を生み出す「墓所」を破壊することによって、ナウシカは善悪をあわせ持つ旧人類が自然とともに生きる道を選んだ。

『ゲド戦記』と『風の谷のナウシカ』は、人間性に潜む光と影の対立という難問に挑み、哲学的な答えで物語を終えた。一方、エピソード6では、暗黒面に転落した悪役ダース・ベイダーが、光を取り戻して主人公のルークを救い、物語はハッピーエンドとなった。この点で「スター・ウォーズ」の結末は哲学的に深くはないが、観客に大きな希望を与えるものだ。影を乗り越えられるという希望こそが、難問への答えなのだ。エピソード7〜9の結末も、間違いなくハッピーなものになるだろう。

エピソード1〜6で光と影として対峙したルークとベイダーは、息子と父親だった。一方、暗黒面に落ちた新悪役カイロ・レンに対峙するレイは若い女性だ。このレイのモデルは、おそらくナウシカだ。最初はナウシカそっくりのゴーグルをつけて登場する。エピソード7〜9は、『風の谷のナウシカ』と同様に、母性が世界を救う物語になるのではないか。

「スター・ウォーズ」が成功した理由

「スター・ウォーズ」が成功した一つの理由は、物語を面白くするために役立つアイデアがあれば、遠慮なく拝借していることだ。神話、おとぎ話、悲劇、喜劇、ラブストーリー、冒険活劇、西部劇、サムライ映画、戦争映画、そしてSF。これらすべての要素を詰め込んだ、面白さがてんこ盛りの映画が「スター・ウォーズ」である。たとえばスター・ウォーズ第1作が、黒澤明監督の「隠し砦の三悪人」からいくつかのアイデアを拝借しているのは、映画通の間では有名な話だ。(5)

そして、最初に作り上げた9部作のビジョンこそ、製作期間が40年を超える映画シリーズを実現する原動力だった。ルーカスのずばぬけた構想力と情熱が、多くの才能をこの映画シリーズに引き寄せ、比類のない成功をもたらした。その時代を共有できたことは幸せである。

このシリーズを超える映画が、今後作られるだろうか。私は作られると信じている。誰かがハードルを上げれば、それを超えようとする若者は、必ず現れる。そうやって私たちの歴史は前進してきた。

若者よ、冒険の旅に出よう！

「スター・ウォーズ」が愛されている最大の理由は、このシンプルだが力強いメッセージにある。May the force be with you!　映画の中で繰り返し語られるこの言葉は、ジョージ・ルーカスから次世代への、熱いエールにほかならないのだ。あなたにも力は宿っている。さあ、恐れを捨てて、チャレンジを始めよう！

第2章　リーダーシップ

2.1「優れたリーダー」はなぜ少ないのか？

社会がさまざまな困難に直面している一方で、これらの困難を解決に導くリーダーが不足している。このニーズに応えるには、どのようなビジョンで、どのようなリーダーを育てれば良いのだろうか。グローバルリーダー養成に取り組んでいる経験と、人間の性格に関する認知科学の研究成果をもとに、この難問への答えを探してみよう。

ビッグファイブ：人間の性格は五つに要約できる

人間の性格は実に多様だ。この多様性を、いくつかの基本的な性質に要約できないだろうか。この疑問に応えるために、科学者は１００年以上にわたって、さまざまな研究を積み重ねてきた。その結果、最近になってようやくその答えが出た。人間の性格は五つの基本要素に要約できる。(1)(2)(3)この結果を紹介する前に、「要約」とはどういう作業かについて説明しよう。

人間の体型を例にとりあげよう。体型を調べるには、体重・身長・胸囲・腹囲など、体のさまざまな部分の大きさを測定する。これらの測定値の間には、多くの場合に相関がある。例えば、体重が重い人は身長が高く、胸囲や腹囲も大きい傾向がある。主成分分析という方法を使えば、これらの相関した測定値を一つの量（成分）に要約して、「全体的な大きさ」を表すことができる。この方法で「全体的な大きさ」を表す量を要約すると、次にはこの量とは相関がない別の成分を特定できる。その成分は、「プロポーション」を表す。「プロポーション」は、体重の割には背が高い（あるいは低い）、といった体型の違いを表す量だ。こうやって、人間の体型は、「全体的な大きさ」と「プロポーション」という二つの主成分に要約できる。統計学的な「要約」とは、この例のように、たくさんの測定値を、互いに相関のない少数の量にまとめる作業のことである。人間の性格では、主成分分析ではなく因子分析という少し違った方法を使い、要約された量のことを因子と呼ぶ。この統計的方法によって、人間の性格の場合は、五つの基本因子に要約された。

この方法を人間の性格に適用するうえでは、「性格」をどのように測るかが大きな課題だ。この課題に最初に取り組んだのは、進化論で有名なダーウィンのいとこにあたる遺伝学者ゴールトンだ。彼は１８８４年に、人間の性格を表す英語表現を約１０００個選び出した。この研究は心理学者に引き継がれ、１９３６年には４５０４語の性格用語が整理された。[3] そして、これらを要約する研究が始まった。類似の性格用語をまとめた上で、それぞれの性格特性を被験者の自己評価や他者評価によって数値化し、その数値を要約する研究が続けられた。その結果、１９９０年代になって、人間の性格は五つの基本要素（ビッグファイブ）に要約できるという点で、研究者の意見が一致した。[1][2][3] そのビッグファイブとは、外向性・開放性・協調性・良心性・情緒安定性の五つだ。

外向性とは行動的な積極性であり、外向性が高い人は精力的で、冒険的だ。また、そのような行為を評価されたいという報酬感受性が高い。これに対して、開放性は認知的な積極性であり、開放性が高い人は好奇心が強く、思慮深く、創造的だ。報酬にはとらわれない。協調性は他者に協力的な性質であり、協調性が高い人は世話好きで、他人を信じやすい。良心性とは、責任感、勤勉性、実行力に関係しており、良心性が高い人は規則や計画を守り、任務をしっかりまっとうしようとする。情緒安定性は感情の制御に関係しており、情緒安定性が低い人は感情的であり、神経質で、緊張しやすい。

優れたリーダーには、外向性・開放性・協調性・良心性・情緒安定性が高いことが求められる。(4) ただし、これらが極端に高すぎる人は、リーダーには適さない。あまりに冒険的で創造的な人物は組織を危機に陥れがちだし、協調性が高すぎる人は決断を躊躇しがちだ。規則に忠実すぎると危機に柔軟に対応できないし、情緒安定性が高すぎる人はリスクを軽視しがちだ。行き過ぎない程度に、外向性・開放性・協調性・良心性・情緒安定性が高いことが、優れたリーダーの条件だ。

優れた人材は希少な存在

ここで、これら五つの基本要素（ビッグファイブ）は、互いに相関がないことを条件として要約された因子であることに注意してほしい。例えば、外向性が高いからといって、開放性が高いわけではない（精力的な人が創造的であるとは限らない）。同様に、協調性が高いからといって情緒が安定しているわけでもない。このため、ビッグファイブすべてにおいて秀でた人は、希少な存在となる。ビッグファイブの各因子において、上位10％に入る人の割合を考えてみよう。その割合は、10分の1の5乗、つまり10万人に一人だ。

ビッグファイブすべてに優れ、なおかつ、能力も高い人の割合はさらに小さい。人間にはさまざまな能力があるが、その中で一般的な認知能力は「知能」と呼ばれる。[(5)] 知能とは、高度な記憶力や知的集中力によって、たくさんの情報を迅速かつ正確に処理する能力である。ビッグファイブの中で知能と関係しているのは、開放性である。好奇心が強く考えるのが好きな人ほどさまざまな知識を得やすいので、知能を高める機会が増える。[(6)]

実際に両者には相関があることが分かっている。たとえば合衆国の歴代大統領の開放性と知性の間には相関がある。[(7)] しかし、両者の相関は必ずしも強くなく（合衆国大統領の場合の相関係数は0・69）、両者に関与する脳の領域は異なっている。[(8)] 知能には、その人の脳が持つ潜在的な演算能力と、学習や経験を通じて得られる知識量（学力）の両方が関わっていると考えられる。このように開放性と知能には相関があるので、ビッグファイブの各因子において上位10％に入る、10万人に一人の逸材を探せば、その人はかなり高い知能を持っていると予想される。しかし、優れたリーダーにはしばしば、学習や経験ではなかなか身につかない高度な知性が要求される。このような能力を持つ人材は、100万人に一人か、あるいはもっと希少だろう。

傑出したリーダーよりもチームワーク型のリーダーを

以上のように、高度な資質と能力を一人のリーダーに求めようとすれば、その要求を満たす人材の発見はきわめて困難である。したがって、私たちは発想を転換する必要がある。組織にとって必要とされるリーダーシップを一人の人材に委ねること自体が、実情にそぐわない。仮に、そのようなリーダーを得て、一時的には成功を収めることができたとしても、そのリーダーが退けば、組織はたちまち危機に陥るだろう。このような危機を回避するには、チームワーク型のリーダーシップを育てる必要がある。すなわち、リーダーに必要とされるタスクを分業化し、チームワークによって組織を動かすほうが、組織のパーフォーマンスを高める上で、より有望な道である。

では、チームワーク型のリーダーシップを育てる上で鍵を握る要素とは何か。私の考えでは、ビジョン、実行力、共感力だ。これらはビッグファイブのうち、開放性、良心性、協調性に関係する資質だ。チームワークによって組織をリードする上では、みんなが共通の目標として追及できる魅力的なビジョンを描ける人材、このビジョン実現をリードする実行力に秀でた人材、各メンバーの個性を生かしながらうまくチームをコーディネートできる共感力の高い人材が揃っていることが必要だ。これらのどれかを欠くとチームワーク型のリーダーシップはうまくはたらかないと私は考えている。高い意欲（外向性）や専門的能力を持つスタッフも必要だが、これらについては事足りていることが多い。

あなたが何かの組織の長であれば、ビジョン、実行力、共感力のうちで、自分に不足している資質を見極めるべきだ。ビジョンを買われてリーダーになった人には実行力、共感力のあるスタッフが必要だし、人望によってリーダーになった人は、ビジョンを描ける人材や実行力のあるスタッフを必要とする。このようなチーム編成の技術こそ、今日のリーダーに求められる能力だろう。(9) その技術を体系化して、教育によって習得できるようにすることが、リーダー養成プログラムの大きな課題である。

さらに学びたい人のために

ビッグファイブは、2.3節で紹介するシステム1・システム2とともに、人間行動の背景を科学的に理解するうえでとても重要な概念であり、本書を通じて繰り返し説明する。ビッグファイブについてさらに理解を深めるうえでは、ダニエル・ネトル『パーソナリティを科学する』[2]が最もバランスのとれた入門書である。村上宣寛、村上千恵子著『性格は五次元だった』[3]では、国際的な研究の歴史に加えて著者ら独自のテスト法による研究成果が紹介されている。どちらの本でも、読者自身でテストを行い性格判断ができる。丹野義彦著『性格の心理』[10]は、図が多い点で親しみやすい本だ。ビッグファイブと脳機能や神経病理との関連が解説されている。本書で指摘されているように、外向性・情緒安定性はそれぞれ「報酬感受性」（ポジティブ情動）と「罰感受性」（ネガティブ情動）に関係している（この点については3.3で解説する）。わかりやすく言えば、心のアクセルとブレーキに相当する。これに対して、開放性・良心性・協調性はそれぞれ、人間の自由意志を支える能力として1.3で紹介した、「創造力」「自制心」「共感力」という人間らしい性質に関係している。ビッグファイブをこのように2＋3に区別すると、理解しやすいだろう。なお、「創造力」「自制心」はそれぞれ、ビジョンと実行力を支える性質だ。

2.2 リーダーのあなたにビジョンと情熱はあるか？

今日ほど決断が必要とされている時代はない。地球環境問題、大規模災害、少子高齢化、グローバル化など、私たちの社会はいくつもの難問に直面している。これらの難問を解決していく上で、決断力のあるリーダーが求められている。では、どうすれば決断力のあるリーダーを育てることができるだろうか。九州大学の「持続可能な社会を拓く決断科学大学院プログラム」を立案し、実行している経験にもとづいて、決断力のあるリーダーの育て方について考えてみたい。

決断力とは何か？

リーダーの重要な仕事は、組織が進むべき方向を決定することである。この決定がしばしば組織の命運を左右するので、リーダーの責任は重大である。とはいえ、組織の命運を左右する決定を、リーダーが自分の判断だけで行うわけではない。企業であれ、自治体であれ、組織には多くのスタッフがいて、さまざまな情報を集め、さまざまな提案を用意してくれる。多くの場合、リーダーの日常的な仕事はこれらの提案をチェックして決裁することだ。このような日常的な意思決定の妥当性を支えているのは、組織全体の力量だ。

図２は組織における意思決定のプロセスを概念化したものである。何らかの課題を解決する上では、選択肢（対策案や事業案）を設定する必要がある。複数の有力な選択肢がある場合には、それぞれの

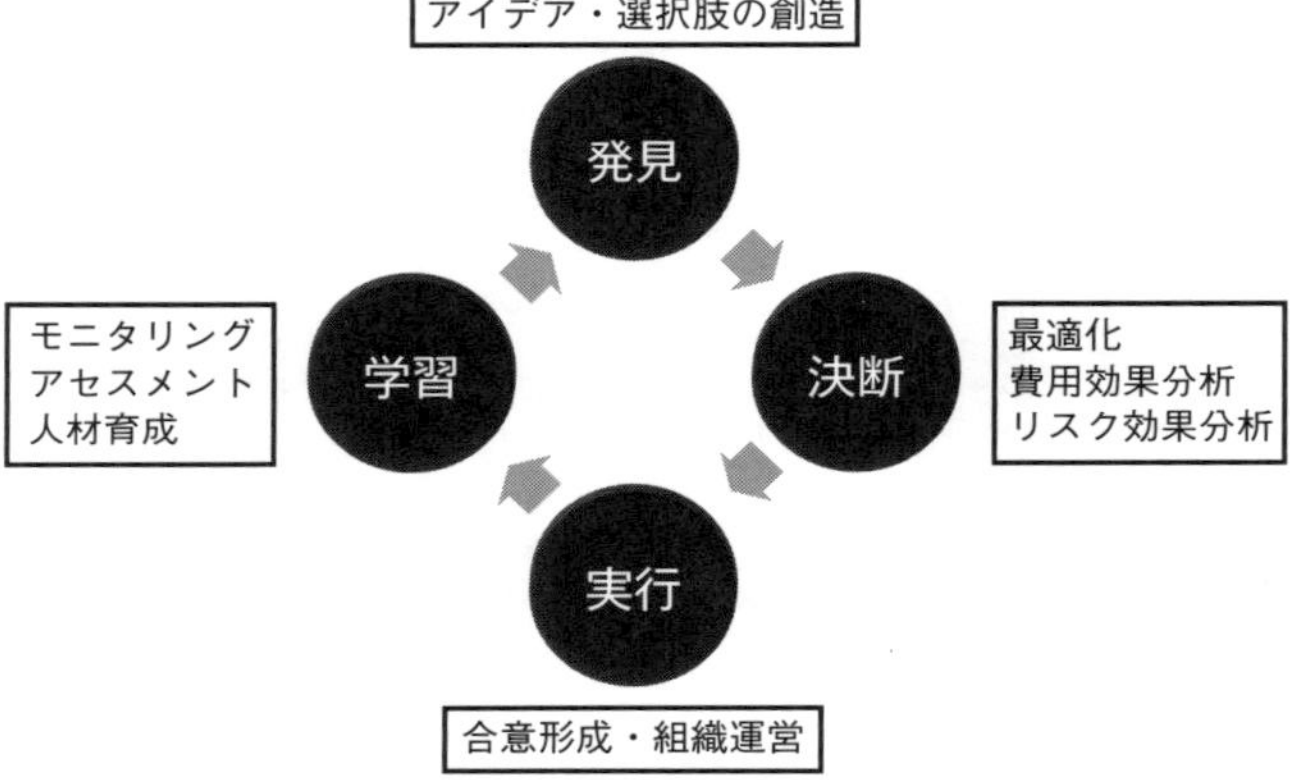

図2　組織における意思決定プロセスの概念図（筆者作成）

コストやリスクとベネフィットを比較し、最適な選択肢を選ぶ。この段階で責任者が決裁を行い、対策や事業が実行される。その実行過程で生じた問題をチェックし、想定外の問題が生じた場合には選択肢を修正する。

このプロセス（決断サイクル）は、ＰＤＣＡサイクルに似ているが、Do（実行）の前にDecision（決断）が置かれている点が違う（図2）。日常的な意思決定では、この決断のプロセスは形式的な「決裁」で済まされているため、ＰＤＣＡサイクルでは無視されている。しかしながら、組織の命運を左右するような決断の場合には、このプロセスが形式的な「決裁」では済まされない。このような決断におけるリーダーの役割は、単に決定に責任を負うだけでなく、上記のサイクル全体をしっかり管理することである。

選択肢を設定する上では、ビジョンが必要になる。リーダーによるビジョンの提示があって初めて、そのビジョンを実現するための選択肢を具体化できる。ときにはリーダー自身が、将来を見据えた斬新な選択肢を提示することも必要だ。なぜなら、組織の中で動くスタッフの日常業務は、短期的な課題を解決することだ。しかし、短期的な課題を解決するだけでは、組織は環境の変化への対応に失敗しかねない。リーダーは常に、中・長期的な視点を持ち、組織の将来に対するビジョンや創造的な選択肢を提示する必要がある。上記の決断サイクルにおいて、計画（Plan）ではなく、発見（Discovery）という表現を使っているのはこのためだ。発明（Innovation）と言い換えても良い。ビジョンの提示は常にイノベーティブなプロセスであることを強調したい。

新たな選択肢が発見できた場合、そのベネフィットをコストやリスクと比較して、実行の是非を判断することになる。これが狭い意味での意思決定、あるいは決断だが、このプロセスはよく研究されている。たとえば、最近邦訳が出版された『リスク』[(1)]を読めば、リスク分析がいかに広範な問題について研究されているかが分かるだろう。

実行過程で必要なのは「報酬よりも情熱」

組織の命運を左右するような決断の場合、大きな課題はこの意思決定プロセス自体よりも、決めたあとの実行過程にある。リーダーがいかに創造的なビジョンを持ち、挑戦的な決断をしても、その実行を支える組織の力がなければ、決断は失敗する。なぜなら、新たな施策や事業に取り組む場合には、新たな知識・技術が必要とされるので、それらを的確に取り入れて目標を実現するスタッフとチームが必要になるからだ。決断にあたっては、このようなスタッフやチームを確保し、場合によっては育てることを念頭に置いて、その実行可能性を判断する必要がある。

さらに、実行過程では新たな施策や事業に取り組むスタッフに、リーダーのビジョンを正確に伝える必要がある。ここで必要とされるのは、リーダーの情熱だ。「情熱」という言葉を使うと、精神論的で、一見非科学的に見える。しかし、人間が新しい課題に取り組むうえでは「動機」(motivation)が必要であり、「情熱」は「動機」を高める感情的メカニズムだ。「動機」以外に、「インセンティブ」(incentive、報酬による誘因)も人間の意欲を引き出す重要なメカニズムだが、インセンティブは単純な仕事には効果があるものの、創造性が要求される仕事ではかえって能率を下げてしまうことが分かっている(ダニエル・ピンクが『モチベーション3.0』[2]の中で紹介しているダン・アリエリーの研究[3]が有名だ)。

したがって、新たな施策や事業に取り組む過程では、リーダーが情熱をもってビジョンを語り、スタッフの「動機」を高めることがとても重要なのだ。キリスト教の考えに基礎を置く欧米社会では、このような役割を担うリーダーをエバンジェリスト(伝道師)と呼ぶ。

このように考えてみると、「決断力」とは狭い意味での意思決定における胆力というよりもむしろ、先見性・創造性に支えられたビジョンの提示、実行を支えるチーム編成力、実行過程のチームをリードする情熱を含む総合力であることが分かる。2.1ではチームワーク型のリーダーシップを育てる上で鍵を握る要素として、ビジョン、実行力、共感力を挙げた。性格の5因子(ビッグファイブ)を考慮した主張だが、上記の洞察から得られる結論とほぼ一致している。一方、わが国では「決断力」と言えば、土壇場での胆力や度胸のことだと考える人が多い。これは、性格の5因子で言えば情緒安定性が高く、想定外の事態においても冷静に対応でき、リスクをコントロールできる能力だ。もちろんこの能力は重要なのだが、ビジョンや実行力、共感力が伴わなければ、組織を危機に陥れかねない。

決断力を育てるには？「実践と科学的思考」

では、総合力としての決断力を持つリーダーをどうすれば育てることができるだろうか？　これは、私が「持続可能な社会を拓く決断科学大学院プログラム」を立案する際に直面した課題だ。

私が採用した方針は、二つのアプローチに基づいている。一つは問題解決の現場経験を通じて人材を育てるという実践的アプローチ、もう一つは決断についての科学、すなわち決断科学を理解した人材を育てるという科学的アプローチだ。実務経験者は実践を、科学者は科学を重視しがちだが、優れたリーダーにはどちらも欠かせない。この考えにもとづいて、「決断科学大学院プログラム」を立案した。

文部科学省が推進している博士課程教育リーディングプログラム（「決断科学大学院プログラム」はその採択課題の一つ）では、「環境、エネルギー問題など、人間・社会・自然が複雑に絡み人類社会の持続可能性を脅かす深刻な課題」の解決をリードする人材の養成を求めている。「決断科学大学院プログラム」ではこの要請に応えるために、環境・災害・健康・統治・人間という五つの重要課題を設定し、これらの課題についての実践的なプロジェクトの現場でリーダー養成を進めている。究極的な問題解決に取り組むという意味で、これらのプロジェクトを「プロジェクトZ」と呼んでいる。プロジェクトZが対象にしているのは、違法伐採が頻発するカンボジアの熱帯林、東日本大震災の復興現場、バングラデシュの無医村、人口減少と高齢化に直面している限界集落など深刻な課題を抱える現場であり、これらの課題の解決は容易ではない。しかし、困難な社会的課題に正面から取り組む経験は、決断力のある社会的リーダーを育てる上では不可欠だ。幸いにして九州大学には、研究者として一流の実力・実績を持ちながら、一方で深刻な社会的課題の解決に取り組んでいる教員がいる。プロジェクトZの現場では、こうした経験を積んだ教員とともに課題解決に取り組む過程を通じて、学生たちはリーダーに必要な経験を積んでいる。

一方で、経験を普遍化し、科学的な理解へと高めることも重要だ。いわば、サイエンティフィック・シンキングを身につける必要がある。大学院における研究では、個々の専門分野の科学的思考法は学ぶが、社会的課題の解決の現場で必要とされる科学的思考法は必ずしも学んでいない。この不足を補うのが「決断科学」だ。

さらに学びたい人のために

決断サイクルのアイデアは、日本生態学会生態系管理専門委員会委員長として27名の委員と議論を積み重ねてまとめた「自然再生事業指針[4]」がヒントになって生まれた。この指針では、「順応的管理」（実行過程で生じた問題を点検しながら対策の改良を続ける事業マネジメント）を重視し、「将来成否が評価できる具体的な目標を定める」「将来予測の不確実性の程度を示す」「管理計画に用いた仮説をモニタリングで検証し，状態変化に応じて方策を変える」などの指針を提案した。事業において採用する「対策」は一種の仮説である。対策（仮説）は検証されていない多くの仮定や予測を含んでいる。また、対策（仮説）

を選ぶ際には価値観や利害の違いによる意見の相違が生じる。これらの理由から、対策（仮説）を選ぶうえで「地域の多様な主体の間で相互に信頼関係を築き，合意をはかる」という指針を提案した。また、「自然再生事業を担う次世代を育てる」という指針を提案したが、これは決断サイクルの「学習」に相当する。決断サイクルについての理解を深めるうえでは、「自然再生事業指針」の一読を勧める。

社会的課題の解決にあたって必要とされる生きた知識を「プロジェクトZ」の現場で学ぶという方針は、私自身の現場経験に加えて、人間の記憶や学習についての心理学・脳科学の研究成果を念頭に置いて立案した。人間の記憶には、言葉で説明できる「陳述記憶」と、言葉にするのがむつかしい「非陳述記憶」がある。前者には、講義や本で学んだ知識の記憶に相当する「意味記憶」と、あるとき・ある場所での経験とむすびついた「エピソード記憶」がある。「非陳述記憶」には、車の運転、プログラミングなどさまざまな技能（スキル）を体得する「手続き記憶」、「嬉しい」「こわい」といった感情（心理学で言う情動）と結び付いた「情動記憶」、興味の起点になる「プライミング」などがある[5][6]。現場経験では、エピソード記憶と非陳述記憶（とくに情動記憶やプライミング）が効果的に蓄積される。従来の学校教育では不足しがちなこれらの記憶（とくに問題解決の現場での記憶）を強化し、それを「決断科学」という意味記憶の体系とリンクすることで、現場対応力の高いリーダーを育てようとしている。この考えの背景にある、「記憶」についての科学的理解を深めるうえでは、『記憶と情動の脳科学』[5]の一読を勧める。記憶についての最先端の科学的知識がわかりやすく紹介されている。記憶についてさらに学ぶには、『記憶のしくみ』[6]がベスト。著者のひとりエリック・R・カンデルは記憶の研究への功績により２０００年にノーベル生理学・医学賞を受賞した人物。かなり専門的な内容も含まれているが、図を多く使ってわかりやすい解説が工夫されている。

企業における人材育成については多くの書籍や論文が発表されているが、そのなかでピーター・センゲの著作『学習する組織』(7)、『持続可能な未来へ』(8)は本書の内容と関連が深い。彼はダニエル・ピンクと同様に、内発的な動機を高めること（志の育成）を重視し、「世の中の役に立ちたいという心からの願い」を重視する稲盛和夫氏の発言を紹介している。そしてこれからの企業が立ち向かうべき大きな課題として「持続可能な未来」を提示した。センゲの考えは、「持続可能な社会を拓く」ことを目標に掲げた私たちのプログラムの理念と共通性が高い。ただし、人間についての科学的理解については、補う余地がたくさんある。性格（2.1）、認知バイアス（2.3）、感情（3.3）、道徳基盤（4.5）、幸福感（6.2）、フリーライダー問題（6.3）、献身性（6.5）などについての科学的理解を取り入れれば、「学習する組織」についての考え方はさらに豊かなものになるはずだ。

2.3 「リーダー脳」は手抜きしない！ 科学的思考の鍛え方

優れたリーダーには、ビジョンや実行力とともに、科学的思考力が必要だ。では、どうすれば私たちは科学的思考を使いこなすことができるのだろうか。その答えは、面倒な科学的思考を避けてさっさと結論を出そうとする私たちの脳を手なづけて、脳によく考えさせることだ。

私たちの脳は、外界から次々に入ってくる膨大な情報を効率よく処理するために、さまざまな手抜きをしている。この手抜きは、日常生活ではかなりうまくいく。しかし、想定外の事態や、そもそも難しい問題に直面した場合、情けないほど正解を出してくれない。そこで科学的思考が必要になる。

いい加減な日常判断の欠点

まず、私たちの脳が日常的にどのような情報処理をしているかを考えてみよう。眼からは、例えば図３のような画像が時々刻々と脳にインプットされる。これらの画像を全部記憶して、何が起きているかを常にチェックしていては、脳のメモリーがいくらあっても足りないし、エネルギー源である糖分も枯渇する。そこで、特に大きな変化がなければ、脳は新たな情報を「既読スルー」している。

図３では、一瞬だけネコが首をもたげているが（３段目の右から三つめ）、このような変化があると、脳はそのときだけ情報を受け入れる。その後、ネコがまた寝てしまえば、何事もないと判断して「既

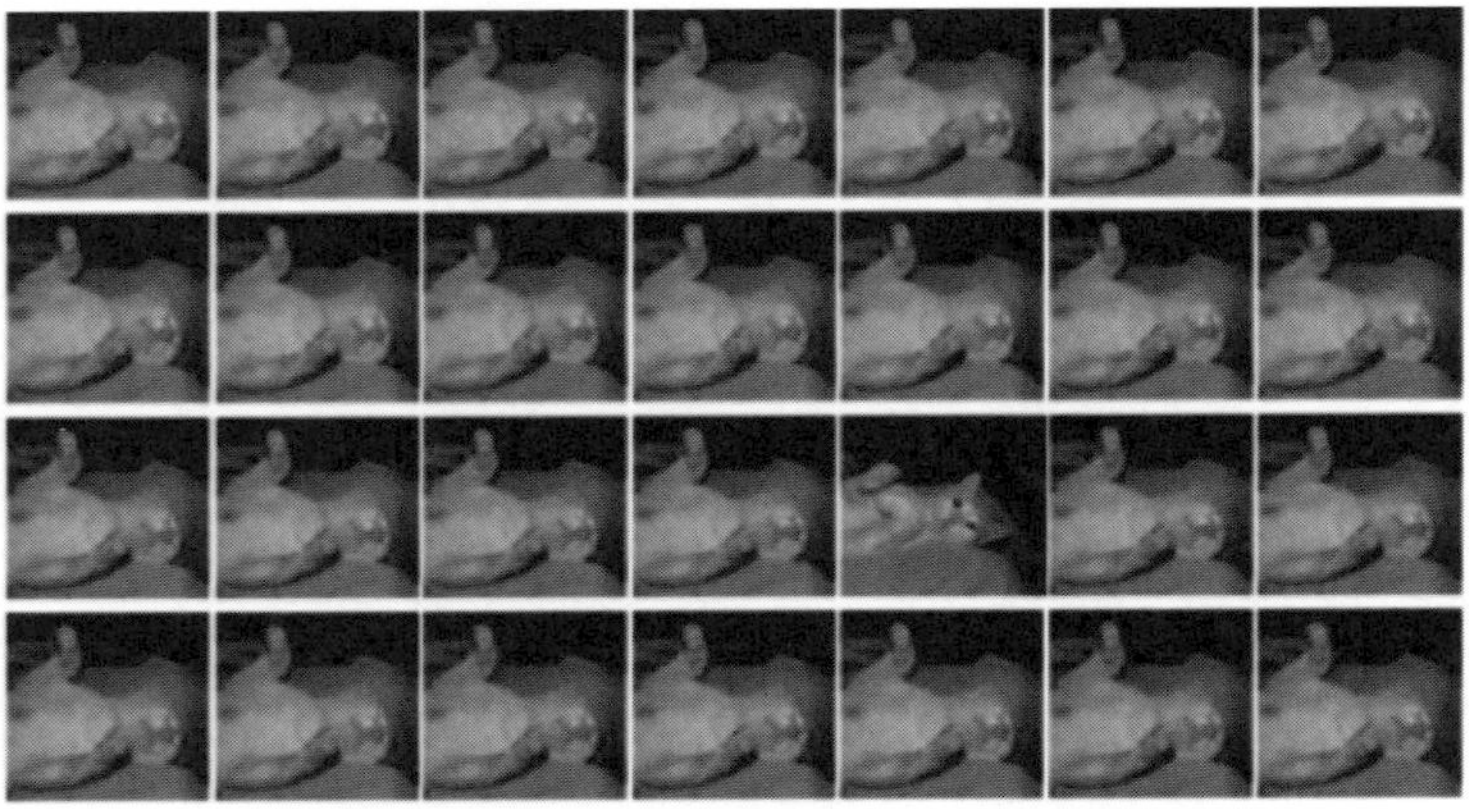

図3　経時的に脳にインプットされる画像の例（筆者作成）

読スルー」を続ける。

このような日常的な判断を担当する認知システムは「システム1」と呼ばれている（米国の心理学者、行動経済学者であるダニエル・カーネマン博士らによって提唱された）。私たちは多くの日常的判断を、このシステム1に頼っている。

一方で、もしネコが起き上がり突進してきた場合には、何が起きたのだと「注意を払い」、次になすべき行動を決定する。この「注意を払う」とき、脳は糖分を消費してよく考える。この状態で起動される認知システムは「システム2」と呼ばれている。科学的思考を担うのは、このシステム2だ。

システム1はいろいろな「モデル」を使って、外界からインプットされる情報を組み立て、判断している。その一つが、遠近法モデルだ。

図4を見れば、短く見える遠くの縦線と、長く見える近くの縦線は、実は同じ長さだとみなさんは判断するはずだ。この判断は、遠近法モデルに基づいて脳が

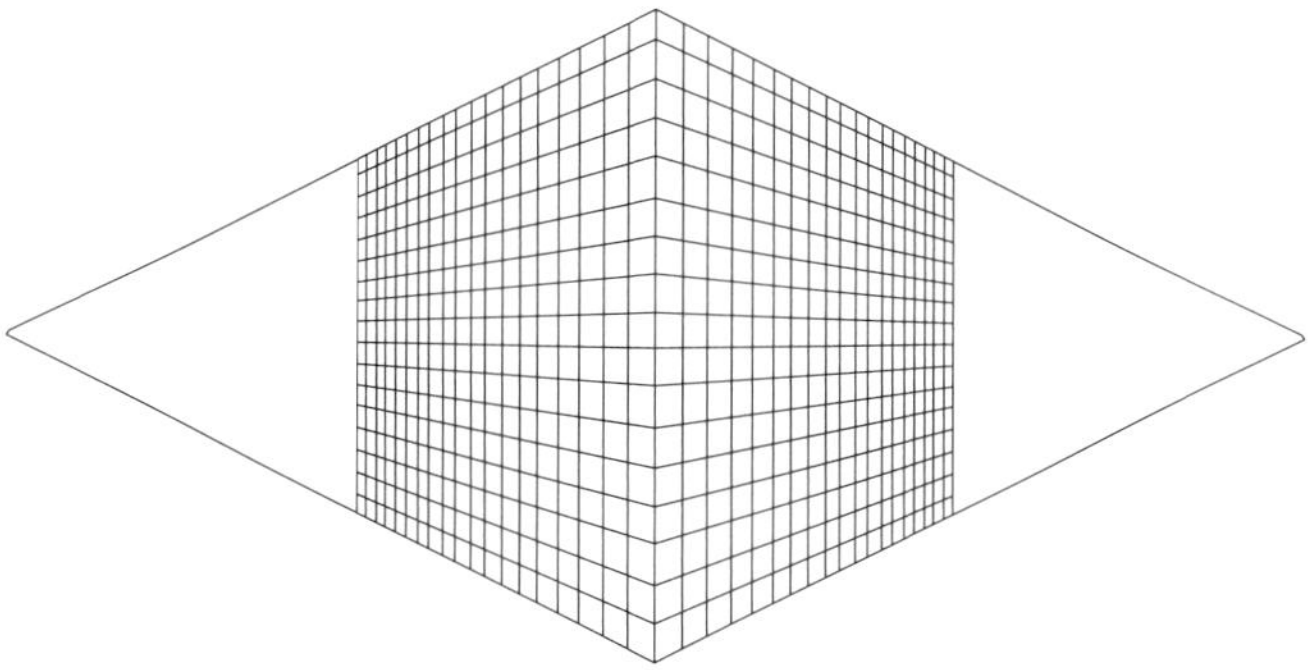

図4　遠近法モデルで描かれた図形

情報を組み立てている証拠だ。よく考えてみてほしい。図４の中央の線は実際に長く、左右の線は実際に短い。同じ長さだと判断するのは、錯視（目の錯覚）だ。

このようなシステム１の錯覚は、視覚に限られない。例えば、ネコに○○○、ロミオと○○○○○、と書けば、みなさんは○にあてはまる単語をすぐに思い浮かべる。実は、ネコにカラスかもしれないし、ロミオとバイオレットかもしれないのだが、システム１はこれらの可能性を考えない。

システム１は、もともとは私たちの祖先の動物が、効率よく餌をとったり、うまく敵から逃れたりするために発達させたものだ。できるだけ少ないコスト（糖分）で外界からの情報を自動処理する、とても効率の良い意思決定システムだ。

人間のシステム１は、人間関係を処理するために、さらに高度化している。それは、作り笑いと心からの笑顔を即座に見分けることができるし、大勢の人ごみの中から親しい人をすぐに探し出せる。日常生活においては、とてもうまく働くシステムだ。しかし、このシステムにはさまざまな欠点がある。

第一に、因果関係のストーリーを作り上げる悪い癖がある。例えば、「牛乳」「下痢」……この二つの言葉を見ただけで、「牛乳を飲んだせいで下痢をした」というストーリーを脳は即座に作り上げる。実際に朝牛乳を飲んだ日に下痢をしたら、あなたは牛乳が下痢の原因であることを疑わないだろう。しかし下痢は、他のストレスに起因するものかもしれないのだ。第二に、あなたが好意を持っている人物の言うことは信じてしまう悪い癖がある。例えば、あなたがもし安倍首相に好意を持っていれば、アベノミクスは成功していると思うだろうし、安倍首相を快く思っていなければ、アベノミクスは失敗していると思うだろう。第三に、上記のような判断をした後では、その判断を支持する証拠だけを見て、支持しない証拠を無視する悪い癖（確証バイアス）がある。その結果、システム2を使ってよく考えようとしても、自分の判断にとって不都合な可能性は排除してしまう。

この三つの悪癖を挙げるだけでも、複雑な問題については、システム1がまともに答えられないことが分かるだろう。困ったことに、システム1にはこの三つ以外にも多くの欠点や問題点がある。これらに興味を持たれた方は、ノーベル経済学賞受賞者であるカーネマン博士の名著『ファスト&スロー』[1]をぜひ一読されたい。私たちの日常的判断のいい加減さを、多くの実例と巧みな理論によって暴きだした名著である。

科学的思考の手ほどき

科学とは、システム1では正解が出せない問題を解くために、人類が編み出したさまざまな方法と知識の体系だ。物理学、化学、生物学、心理学、経済学、社会学など、多くの科学があり、科学者はそれぞれの分野でさまざまな方法を工夫して問題を解いてきた。これらの中で、社会的リーダーが直面する問題の解決に有効な方法はどんなものだろうか。

科学の研究は、問題を解いていくプロセスなので、問題をうまく立てることがとても大事だ。そこで、決断科学大学院プログラムの受講生には、次の二つの設問を比較して、どちらの設問が優れているか、その理由を考えてもらっている。

①　人類の未来はどうなるだろう？
②　人類の未来を左右する三つの主要な要因は何だろう？

「後者の方がより具体的なので良い問い方だ」という答えが、多くの受講生から返ってくる。しかし、この答えは十分ではない。②が良い問い方なのは、仮説の設定や選択を強制するからだ。「主要な要因は何だろう？」と問われれば、解答者は要因の候補を挙げることを強制される。受講生からは、人口、気候、エネルギー、食糧、水、病気、災害、戦争やテロ、経済、社会制度、科学技術、教育などが候補要因として指摘された。これらの中から、影響が大きい要因を三つ選ぶことを②の問いは強制している。

この選択を行うには、各要因が人類社会に与える影響を評価する必要がある。評価をするには、指標が必要だ。では、人類社会の状態（良し悪し）を評価するには、どんな指標を使えば良いだろうか？

その答えは、生存に関する指標（生存率、寿命など）、生活に関する指標（収入など）、平等性に関する指標（労働者の男女比など）、環境負荷に関する指標（二酸化炭素排出量など）の四つだ。これ以外にも、幸福感などの指標が考えられるが、上記の四つが社会状態の指標としてとくに重要であることには、多くの賛同が得られるだろう。

ここまでくれば、四つの指標が過去から現在に向けてどのように変化してきたかを調べることで、これらの四つに大きく影響している要因を絞り込むことができる。過去から現在に向けての変化を調べるには、4.4で紹介しているGapminderが役立つ。Gapminderを使えば、寿命、収入、二酸化炭素の排出量は互いに相関していることが分かる。すなわち、一人あたりの収入が多い国ほど寿命が長く、一方で二酸化炭素排出量も多い傾向がある。このような分析から、収入や寿命を維持しつつ、二酸化炭素排出量などの環境負荷を減らす科学技術の開発が、人類の未来を大きく左右する主要な要因の一つであることが分かる。この結論をより科学的に導くには、統計学的な分析が必要だ。西内啓著『統計学が最強の学問である』(2) に注目が集まっているが、最強かどうかは別として、統計学がリーダーにとっての必修科目であることは確かだ。

脳にシステム2を使って考えさせる

システム1はたった一例からでも因果関係のストーリーを作ってしまうという欠点を持つ。リーダーがこのようなストーリーにとらわれて（つまり思いこみに基づいて）決断をすることは、極めて危険だ。このような思い込みを避け、因果関係を冷静に把握するためには、「○○を左右する三つの主要な要因は何だろう？」という問い方が有効だ。このように問われれば、脳はシステム2を使って考えざるを得なくなり、そしてシステム1が出した結論に引きずられるという過ちも避けることができる。このようにして、手抜きをしたがる脳にしっかりと考えさせる訓練を積むことが、リーダーに求められる重要な態度なのだ。復習をかねて、脳にしっかり考えさせるための三つのルールをまとめておこう。

・仮説をつねに三つ以上考えよう。
・それらの重要度を評価する指標を考えよう。
・指標をデータ化し、場所（あるいは組織）による違いと、経年変化を調べて、仮説の重要度と、仮説間の関係をとらえよう。

この思考法は、「人類の未来」を自分の未来、会社の未来、自治体の未来に置き換えても通用する。この思考法を使ってみれば、仮説を三つ以上思いつくことが、そんなに簡単ではないことがわかるだろう。科学的思考においては、ロジックだけでなく、仮説を思いつく「発想力」が実は重要である。ではどうすれば、発想力を鍛えることができるか？　この疑問について、次節で考えてみよう。

さらに学びたい人のために

ダニエル・カーネマン著『ファスト＆スロー』[1]は、あらゆる分野のリーダーが読むべき必読書のひとつだ。システム１がひきおこすさまざまな認知バイアスが、豊富な実例とともに紹介されている。リーダーとして決断を誤らないためには、自分の判断が実はシステム１によってゆがめられていることを自覚し、つねに批判を受け入れる姿勢を持つ必要がある（批判を受け入れる姿勢の重要性については、3.4でとりあげる)。

システム1は直観的判断、システム2は理性的判断を支えており、本書の以下の記述では、システム1と直観、システム2と理性をしばしば同義語として用いる。直観と理性はより古くから使われてきた概念、システム1とシステム2はカーネマンら社会心理学者が認知バイアスに関するさまざまな実験を通じて区別した概念であり、厳密に同じではないが、後者は前者をより洗練した概念と見なすことができる。

社会心理学者は、直観的判断の特徴を研究することで、多くの人間に影響力を与える方法を開発してきた。この研究成果をわかりやすく紹介した本が、ロバート・チャルディーニ著『影響力の武器』[3]だ。チャルディーニは本書の中で、私たちがいくつかの簡便な規範を使って他者の信頼性を直観的に判断していることを、実例をあげてわかりやすく紹介している。その規範とは、返報性（過去に恩恵を与えてくれた人を信頼する）、権威（専門家を信頼する）、社会的証明（周囲を信頼する）、一貫性（ぶれない人を信頼する）、好意（ハロー効果：好きな人を信頼する）だ。人を動かすには、これらの規範にもとづく直観の癖をうまく使いこなせば良い。しかしそれはしばしば、理性的判断を誤らせることにつながる。3.2では、直観的判断の危険性について紹介し、第6章では直観に流されがちな私たちが、どうすれば理性的な決断をできるかについて考えよう。

2.4 答えを導く「発想力」を手に入れる！

発想力は、イノベーションと創造性（クリエイティビティ）の源泉であり、そしてあらゆる問題解決の現場で必要とされる能力である。このため、さまざまな問題解決に取り組む社会的リーダーには、豊かな発想力が要求される。では、どうすれば発想力を鍛えることができるだろうか。

常識にとらわれずに発想する方法

まず、発想とはどんなプロセスか考えるために、クイズを出題しよう。次の単語に続く3文字の単語は何か？「おこし　○○○」。この段階で正解できる人は少ない。次の3文字が必要だろう。「おこし　につけ　○○○」。この段階で正解できればかなり発想力が高い。さらにヒントを出そう。「おこし　につけ　たきび　○○○　○○○　○○○　○○○　○○○」。残る3×5文字で完結する文章は何だろう？

このクイズは、発想プロセスの三つの特徴をよく表している。第一に、発想とは脳内データベースに記憶されている言葉やアイデアなどの探索過程である（音楽なら音を、絵画なら色や形などの画像要素を探索する）。第二に、手掛かりとなる情報が増えるほど探索は容易になる。第三に、ある探索ルートの設定が、それ以外のルートによる探索を邪魔する。

上記のクイズの場合、「おこし」や「につけ（煮つけ）」という言葉の意味を考えて次の単語を探索する人が多いだろう。どちらも食べ物なので3番目も食べ物だろうと予想して探索すると、正解にはたどり着けない。「たきび」というヒントが与えられると、脳は食べ物を探索するのをやめて、別ルートで探索を始める。発想力が高い人は、探索ルートが豊富であり、常識にとらわれない探索ルートを選ぶことができるので、はじめから食べ物以外のルートでも探索しているのだ。

ちなみに、このクイズの正解は、童謡「桃太郎」の歌詞である。「おこし　につけ　たきび　だんご　ひとつ　わたし　にくだ　さいな」。

紛失物を探すのも発想勝負？

次のクイズは、私自身の経験に基づくものである。妻が私のズボンを洗濯するとき、ポケットに入っていた教授室の鍵を一緒に洗濯してしまった（この時、私は東京に出張中で鍵は必要なかった）。妻はズボンを干すときに鍵に気が付き、私の部屋に鍵を移したが、その後どこに置いたのか忘れてしまった。出張から自宅に戻ると、妻が鍵を紛失したと言って途方にくれ、あちこちを探し回っていた。一緒に探してみたが、確かに目につく場所には鍵はなかった。さて、この状態で鍵を見つける探索ルートを考えてほしい。私は、ある探索ルートを思いつき、1分以内で鍵を発見できた。

この鍵の問題は、認知科学において「設定不良問題(ill-defined problem)」と呼ばれるものの典型だ。つまり、解決可能な形に問題を設定しなおす必要がある。このケースでは、ズボンの場所に何かのヒントがあるだろうと考え、「鍵を探す」という問題を、「ズボンを探す」という問題に置き換えてみた。

妻にズボンのありかを尋ねると、タンスに案内されたが、タンスの中にはズボンはなかった。妻はズボンを置いた場所も忘れていた。私が最もよく使う寝室に行くと、枕元に衣類がありズボンはシャツの下に隠れていた。ズボンを持ちあげると、鍵はあっさりと見つかった。妻は私が気付きやすい場所を無意識に選び、枕元に鍵を置いた。その後やはり同じ場所を無意識に選んでズボンを置き、さらにその上にシャツを置いたのだろう。その結果、鍵は隠れてしまった。

世の中の多くの問題は設定不良問題であり、これらの問題を解決するには、問題を解く能力以前に、解決可能な形で問題を設定する能力（いわゆる課題設定能力）が必要とされる。そして、この課題設定を行うには、創造的な発想力が必要なのだ。

発想力が豊かな人は迷わない

課題設定力と創造性の間には相関がある。この相関を最初に指摘したのは、創造性研究において独創的な成果を残した心理学者、チクセントミハイだ。１９６２年、彼は、合衆国でトップクラスのシカゴ美術館附属美術大学の学生を対象に次のような実験を行った[(1)]。実験スタジオには二つのテーブルが用意され、一方のテーブルには27個のオブジェ（一房のぶどう、古い本、プリズムなど）が置かれた。学生にはこれらのオブジェの中からいくつかを選び、何も置かれていない別のテーブルの上に配置をアレンジして、静物画を描くという課題が与えられた。一部の学生は、描く対象とするオブジェを即座に選び、たっぷり時間をかけて静物画を描いた。他の学生は、対象選びに時間をかけ、試行錯誤の末に決めた対象をより短時間で描きあげた。そして、チクセントミハイは美術大学の五人の教授に、それぞれの作品の創造性の採点を依頼した。さて、どちらのタイプの学生のほうが、創造性が高かっただろうか。

対象選びに時間をかけた学生のほうが、直観的に決めた学生よりも創造的だったのではないかと考えた人は、おそらく課題設定が苦手ではないだろうか。実際には、さっさと対象を決めた学生のほうが、はるかに高い得点を得た。さらに、5年後に芸術家として成功をおさめた学生はみな、こちらのタイプだった。

描く対象とするオブジェの組み合わせを決める作業は、課題設定に他ならない。あいまいな課題をより具体的な、自分で取り組める課題に絞り込む作業が得意なほど、創造性が高いのだ。この課題設定には「組み合わせ」というプロセスが必要とされる。組み合わせは膨大な数の可能性を生み出す。例えば27個から5個を選び出す組み合わせの数は8万730通り。10個を選びだすとなれば、843万6285通りにもなる。かくも多くの可能性の中から、意味のある新しい組み合わせを探りだす能力を人間は持っている。科学的発見や芸術的創造のプロセスでは、このような探索に基づく発想が常に行われている。

この探索・発想能力は、いまだ人工知能が及ばない領域だ。将棋については、コンピュータがしばしば名人に勝利できるようになってきたが、これはコンピュータに過去の膨大な棋譜を記憶させたからだ。過去の棋譜のデータベースなしで探索・発想の勝負をさせれば、コンピュータは到底人間にかなわない。コンピュータによって人間の知能を再現し、できればそれを超えることを目指す人工知能研究は、人間の発想力についても有益な示唆を与えてくれる。将棋はその良い例だ。最近ではコンピュータが名人を困らせる妙手を指せるようになってきたわけだが、その理由はコンピュータが定石や過去の棋譜をしっかり勉強したからだ。この事実から考えて、これまでに蓄積された知識の体系を学ぶことは、創造性を身につけることと相反する行為ではなく、むしろ創造性を身につける前提である。「基礎が大事だ」と言われる理由はここにある。

発想力を鍛える三つの鍵「極める」「経験する」「問い続ける」

発想とは、脳内データベースに蓄積された知識、およびその組み合わせを探索し、選び出すプロセスである。したがって、脳内データベースにない知識は、探索しようがない。

発想力を鍛えるには、まず発想の基礎となる脳内データベースの知識を増やす必要がある。その上で、課題設定能力や、知識を組み合わせる能力を鍛える必要がある。このような能力を鍛えるには、主に三つの方法がある。

第一の方法は、一つのテーマを極めることだ。本を読むなどして、あるテーマについて徹底して学び、より深い理解を持とう。そのテーマは、自分が最も興味を持てるもので良い。ある作家が好きなら、その作家の作品を全部、繰り返し読み、その作家の背景についても徹底して調べる。ある場所が好きなら、その場所の自然から歴史まで、徹底して本を読む。もちろん、直面している職務上の課題でも構わない。要は徹底することだ。徹底して深く学べば、脳内データベースの知識が増えるだけでなく、さまざまな知識の間に、あなたならではの「リンク」が生まれる。独自のリンクが独自の探索ルートを作り、独自の発想を生む。

第二の方法は、多様な経験を積むことだ。経験から得た知識は、そのエピソードにリンクされた独自の体系として記憶される（認知科学ではこれをエピソード記憶という）。本で読んだ知識が論理的にリンクされるのに対して、エピソード記憶は経験した感情（情動記憶）とリンクされ、非常に強い記憶として残る。言うまでもなく経験はその人独自のものであり、その独自のエピソード記憶が独自の探索ルートを作り、独自の発想を生む。またエピソード記憶は好奇心の芽を育て、それまで興味がなかった分野の知識を得るきっかけとなる。

第三の方法は、意識的に問い続けることだ。設定不良問題に対して課題を再設定する能力を高めるには、「問う」という行為に日常的に意識して取り組む必要がある。私は大学生のときに、研究者になるには疑問を１００個あげる能力が必要だと本で読み、この課題に挑戦してみたことがある。当時の私では、20〜30個の疑問をノートに書くのが精いっぱいだった。今では疑問を１００個あげることは、それほど難しくない。例えば、仕事上の課題においても疑問設定はできる。「期限に間に合わせるには？」「より簡潔に伝えるには？」「顧客に関心を持ってもらうには？」「作業効率を高めるには？」「チーム連携を高めるには？」「いつまでも英語が上達しないのはなぜ？」……このような疑問を、取り組んでいる課題ごとにあげていけば、すぐに１００個に届く。なお、最初に書きとめた疑問は「設定不良問題」であることが多い。その場合は、「期限に間に合わせるために自分に三つのルールを課すとすれば、その三つは何だろう？」というように問題を設定しなおそう。「三つ」の意義については、2.3 を参照されたい。

寝ても覚めても考え続けたその先に……！

このような疑問を書きとめて、答えが出るまで考え続けよう。考え続けるには、疑問を書いたメモを何度も見て、脳内の掲示板に疑問をしっかり書き込もう。しっかりインプットされれば、探索や発見を担当する脳内のプログラムが、無意識の状態でも答えに関係する言葉やアイデアを探し続ける。すると、電車の中やお風呂の中などで、突然答えが浮かぶようになる。

アルキメデスは、王冠の金の純度を計る方法を考え続け、ついに風呂の中で「アルキメデスの原理」として知られる方法を思いつき、風呂から飛び出して「ユーレカ！（分かった）」と叫んだと言われている。これ以来、多くの科学者が風呂の中などリラックスしている状態で偉大な発見をしている。集中して考えてもなかなか答えが浮かばないときは、リラックスして緊張を解くことが有効だ。このリラックスするプロセスを認知科学では「インキュベーション」と呼び、その有効性については実験的な証拠がある。(1)「インキュベーション」の有効性を説明する仮説はいろいろあるが、(2)私はリラックスすることで探索空間や探索ルートが広がり、それまでの探索ルートで見つからなかった言葉やアイデアを探し出せるのだと考えている。

画家の千住博さんは『千住博の美術の授業　絵を描く悦び』(3)の中で、以下のように語っている。

> 画家として成功するには、ではどうしたらよいのでしょう。私は受験時代から今日に至るまで実に多くの画家を志す人々、そして成功した画家たちに出会ってきました。上手い人ばか

りではありません。むしろ少し考えてみると、成功した人にあまり上手さが目立つ人はいなかったような気もしてしまう。何かをやって成功するタイプとはどんなタイプなのか……。それはとにかく一言で言えば、「とことん好き」という連中です。朝早く起きて寝るまで絵のことで頭がいっぱい、そんなイメージです。

画家であれ科学者であれ、成功するための秘訣は同じである。それは技術や学力よりもむしろ、課題を問い続ける追求力であり、絶え間ない追及こそが創造的発想を生み出すのだ。

さあ、あなたも疑問をノートに書き留めて、考え続けよう。きっとお風呂のなかで、分かった！と思える瞬間に巡り合えるはずだ。

さらに学びたい人のために

この節では、決断サイクルのうち「発見」をとりあげ、「どうすれば創造的なアイデアを着想できるか？」という問題について考えた。アイデアの発見や着想は、一見不思議なプロセスだが、それは探索プロセスにほかならない。科学的発見にせよ、音楽や絵画などの芸術的創作にせよ、すでにある知識・情報・経験を組み合わせて、答えを探すプロセスだ。このプロセスについて理解を深めるうえでは、“Explaining Creativity: The Science of Human Innovation”[(1)] がすぐれたテキストだ（残念ながら邦訳がない）。また、『「洞察力」があらゆる問題を解決する』[(2)] では、思いがけない発見についての１２０の事例の比較から、「見えない問題を見抜く」５つの方法が解説されている。「つながりから見抜く」「好奇心から見抜く」「矛盾から見抜く」「偶然の一致から見抜く」という方法は上記の解説と関連している。このほか、「絶望的な状況におけるやけっぱちな推測」の例として、山火事の中で九死に一生を得た生存者の奇抜な発想が紹介されていて、興味深い。

「発見」は、科学における仮説形成（アブダクション）においても重要なプロセスだ。アブダクションとは、論理学者パースが帰納（インダクション）、演繹（デダクション）と並ぶ第三の推論法として１９０３年に提案したものだ[4]。パースはデータから仮説を着想し、それを検証することが、科学において最も効率の良い推論法だと主張した。実際に、仮説検証法は科学において広く使われ、科学の発展に大きく貢献している。仮説検証は論理的なプロセスだが、その前提となる仮説を着想するプロセスは、一見非論理的だ。風呂の中などで、突然アイデアが降りてくる。しかしそれは、多数の候補を網羅的に探索するプロセスにほかならない。三中信宏『系統樹思考の世界』[5]では、歴史の再構築（系統樹）における推論法としてアブダクションが紹介されている。噺上手で知られる著者の語り口は軽妙であり、楽しく読める。本書で紹介されている「もっとも単純な仮説を選ぶ」という考え方（最節約法）は、複雑な問題について決断する際の重要な規範でもある。

チクセントミハイは「フロー」という概念[6][7]を提唱したユニークな心理学者だ。「フロー」とは物事に夢中になっている状態であり、フロー状態の人はあまり疲れを感じない。それどころか、嬉々として課題に取り組みながら、能力を高めていくことができる。フローについては、『フロー体験入門』[6]が良い入門書だ。

2.5 リーダーに必要な本当の思考力　正解のない問題を考える力とは？

２０２１年度入学希望者からセンター試験が抜本的に改革される予定だ。与えられた選択肢の中からすばやく正解を選ぶマークシート式の入試をやめて、思考力や表現力を問う入試への改革が進むはずである。(1)

これからの時代を生きる市民には、さまざまな知識だけでなくしっかりした思考力や豊かな表現力を持つことがますます重要になる。大学入試でこれらの能力を問えば、思考力や表現力を育てる方向に高校までの教育が変わっていくだろう。では、どうすれば思考力や表現力を大学入試で問えるだろうか？　大学教員の一人として、もし私が出題者なら、思考力を問うためにどんな問題を出すかを考えてみた。以下の3問である。

【第1問】あなたが朝起きたとき、もし異性（男性なら女性、女性なら男性）になっていたら、どのような有利さと不都合が生じるかを述べなさい。そしてその理解にもとづいて、男女共同参画を推進するためにどのような施策が重要かについて考察しなさい。

【第2問】人はなぜ人を殺してはいけないか、その理由を述べなさい。そして、その理由に照らして、死刑や戦争が容認されている現実について考察しなさい。

【第３問】日本の未来を左右する重要な課題を三つあげ、それらが他の課題よりも優先されるべき理由を述べなさい。

思考力の高い人は、推論を展開できる

第1問では、仮定にもとづいて推論し、その推論を現実に適用して考える能力を試している。この「仮定にもとづいて推論」する能力は、人間が持つ思考力のうち最も基本的かつ重要な能力だ。(2) この能力があるおかげで私たちは、相手が何を考えているかを理解することができ、自分の行為がどのような結果を招くかを予測でき、そしてさまざまな選択肢の中からより良いものを選ぶことができる。

私たちが「仮定にもとづいて推論」できるのは、言語を使えるからだ。言語を使うことによって、「もし○○なら？」という思考が可能になった。この思考法を使うことによって私たちは、自分をとりまく世界についての推論の輪を次々に広げていける。男性である私がもし女性だったら、そしてもし満員電車に乗っていたら、もし帰宅が深夜になったら、もし診察を受ける医師が男性だったら、もし試験日にひどい生理痛になったら、もし肌荒れがひどかったら、もし好きになった男性との結婚を親に反対されたら、もし妊娠したら、もしつわりがひどかったら、もし自らの子がダウン症だったら……。推論の輪を大きく広げることができる人ほど、思考力が高いと言える。あなたはどれくらい推論の輪を広げることができるだろうか。

このような推論の輪を広げる能力は、人間が言語能力を獲得して以後、社会の発展とともに強化され続けてきた。幸いにして、私たちの脳のスペックは極めて高く、脳にそなわった推論の輪を広げる

力は、最新のコンピュータの能力をはるかに上回っている。

問題解決の基盤になるのは「一般原則」

第2問（人はなぜ人を殺してはいけないか、理由を述べる。その理由に照らして、死刑や戦争が容認されている現実について考察する）では、「一般原則を立て、その原則にもとづいて考える力」を試している。私たちは生きていく上でさまざまな問題に直面するが、それらの問題を個々に一から考えるのは面倒だ。もし、さまざまな問題に適用できる一般原則があれば、私たちの思考は一挙に強靭になる。(3)

また、第2問のように人間の価値観が絡む問題では、公平性が大きな課題だ。ある場合には認めて、別の場合には認めないという個別的な判断をすると、公平性が保てない。公平でない人は信頼されないし、公平でないシステムは社会的に支持されない。公平さを保つには、さまざまな場合に一貫して適用できる原則が必要なのだ。この理由から、「一般原則を立て、その原則にもとづいて考える力」は、私たちが社会の中で生きていくうえで欠かせない思考力である。

「できる人」は優先順位を決められる

第3問（日本の未来を左右する重要な課題を三つあげ、他の課題よりも優先されるべき理由を述べる）では、仮定にもとづく推論の輪を広げた上で、多くの仮定（仮説）の中から、「重要なものを選択する力」を試している。このような取捨選択、あるいは優先順位をつける思考力は、日常生活においてもきわめて重要だ。[(4)]　私たち一人ひとりが使える時間や資源は限られているので、優先順位をつけずにいろいろな課題に手を出していると、どれも中途半端に終わってしまう。また、私たちには優先すべき課題を先延ばしにする心理的傾向がある。[(5)]　逆に優先順位をしっかり判断し、それを実行できれば、「仕事ができる人」になれる。優先順位づけは、良い意志決定や決断を行うために必須の思考法だ。

この思考法は、企業でも政府でも重要だ。日本の未来に責任を負う政府の場合、さまざまな政策課題に優先順位をつける必要がある。いま優先すべき課題はデフレ対策なのか、増税か、社会保険制度改革か、人口減対策か、教育か、医療か、それとも憲法改正か。このような優先順位づけを行う上では、「モデル化」という方法がしばしば有効だ。この点ついては、本節の最後で述べよう。

唯一の正解はない

さて、読者のみなさんは、三つの問題についてきちんと自分の考えを述べることができるだろうか？これらの問題には、必ずしも唯一の正解はない。求められるのは、唯一の正解はない問題について、仮定を明確にした上で、自分の考えをロジカルに述べる能力だ。

採点にあたっては、仮定の妥当性（現実的な仮定であること）、論理の一貫性（答案の中で論理矛盾がないこと）、実証性（事実にもとづいていること）、緻密さ（容易に反論できる論理の穴がないこと）、包括性（論点が尽くされていること）などが基本的な評価項目である。上記３問はどれも社会的に重要な問題なので、高校教育ではぜひこれらの問題について考える機会を設けてほしい。

思考力を問う入試は、すでに試みられている。劇作家の平田オリザ氏を学長特別補佐に招いた四国学院大学では、TPPなどの意見が対立する問題について、討論劇のシナリオをグループワークで作る過程で学生を選抜するというユニークな入試を実施している。[6] 自制心は道徳的な規範を守る能力、つまり良心性とも関係している。グループワークの中である役割を演じる力にも、推論力に加えて、自制心が関係している。この入試では、「もし自分が○○の立場だったら」という推論能力に加えて、シナリオを組み立てたり、グループワークの中である役割を演じたりする「表現力」も問われている。

学力を軽視してはいけない

さて、上記の三つの問題への回答を受験生に書いてもらい、その採点結果を、現在の入試センター試験の結果と比較した場合、両者の点は相関するだろうか?これも、「仮定にもとづいて推論」する問題の一つだ。推論する上では、手掛かりとなる事例や原則を参照する必要がある。

実は、この問題の答えを推論する上でとても役立つ原則が確立されている。それは、人間には「一般認知能力」があるという一般原則だ。双子の類似性にもとづく認知科学の研究から、推論能力、語彙力、画像処理能力、音声処理能力、情報処理速度、短期記憶力、長期記憶力、計算力などの間には強い相関があり、これらに共通する「一般認知能力」が存在することが明らかにされた。[7][8] コンピュータとの対比で言えば、CPUの性能とメモリーの大きさの両方を含むような能力が「一般認知能力」だ。この能力が高い人は、いろいろな情報処理がすばやくできて、しかも記憶力が高い。このような認知科学研究が明らかにした一般原則にもとづけば、現在の大学入試は、さまざまな試験問題を解かせることで、この「一般認知能力」を測っているのだと推論できる。もしそうなら、上記の三つの問題への回答で測る思考力のスコアと、現在の入試センター試験のスコアは、相関すると予想される。つまり、従来の入試でも思考力は測れている可能性が高い。

両者の相関を予想する根拠はほかにもある。受験科目のうち数学は、言語による推論の曖昧さを取り除き、厳密な論理的推論を可能にするものだ。したがって、数学的な能力をトレーニングすることで、思考力を高め、「一般認知能力」を強化することができる。また、国語や英語は言語そのものだ。あらゆる合理的思考は言語を介して行われるので、言語を学ぶことは、思考力をトレーニングするとても良い方法だ。この点でも、国語や英語の教育を通じて、高校生は思考力を高め、「一般認知能力」を強化しているはずだ。さらに、歴史や地理、生物などのさまざまな科目を通じて学ぶ「知識」は、思考の素材である。ダウン症についての知識がなければ、「もし自らの子がダウン症だったら」という推論はできない。多くの知識を記憶することも、思考力をトレーニングする重要な方法の一つだ。

このように考えてみれば、たとえマークシート式とはいえ、現在の入試センター試験は思考力を含む「一般認知能力」を測っている可能性が高い。

いまの入試に足りないもの

では、従来の入試の欠点は何だろうか？　それは、「クジャクの羽根」を生み出してしまっていることだ。「クジャクの羽根」は、メスがオスの資質を選ぶ目印である。尾羽（正確には尾筒）の美しさは、オスの遺伝的健康さの指標と考えられる。メスは「遺伝的健康さ」を直接判断することができない。そこで尾羽の美しさを指標にして、オスの資質を測っているわけだ。その結果、天敵に目立ち、天敵に襲われたときには邪魔になる大きな尾羽が進化してしまった。

従来のマークシート式入試は、「一般認知能力」を測る一方で、「とりあえずの答えを出して後は深く考えない癖」や「選択肢以外の可能性を考えない癖」など、現実社会の問題を解決し、新しい時代を牽引する上では不利な性癖を育てている傾向がある。これらが大学入試によって生み出されている「クジャクの羽根」だ。認知科学的に言うと、受験生はマークシート式入試を要領よく解くための「メンタルモデル」を身につける。「メンタルモデル」とは、ある問題を無意識のうちに（つまりシステム1で）効率良く処理するための脳内モデルであり、スマートフォンのアプリのようなものと思えば良い(9)。アプリに頼っていると、アプリが通用しない局面での対応能力が育たない。

このような「クジャクの羽根」を生み出す教育から脱却するには、深く考える力をつける教育が必要なのだ。大学入試改革は、大学入試を変えることによって、高校までの教育を深く考える力をつける教育へと改革することを目標としている。この方向性は良いと思うが、冒頭に挙げた三つの問題で試している思考力だけでは不足するものがある。それは、現象や現場を直接観察し、事実にもとづいて推論を確かめる力、つまり検証力だ。推論を検証することで、私たちは現実から学び、より確かな判断を下すことができる。これまでは、すでに分かっていることを学ぶ教育が中心だったが、これからはまだ分かっていないことについて推論し、仮説を立て、仮説を事実にもとづいて検証する教育が重要だ。仮説を検証する上でも、知識や推論力が必要なので、これまでの教育を否定的に捉えるべきではない。これまでの教育に加えて、検証を伴う思考力を育てる必要があるのだ。

もう一つ、これまでの学校教育では注目されていない重要な能力がある。それは実行力(やりぬく力)

だ。この能力は、「ビッグファイブ」と呼ばれる人間の主要な性格因子（2.1）のうち、良心性に関係している。決めた目標をきちんと達成できる能力のことであり、それは自分自身の行動を目標達成のために制御できる能力、つまり自制心のことである。自制心は道徳的な規範を守る能力と関係している。グループワークの中である役割を演じる力にも、推論力に加えて、自制心が関係している。一方で、学力や思考力、一般認知能力は、ビッグファイブのうち開放性に関係している。開放性とは、経験や知識に対して開かれている性質、つまり好奇心のことである。好奇心が高い人は、いろいろな経験や知識から学び、一般認知能力を高め、さらに創造性を高める傾向を持っている。

開放性（好奇心）と良心性（自制心）は、まったく別の資質である。知識やアイデアが豊富なのに、実行力が伴わない人がいる。言ったことを実行しない人や、締め切りを守らない人は、目標をなかなか達成できない。一方で、実行力が高い人は、社会的に成功している場合が多い[10]。この事実については、アンジェラ・リー・ダックワースによるＴＥＤトーク「成功の鍵はやりぬく力」の視聴をお勧めする。

試験勉強が苦手な人にとっては、試験勉強も自制心を高めるトレーニングになっているだろう。しかし、勉強が得意な人にとっては、そのトレーニングとしての効果は弱いだろう。これからの教育や人材養成においては、先送りしたい課題から逃げずに努力を続け、目標をしっかり達成するトレーニングがとても重要である。

最近の老人は考える力が足りない

さて、「最近の若者は考える力が足りない」という主張が、入試や教育改革に関する議論でしばしば聞かれる。しかし、この主張は間違っている可能性が高い。もし冒頭に挙げたような思考力を問う問題を使って、60代のシニア世代と20代の若者の思考力を比べた場合、20代の得点の方が高いだろう。異性の立場に立って推論する能力は、おそらく若者の方が高い。人を殺すべきではないという原則に立ったとき、死刑は容認されるべきでないとロジカルに考える能力も、おそらく若者の方が高い。なぜかと言えば、受けている教育の水準が高いからだ。

60代のシニア世代が20代の若者だったころ、英語を話せる日本人はごく一握りだった。パーソナル・コンピュータは存在しなかったので、プログラミング言語はごく限られた専門家が使えただけだ。GoogleもWikipediaもなかったので、利用できる情報量は圧倒的に少なかった。このような教育環境の変化のおかげで、いまの若者の「一般認知能力」は以前の若者よりも高い。この事実は、IQ試験の成績の比較によって実証されており、[11] 発見者の名前にちなんで、「フリン効果」と呼ばれている。

IQ試験の問題は、実は10年もすれば使えなくなる。正解率が高まるからだ。このため、IQ試験の問題は定期的により難しい問題へとバージョンアップされている。現在のIQ試験の問題で70点しかとれない人でも、過去の問題なら130点をとれるという。130点は、天才クラスの知性を意味する。[12] 過去のIQ問題で測れば、現代の若者は天才なのだ。この事実については、発見者のジェームズ・フリン自身によるTEDトーク「なぜ祖父母世代よりもIQが高いのか」の視聴をお勧めしたい。

「最近の若者は……」というシニア世代の認識は、古くからある認知バイアスだ。実は、人類の歴史を通じて、私たちは一貫して賢くなっている。たとえばパソコンを使いこなす能力は、若者のほうがはるかに高い。若者に比べ「最近の老人は考える力が足りない」のが現実なのだ。

教育に思い切った投資を

最後に、冒頭の第3問目（日本の未来を左右する重要な課題を三つ挙げ、他の課題よりも優先されるべき理由を述べる）についての私の考えを書いておこう。経済的生産力にせよ知的生産力にせよ、日本という国の生産力は「人口×一人あたりの能力×一人あたりの社会資本」で決まる。この方程式（モデル）にもとづけば、人口減少対策、教育による能力開発、生産力に貢献する社会資本整備が、優先すべき政策課題だ。

人口減少対策として即効性があるのは、留学生を増やすことだ。社会資本の中では、教育インフラの拡充が社会や技術のイノベーションに最も大きく貢献するだろう。このように考えてみれば、日本として最も優先すべき課題は、教育への投資だ。しかし残念ながら、日本政府が教育投資を増やす決断をする様子はない。文部科学省が財務省を説得して教育予算を増やすことも、あまり期待できない。このままの流れなら、教育予算は毎年確実に削減されるだろう。教育予算の削減が続けば、人口も減っていくなかで、経済的生産力と知的リーダーシップの点での日本の国際的地位は、低下し続けるだろう。この衰退を防ぐためには、企業や自治体、篤志家が力を出し合って、教育にお金がまわる仕組みを作る以外にない。これからの日本が成長を続けて行くためには、教育によって人材が育ち、新たな価値が生まれ、その価値が教育投資へとフィードバックされるという好循環を生み出す必要がある。言うまでもなく大学は、この方向での改革において大きな役割を担うべきだ。

冒頭の3問について深く学べる講義なら受講してみたいと思う市民や企業人は少なくないだろう。このような教育コンテンツを充実させ、大学生だけでなく市民や企業人に大学の魅力と深く考える楽しさを伝えたいと思う。教育は日本の成長にとっても不可欠だが、それは何よりも人生を豊かにする。楽器の練習と同じで、思考力を磨けばやがて考えること自体が楽しくなり、日々の暮らしはもっと豊かになる。老いも若きも考えることを楽しみ、豊かな人生を送る、そんな社会を目指したいものだ。

さらに学びたい人のために

私たちが職場や社会で直面している多くの問題には正解がない。したがって、「正解のない問題を考える力」が必要だと言われているが、そもそも「正解のない問題を考える力」とはいったいどんな能力なのかを解説した本はほとんどない。この節ではこの問題をとりあげ、先人による多くの研究や洞察の成果を総合し、ロジカルな整理を試みた。この問題についてさらに学ぶうえでは、本書が最適だ。第3章以降を読むことで、思考力をさらに磨くことができるだろう。

一般的認知能力の遺伝や、教育・学習の意義については、『遺伝子の不都合な真実』[8]をぜひ一読されたい。第4章で紹介するように、一般的認知能力や性格因子を含むヒトの性質に遺伝的な個人差がある。この事実に立ち向かうことはこれからの社会の大きな課題であり、この課題に取り組む上でこの本は必読だ。

「学習」というプロセスを科学的に理解するうえでは、『使える脳の鍛え方』[9]がベスト。ただし、内容は知識学習に偏っている。実学、つまりある技能（たとえばプログラミング）を徹底して習得する学びは、問題解決に必要な本当の思考力を鍛えるうえで、とても有効だ。アンディ・ハント著『リファクタリング・ウェットウェア』[13]は、技能を習得するプロセスが知的な能力開発とどのように関連しているかを体系的に明らかにした名著だ。原題を直訳すれば『実践的思考と学習』。どうすればうまく思考し、早く学習できるかについて、認知科学の成果を取り入れて、ていねいに解説されている。達人プログラマーが書いた本だけに、内容は実践経験にもとづき、かつロジカルに整理されている。

「正解のない問題を考える」には教養が必要だ。しかし、現代人が身に着けるべき教養とはどんな内容かについて整理した本は少ない。池上彰著『おとなの教養』(14)、東京工業大学リベラルアーツセンター編『池上彰の教養のススメ』(15)では、現代人が身につけるべき教養とは何かが検討されている。これらを本書とあわせて読めば、さらに豊かな教養を身につけることができるだろう。

日本の生産性を高める上で教育への投資を優占すべきだという考えを述べたが、冨山和彦著『なぜローカル経済から日本は甦るのか』では、地方経済の生産性向上が大きな課題であり、このために地方大学の教育では教養ではなく実学を教えるべきだという主張が述べられている。(16)地方大学に限らず、大学教育に実学を取り入れることは、知識学習に偏った大学教育を改善する上で重要な方向だと私も考える。ただし、この議論は典型的な二分法であり、「教養も実学も大事」というごく当たり前の結論を無視している。二分法も含む詭弁について学んでおくことは、論理的思考力を高める上でとても大事だ。この点で、野崎明弘著『詭弁論理学』(17)の一読を勧めたい。論理的思考について学ぶ上での古典的名著である。

デービッド・アトキンソン著『新・所得倍増論』(18)では、日本の生産性向上のために輸出と経営者の意識改革を促す政策の重要性が主張されている。彼の主張は、統計資料の分析にもとづいており、説得力がある。データにもとづく論理的思考は、正解のない問題を考える上での基本である。『新・所得倍増論』は、データにもとづく論理的思考を学ぶ上でも、日本の将来を考える上でも、一読に値する。

コラム2

王道プロジェクトマネジメントが実を結んだ ももクロ主演「幕が上がる」

いくつものハードルを乗り越え奇跡の青春映画が実現

困難なプロジェクトをどのようにして成功に導くか。この普遍的な問いに、映画「幕が上がる」は一つの答えを出している。

この映画製作は、本広克己監督がアイドルグループ「ももいろクローバーZ」(通称「ももクロ」)に興味を持ったことから企画された。ももクロがアイドルとして人気者であるとはいえ、彼女たちの主演映画を成功させるには、「アイドル映画はヒットしない」という現実を突破しなければならない。アイドルは役者としては素人だから、演技に目の肥えた映画ファンはアイドル映画を敬遠する。映画ファンが敬遠する企画には、予算がつかない。予算がつかなければ、作品の質も下がる。その結果、「アイドル映画」はつまらないという評価が上書きされ、ますます予算がつかなくなる。この悪循環に陥っているのが「アイドル映画」だ。この困難な状況を突破するにはどうすればよいか?

ベストのスタッフが集い、はるかな高みを目指す

本広監督がとった選択は、王道である。彼はベストのスタッフを揃えた。

原作は、現代演劇をリードする平田オリザの小説デビュー作だ。弱小演劇部の高校生たちが、「大学演劇の女王」だった新任教師に導かれて全国大会を目指すという青春ドラマだが、実は平田オリザの演劇技法論が書きこまれており、内容は深い。(1) 劇中劇として宮沢賢治の名作『銀河鉄道の夜』が描かれている点も魅力的だ。ももクロ主演でなく、オーディションで役者を選んで製作すれば、ヒットは間違いないと思える傑作だ。

脚本は、「桐島、部活やめるってよ」で高校生のドラマを見事に描いた喜安浩平。(2) 彼の脚本というだけで、多くの映画ファンが劇場に足を運ぶだろう（ちなみに、私もその一人であった）。喜安は、彼自身が劇場俳優であるという点でも、この作品の脚本を任せるうえで、ベストのスタッフだ。

そして、高校生たちを導く新任教師吉岡役に、黒木華。吉岡先生は、演劇部長に「やってみせてよ」と言われて、「女王の演技」を見せる。くすぶっていた演劇部員たちが、このシーンのあとから見る見る輝いていく、そのきっかけになる重要なシーンを演じられる技量があり、新任教師相当の若い女優と言えば、この人しかいない。多くの映画ファンがこの選択に同意するだろう。他の役者のキャスティングもすばらしいが、吉岡先生役の黒木華がこの作品に凄みを加えたことは確かだ。そして黒木もまた、高校演劇の経験者だ。

これだけのスタッフが揃えばできないことはない、とみんなが思うスタッフを揃えることが、困難なプロジェクトを成功させるために必須の条件だ。ベストのスタッフを揃えれば、ある程度の成功が約束されるだけでなく、はるかな高みを目指す高揚感が生まれる。「舞台の上でならどこまでも行ける」……映画の中で演劇部長が語るこの台詞には高揚感があふれている。このような高揚感に満ちた現場では、奇跡のような成功がときに生まれる。

ももクロの潜在能力を引き出した本広監督

ただし、ベストのスタッフを揃えることはあくまでも必要条件であって、成功の十分条件ではない。原作・脚本・配役にエースを配置したとしても、エースだけではチームは機能しない。映画「幕が上がる」の場合で言えば、ももクロの演技が「学芸会レベル」なら、映画ファンは納得しない。

これは、若いスタッフをチームに加えたプロジェクトによくある状況だ。プロジェクトの実動部隊には、普通、若くて経験の浅いスタッフ（つまり、ももクロ）が加わる。この実動部隊のモチベーションをいかに高め、潜在能力をいかに引き出し、大きな成功に結びつけていくか、プロジェクトマネージャーの手腕が問われるところである。

原作は、高校演劇部員が成長していくドラマであり、そしてこのドラマを演じるももクロの五人は演技に関しては素人だ。したがって、この作品を映画として成り立たせるためには、映画製作を通じてももクロの五人が実際に役者として成長し、クライマックスでは演技によって観衆に感動を与えなければならない。そこでももクロの五人は、平田オリザのワークショップに参加して演技の基本を学び、さらに平田オリザが主催する青年団の舞台俳優による演技指導を受けた。この過程でのももクロ五人の演技力向上を、あたかもドキュメンタリーのように撮る。これが、本広監督が採用した戦略だ。

とはいえ、本格的な演技経験のないももクロを基礎訓練から始めた場合、わずか1カ月半の撮影期間でまともな映画作品を完成できるのか？　この試みは一見無謀に見えるが、本広監督はライブステージなどのももクロを観て、この子たちなら鍛えれば本物になると考えて、この企画を練った。彼女たちは、国立競技場などの大箱ライブを通じて、何万人ものファンを感動させた経験を持っている。この経験に裏打ちされた潜在能力を引き出せば、オーディションで採用する女優では出せない輝きと感動が生まれるのではないか。おそらく本広監督はそう考えた。

この着眼も、プロジェクトチームをデザインする上で大いに参考になる。定石どおりの手を打つだけでは障壁を突破できず、大胆な挑戦が必要な状況では、違った分野でキャリアを積んだメンバーの発想が、突破口の鍵となることがしばしばある。そのような異分野のメンバーを発掘する「目利き」力が、プロジェクトマネージャーには必要だ。映画「幕が上がる」でのももクロの演技の輝きを観ると、本広監督の「目利き」は大正解だった。

リーダーは仲間と協力し合って成長する

映画は、ももクロのリーダーである百田夏菜子を中心に作られており、五人平等の扱いではない。これは、作品を作る上でも、チームを動かす上でも、重要なポイントだ。彼女は、自分の演技の出来が映画の出来を大きく左右するという重責を負った。そしてこの重責に見事に応えた。リーダーの役割とは責任を負いきることだという真理を、彼女は映画の中でしっかりと表現している。

映画の山場は、百田が演じる演劇部長が言葉を選んで部員に思いを伝え、「行こう、全国に」と呼びかけるシーンだが、このシーンで百田は、演劇部長になりきり、この部長についていこうとみんなが心を合わせる、そんなシーンを見事に演じている。

映画の中では、百田と他のメンバーの誰かとの二人のシーンが、要所に置かれている。この点も、プロジェクトチームのマネジメントという点から見て、すぐれた采配である。

チーム力を高めるには、メンバー各自の「個」の力の成長に加えて、リーダーとメンバーがそれぞれの個性を生かして協力し合う関係を育てることが重要だ。この関係を育てる上で、「リーダー＋1」で仕事をさせるというやり方は、とても良い。リーダーにとっても「＋1」のメンバーにとっても手が抜けない状況が生まれ、シナジーによる成長力が生まれる。

中盤の要所で、部長と転校生（ももクロの有安杏果）が語り合うシーンがあるが、この段階で二人の演技力はかなり高く、しかも個性の違った二人が互いを高め合っている。演技も良いが、同時にとても良いチームができていることを感じさせるシーンだ。

チーム本広の次の一手に期待

このように、映画「幕が上がる」での本広監督の仕事は、成功したプロジェクトマネジメントの見本と言える。ベストのスタッフを揃え、若手の潜在能力を引き出せば、奇跡のような成功がときに実現する。その稀有な一例を、映画「幕が上がる」は見せてくれる。

この映画には続編を期待したい。チーム本広の次の一手が見てみたいのだ。続編製作は、もっと高いハードルを越えなければならないが、それを超えたとき、映画史に残る傑作シリーズが生まれるのではないか。

第3章　決断を科学する

3.1 運が左右する世界で成功する秘訣とは？

私は、「持続可能な社会を拓く決断科学大学院プログラム」という大学院レベルのグローバルリーダー養成事業のコーディネータを務めている。あらゆる学問分野の垣根をとっぱらい、人類社会が直面するさまざまな難問に正面から挑み、その解決をリードする人材を育てようという事業（博士課程教育リーディングプログラム・オールラウンド型）に、真剣に取り組んでいる。

このとんでもない「無茶ぶり」を考えたのは、文部科学省だ。文部科学省はこの事業に巨額の予算を積み、日本学術振興会を通じて採択数を絞り込んだ公募をした（オールラウンド型の採択数はわずか7大学）。有力大学はこの「狭き門」に対して、大学の面目をかけて提案を競うことになった。私は図らずもこの競争に巻き込まれ、総長の命を受けて提案を準備する立場に立たされた。そこで考えついたのが「決断科学」というコンセプトだ。

「決断科学」が直面する三つの壁とは

一見キャッチーな言葉だが、この言葉の背景には、科学者としての真面目な考えがある。環境・災害・健康などの社会的課題に対して、これまでの科学者は、真理を究明すること（具体的には実験や調査をして判断の違いに決着をつけること）で貢献してきた。しかし、それだけでは社会的課題は解決しないのだ。100年後には大気の温度が約4度上昇するという予測ができても、ではどういう対策をとるべきか、という疑問には答えられない。対策について「決断」するのは、政治家や行政官だ。そしてその「決断」を左右するのは、市民社会全体の意思だ。このような「決断」をより良いものにしていくことが、社会的課題の解決にはとても大事だ。

では、そのプロセスに科学の力を注ぎこむことはできないだろうか。こう考えて、さまざまな科学の成果と社会的問題解決とのつなぎ手として、「決断科学」という新しい学問分野を作るという計画を立案した。

決断科学は、科学が苦手とする三つの壁を乗り越えなければならない。第一の壁は、世界が確率に満ちていることだ。未来は多くの偶然に左右されるので、科学的予測にも常に幅がある。予測の幅を計算できれば良いほうで、地震の予測などはそれすらほとんどできないのが現状だ。第二の壁は、複雑さだ。多くの社会問題は複雑なので、簡単な答えはない。これまでの科学が貢献できるのは、いくつかの対策案を提示することだけだ。第三の壁は、人間の主観性だ。X線検査と同じレベルの放射線であっても、原発由来の放射線のほうが怖い。このように、人間の主観にとっては真理は必ずしも一つではない。

「ポアソン分布」に従うワールドカップの得点

このような壁を突破して決断科学を開拓すべく、さまざまな分野の大学院生・教員と議論を重ねている。その議論の中で、「ザックジャパンの失敗」を取り上げたことがある。アルベルト・ザッケローニ監督が２０１０年から４年間率いたサッカー全日本チームは、監督の愛称を頭につけてザックジャパンと呼ばれている。

ザックジャパンの出だしは良かった。２０１０年８月就任の約２か月後に行われたアルゼンチン戦を1対０で勝ったのだ。何しろ日本は、過去にアルゼンチンと6回対決して一度も勝ったことがなかったのだから、この勝利は歴史的快挙だった。その後、日本をアジア王者に導いたザック監督の手腕は高く評価された。

しかしその栄光は、２０１４年6月のワールドカップでついえた。強豪国との対戦で3戦して2敗1引き分けとまったく結果を残せなかったのだ。その責任をとって、ザックは監督を辞任した。４年間、ほぼメンバーを固定してきたザック監督が、初戦の逆転負けの後で主力レギュラーをスタメンから外し、新戦力を投入したことを批判する意見は少なくない。この「決断」は、失敗だったのだろうか。

実は、ワールドカップの得点は「ポアソン分布」という統計分布に従うことが分かっている（私の友人の竹中明夫さんが計算結果をウェブページ(1)で紹介されている）。「ポアソン分布」というのは、交通事故のようにめったに起きない出来事によく当てはまる分布である。ワールドカップ1試合あたりの平均得点は1・34であり、1点しか入らない試合が最も多く、次に多いのが0点の試合、2点入る試合がそれに続き、3点、4点と得点が上がるに従い、試合数は急減する。得点ごとの試合数と、「ポアソン分布」の数式から計算した期待値を比較すると、極めてよく一致する。

この分布から、仮に得点力に2倍の差があるチームが対戦したとき、強いチームが順当勝ちをする確率を計算できる。例えばAチームは平均して1点、Bチームは平均して2点の得点力があるとき、Bチームが順当勝ちする確率は、どれくらいだろうか？　この確率を計算してみると、なんと60・6％に過ぎない。つまり4割の確率で、強いチームが負けるか引き分けると予想される。得点力に2倍の差があってもこの程度は「失敗」するのだ。ましてや、実力が互角のチームどうしの対戦の場合には、運悪く3連敗する確率だって、1割程度はある。統計学的には、「ザックジャパンの失敗」は単に運が悪かっただけ、という仮説を棄却できない。

実力があっても失敗する可能性は高い

運が結果を大きく左右するのは、ワールドカップだけではない。投資もまたしかりである。経験を積んだ投資家と、経験の浅い投資家の間で、投資に対する成功率を比較した研究によれば、意外にも両者に統計学的に有意な違いはなかった。成功率の高い投資家はもちろん実在するのだが、彼らは「晴れ男」である可能性を否定できない。コイン投げをして表が10回続く確率は約1000分の1だが、1000人がコイン投げをすればそのうち一人は表を10回続けて出す可能性がある。このような運に恵まれた人が「晴れ男」だ。

このように、私たちは運が結果を大きく左右する世界に生きている。トレーニングを積んでチームの得点力を上げることや、投資の成功・失敗事例を分析して判断力を高める努力をすることはもちろん重要だが、仮に得点力や判断力にすぐれていても、なお、失敗する可能性はかなり高いのだ。このような世界で、仕事に成功するにはどうすればよいだろうか？　その答えは実は簡単だ。成功するまでトライを続ければよい。そうすれば、いずれ必ず成功できる。統計学的な表現をすれば、トライを続けることによって、失敗の回数だけでなく成功の期待値も増える。このことを私は「決断科学の第1定理」と呼んでいる。

もちろん、得点力・判断力などの実力を磨くことが重要だが、このためにも、たくさんトライしてたくさん失敗するほうが良い。そうすれば、失敗から学ぶ機会が増える。人は失敗をすると弱気になり、次のトライをためらう傾向がある。もちろん、全財産を失うようなトライはためらうべきだ。しかし、多くの事案では、リスクはそこまで大きくはない。一度や二度の失敗にくじけずにトライし続けること、これが成功するための王道だ。

失敗に寛容な社会のほうが成功の機会が増える

市民社会全体の意思においても、失敗から学ぶことが重要だ。多くの社会問題は複雑なので、どんなに万全の対策をとっても、想定外の事態が起きるのが常だ。このような複雑で確率的な世界において、当初の予想と違う事態が生じるたびにその責任を問い、対策を白紙に戻すことは必ずしも賢明ではない。ザックが監督を続けていれば、サッカー日本代表チームは次の成功をつかんでいたかもしれない。「決断科学の第1定理」に従えば、失敗に寛容な社会のほうが、成功の機会が増えるのだ。

私はこの考えを、決断科学プログラム受講生の結婚式で披露した。新郎新婦は、学生時代を通じて、部活・ボランティア・海外旅行などのさまざまな機会に積極的に取り組み、そして出会った。式で披露された二人のエピソードを聞いて、これだけ積極的にいろいろな場所に出ていく二人なら、出会うのも当然だったと感じた。二人には、これからも失敗をおそれずに、いろいろなチャレンジを続けてほしいというエールを送った。「決断科学の第1定理」は、幸せを得るための道しるべでもある。

さらに学びたい人のために

私たちの認知システムは確率を理解することが苦手だ。『ファスト&スロー』(2)に紹介されているように、私たちは確率を無視して判断するさまざまな傾向を持っている（この傾向は科学者の行動にもある）。

確率を理解するうえでは、まず谷岡一郎『ツキの法則』(3)の一読を勧める。ギャンブラーがいかに確率を無視した迷信に頼っているかについて、さまざまな実例が解説されている。著者はギャンブルやゲームの真剣勝負の場で長く戦い、とくに「コントラクト・ブリッジ」では「カードが透けて見えた」という達人である。その著者によれば、「ツキ」とは確率的なゆらぎ以外の何ものでもない。「ツキ」に関する幻想を捨てることが、確率を学ぶ大きな意義だ。

「決断科学の第1定理」は、累積確率に関するものだ。一回のトライごとに成功の累積確率は増えるので、努力を続ければいつかは必ず成功できる。もちろん、失敗から学び、知識や技能を高めれば、成功できる可能性はさらに広がる。ただしこの説明は、成功で得る利得や失敗に伴う損失が同じ場合についてのものだ。ギャンブルのようにこれらが選択肢によって異なる場合には、どの選択肢を選ぶかが重要だ。この場合、本命狙いばかりせずに、選択のばらつきを大きくすることによって、大きく成功する機会も大きく失敗する機会もひろがる。これが「リスクをとる」ことの効用だ（ただし、トライで得る見返りの平均値は変わらない）。この点についても、谷岡一郎『ツキの法則』[3]に詳しく解説されている。ただし、この本では大きく失敗するリスクについての警告がやや弱いように思う。手持ちの資金・資源が少ないときに、大きなリスクをとることは勧められない。

確率的な考え方をさらに学ぶうえでは、ギーゲレンツァー『リスク・リテラシーが身につく統計的思考法』[4]がベスト。乳がん検診、法廷での判断、犯罪捜査などの具体的な事例を通じて、確率的な考え方がわかりやすく紹介されている。確率が苦手な私たちの認知システムを悪用した「金儲けをする方法」についても解説されている。企業の宣伝に騙されないためにも、ぜひ一読されたい。

3.2 なぜ男性は美女の誘惑に弱いのか?

私たちは日々、多くの選択に直面している。何かを選ぶ必要が生じたとき、すぐに決める方が良いだろうか、それとも即決せずによく考えるべきだろうか。かつては、すぐに決めずによく考えたほうが、より良い決断ができると考えられていた。しかしながら、最近の心理学の研究によれば、多くの場合私たちの結論は、ほとんど最初の印象で決まっている。このような研究の成果にもとづく二冊の本を紹介しながら、決断力の鍛え方について考えてみよう。

決断について学ぶための二冊の本

デイヴィッド・ブルックス著『人生の科学』(1)(原題:The Social Animal)の邦訳には、「『無意識』があなたの一生を決める」という副題がつけられている。著者は、ハロルドとエリカという架空人物の物語を創作し、私たちがデートや仕事、子育てなどを通じていかに無意識に決断しているかを、克明に描いている。彼はジャーナリストでありながら心理学の論文を読みこなし、その理解はきわめて正確だ。私たちの日々の決断について学びたければ、まずこの本を読むことをお勧めしたい。

ジョセフ・ヒース著『啓蒙思想2.0』(2)(原題:Enlightenment 2.0)の邦訳には、「政治・経済・生活を正気に取り戻すために」という副題がつけられている。著者は哲学者であり、やはり心理学の論文を読みこなし、深い洞察にもとづいて本書を書いた。彼もまた、直観がいかに強力かを認めている。さらに、現代では人間の直観を悪用したビジネスや政治が増え、社会が正気を失いつつあることを憂えている。では、どうすれば理性にもとづく決断を取り戻すことができるだろうか？　この問いを真剣に考え抜いたヒースの著作は、現代社会を考える上での必読書だ。

これら二冊に共通しているのは、私たちの理性の力はもろく、容易には直観にあらがえないという考えだ。心理学研究がこの考えを支持する事実を次々に明らかにした結果、ブルックスやヒースのように理性的な人ですら、この考えに抵抗できなくなっている。しかし、私はこの考えには批判的だ。みんなが信じ込んでいる「定説」の弱点を暴いて、理性的な決断力を鍛える方法を紹介しよう。

すぐに決める男と慎重に選ぶ女

まずは、『人生の科学』に紹介されている、男性にとっては不名誉な実験をとりあげよう。フロリダ州立大学のクラーク博士らは、女子大学生を協力者に雇い、男子大学生にアプローチして、こう訪ねてもらった(3)。「私と寝ませんか？」……その結果イエスと答えた男子学生は、なんと75％に達した。また男子学生を協力者に雇い、女子大生にアプローチして同じ質問をしてもらった。その結果イエスと答えた女子大生は、ゼロだった。

より正確に言うと、クラーク博士らは、「私とデートしませんか？」「私の家に来ませんか？」「私と寝ませんか？」という３つの質問を用意した。これらの誘いに男子学生が応じた割合は、50％、69％、75％と増加した。一方、同じ誘いに女子学生が応じた割合は、50％、６％、０％と減った。そのほか多くの実験結果から、女性が慎重に男性を選び、恋に落ちるのに時間がかかるのに対して、男性は相手が自分に好意を持っていると考えやすく、より早く恋に落ちることが分かっている。[4]

この違いは、動物においてメスが「選ぶ性」であり、オスが「競争する性」であることに由来している。大きな労力を払って子供を産むメスは、オスの資質を慎重に選ぶ（1.4）。一方で、子供を産まないオスはメスのように先のことを考える必要はないのだ。考えることと言えば、目の前のメスの気をいかに引くか、それだけだ。この目的のために、多くの動物では、オスがさまざまな鳴き声でコールしたり、奇妙な踊りを踊ったりする。悲しいかな、この点は人間の男性にもかなり当てはまる。

言語による高度な駆け引き

しかし、女性が慎重に男性を選んだ結果、人間は賢くなった（なお1.4で述べたように、人間の知性には、女性が男性を選ぶ性選択だけでなく、社会選択も作用した）。人間の高度な知性は言語を使う能力とともに進化したが、初期の狩猟採集社会において最も長時間のコミュニケーションは、男女間で行われただろう。

人間の女性にはチンパンジーなどの多くの動物と違って発情期がない。したがって、男女が恋に落ち、性行為を重ねても、子供ができるまでにはかなり長い期間が必要だ。その長い期間を通じて、男性は女性の気持ちをつなぎとめなければならない。そのためには、思いやりのある行動に加えて、さまざまな言葉で愛を語り続ける必要がある。[5] 言語能力は、交易が始まって以後は、物々交換の駆け引きに重要だったはずだし、農業が始まり社会がより複雑になった後では、法律・科学や文学を発展させる上で役立った。しかし、それは人間の進化の過程ではかなり最近の話だ。初期の狩猟採集社会における言語の主要な使い手は、女性による一種のオーディションを受け続け、創意工夫をして愛を語る男性だった（もちろん、女性がこれに答えるときにも言語を使ったが、創意工夫の必要性が高かったのは男性の側だ）。このプロセスがボキャブラリーや表現を豊かにし、言語を高度に発達させた。その発達を通じて人間の知性に性選択が作用し続けたのだと考えられる（社会の構成員が増えると、このような性選択に加えて家族や部族による社会選択が加わった）。

このように、男女が出会って恋におちるまでのプロセスでは、言語による高度な駆け引きが行われる。しかしながら、最初に好感を持つかどうかは、第一印象の直感によって大きく左右される。男性も女性も、趣味や関心、価値観や美意識、性格や能力が自分と近い者を好む傾向にある[6]が、相手がその基準を満たすかどうかの判断は、ほとんど直観的に行われる。初恋の一目ぼれでも大失敗をするとは限らないのは、相性に関する私たちの直観力が優れているからだ。

『人生の科学』では、このような無意識による直感が、子育てや仕事におけるさまざまな判断を大きく決めていることを豊富な例で紹介している。著者が言うとおり、「無意識」があなたの一生を決めているのだ。

イメージ戦略が過熱する広告業界

ビジネスや政治の世界では、無意識の直感をうまく使って私たちの判断を操る努力が続けられてきた。『啓蒙思想2.0』[2]では、象徴的な例として広告を取り上げている。１８６６年のフェル社コーヒーの広告では、フェル社の特許技術や商品の特色について、３８６字を費やして説明していた。１９３２年のサンカ・コーヒーの広告は１９６字に減ったが、まだ説明的だった。

〈何を飲むか？　サンカ・コーヒーです。なぜ元気になるか？　サンカ・コーヒーはとてもおいしいから。いや、ほんと、掛け値なしのおいしさなんですから。もし満足されなかったら返金いたします……〉

こんな調子だ。ところが約20年後、１９５０年代の広告はこうだ。

〈自分に『コーヒー・ブレイク』のごほうびを！　一杯飲めば、またすっきり！〉

最近の広告がさらに短くなっていることは、みなさんがよくご存知のとおりだ。そして、タレントが演じる物語を使って消費者の好感を引きだしている。こうして、広告は理性への説明から直観へのアピールに変化した。

政治家が使う「刷り込み」戦術

政治の世界で、理性ではなく直観に訴えて大きな支持を集めたのは、ナチスだ。ヒットラーの政権奪取を助けたプロパガンダの天才、ゲッベルスはこう書き残している。

〈世論に影響を与えるという基本的な結果をもたらすのは、知識人の反対にもかかわらず、

問題をもっとも単純な言葉に変え、その単純な形をずっと繰り返すことができる勇気のある人物だけである〉

人間には、繰り返し見聞きしたことを真実だと考える傾向がある。この認知バイアスを巧みに利用したのがゲッベルスであり、そしてゲッベルスが開発した宣伝戦術は、その後今日に至るまでの多くの政治家に利用され、さらに磨きあげられている。

前述のジョセフ・ヒースは、この変化をルネッサンス以来の人類社会の歴史の中で位置付けて考察している。17世紀後半から18世紀にかけて、ヨーロッパでは理性的思考を重視する啓蒙思想が広がった。この啓蒙思想がフランス革命に結び付いたが、フランス革命後は理性の名の下に多くの人が処刑された。その反動として保守主義と、直観にもとづく非合理主義が広がり、ナチスの台頭を許した。共産主義の失敗がこの傾向をさらに助長した。この反省に立ち、ヒースは新しい啓蒙主義を模索している。具体的には、「スロー・ポリティクス」、すなわち理性的判断に時間をかける政治のあり方を提唱している。

しかし、多くの情報を集め、時間をかけて理性的判断をするのは面倒な仕事だ。一方の直観は大雑把だが、脳に負担がかからない（脳内でブドウ糖がほとんど消費されない）。このため、私たちの脳は理性的思考をできるだけ避け、直観を使いたがる。この傾向を克服して、「スロー・ポリティクス」を実現するにはどうすれば良いのか。残念ながらヒースは、この問いに対して明確な答えを出せていない。

理性の限界説の盲点

ブルックスもヒースも、そして多くの心理学者も、理性が直観を抑える力は頼りないと考えている。実際、「私と寝ませんか？」と美女に声をかけられてイエスと答える男子学生が、75％もいるのだ。同じくらいの割合の人が、さまざまな認知バイアスにひっかかる。たとえば単純な主張を繰り返し聞かされると、それを本当だと信じてしまう。

しかし、この理性の限界説には、大きな盲点がある。25％の男子学生がノーと答えるという事実を無視しているのだ。人間には多様性があり、理性的能力が高く、認知バイアスに簡単にはひっかからない人がいる。その割合は決して小さくない、多くの場合、2割程度の人は直観のまやかしにひっかからない。なぜこのような多様性があるかと言えば、過去約6万年を通じて起きた、理性的能力を高める方向への進化は、未完成だからだ（4.2）。生まれつき理性的能力が高い人は、配偶者と社会的地位を得て子孫を残すうえで有利だが、しかしその成功は多くの偶然に左右される。このため、みんなが揃って理性的能力が高いという状態には至っていない。

人間はこの生まれつきの能力差を教育によって変えるために、学校という制度を生み出した。生まれつきの能力において天才でなくても、人間は学ぶことを通じて賢明になれる。たとえば九九を覚えることで、1桁の計算なら直観でできるようになる。心理学者は、人間がたとえば2桁の計算が苦手だという点を強調して理性の限界を主張しているのだが、2桁の計算だってそろばんなどで暗算力を鍛えれば、多くの人は直観でこなせるようになる。また、人間は学習という面倒な過程をうまくこなすために、好奇心と自制心という性質を進化させた。個人差はあるものの、誰にも好奇心があり、新しいことを知ることは喜びだ。自分を訓練して楽器やイラストや英会話などのスキルを高めることも、喜びにつながる。[(7)] ブルックスもヒースも、この学ぶ喜びの効果を過小評価している。知ることは本来喜びであり、やり方さえ間違えなければ、楽しいのだ。そして、学ぶ喜びが強い人ほど、決断力が鍛えられる。

理性と直観の両方を鍛える

すぐに決めるべきか、よく考えるべきか？　このような二者択一の問いは、大抵の場合、第３の選択肢を無視している。[(8)] 多くの決断は、翌日まで待てることが多い。私は大きな決断を迫られたとき、まずその場で暫定的な決断を下すが、最終的な判断は翌日まで待つという方針をとる。その間に、自分の決断についてよく考え、可能なら信頼のおける（批判力のある）他者の意見を聞く。

このような判断において、それまでに得た知識と経験が役立つことは言うまでもない。一人が経験できることは限られているが、幸い人間は本を通じて他者の経験を学び、体系化された知識を学ぶことができる。だが一方で、その場で直観的に判断しなければならないこともある。もし宿泊先のホテルが火事になったらあなたはどうするか。このような危機的事態においては、事態を事前に想定して心と体の準備をしておくことが決定的に重要だ。私はホテルに泊まるときには常に階段を使う。玄関以外の非常口の位置を必ず確認する。また、いつでも部屋を出られるように大事な荷物は必ずかばんに入れて休む。

決断力を支えるのは、理性による事前の準備と、理性・経験によって鍛えられた直観である。鍛えられていない直観に頼っていては、多くの場合に失敗する。決断力を高めるには、理性と直観の両方をきちんと鍛えることが重要であり、この訓練を支えるのは、好奇心と自制心だ。

さらに学びたい人のために

直観と理性は2.3で紹介したシステム1、システム2に相当する。直観的判断と理性的判断の癖を知るには、カーネマン著『ファスト&スロー』(9)が必読文献だ。直観の限界をのりこえる方法については第6章でとりあげる。

カーネマンも述べているように(9)、よく訓練を積んだ人の直観がすぐれているのは、経験的に学習できる場合である。投資のように確率性が高く、経験的学習がむずかしい場合には、経験を積んだ人の直観がすぐれているとは限らない。

消防士やパイロットなどのように、技能訓練をよく積んだ人は、経験したことがない事態においても、「見えない問題」を見抜いてすぐれた決断を下せることがしばしばある。「第六感」とも言えるこの着想過程についての研究が、ゲイリー・クライン著『「洞察力」があらゆる問題を解決する』(10)で紹介されている。まだ完全に解明されているわけではないので私の解釈を加えて紹介すると、「見えない問題」を見抜く、つまり通常の人が思いもつかない妙手を発見するうえでは、豊富な経験に加え、常識にこだわらない柔軟さや遊び心が鍵を握る。「私と寝ませんか?」と誘われたときに、「誰に頼まれたの?」と聞き返せるような心のゆとりが大切なのだ。

3.3 悲しみを喜びに、失敗を成功に変える方法

人間には理性とともに感情が備わっている。感情の働きは人生においてとても大事であり、喜びは人を幸せに、悲しみは不幸せにする。一方で、好事魔多しというように、喜びは思わぬ失敗の原因になりかねない。また、人は悲しみを乗り越えてこそ強くなれる。人間にはなぜこのような感情が備わっているのだろう。そして、どうすれば感情をうまくコントロールして、幸せや成功をつかむことができるのだろう。

人類の「表情」は世界共通

人間にはなぜ感情が備わっているのか？　この疑問を最初に追及したのは、自然選択説による進化の理論を打ち立てたチャールズ・ダーウィンである。彼はヒトがサルから進化したという結論に至ってから、ヒト独自の性質がどのように進化したかを真剣に考えた。そして人間の感情や表情に関心を抱き、動物との比較研究を通じて、１８７２年に『人及び動物の表情について』[(1)(2)]という本を書き上げた。しかしこの本は、あまりにも時代を先駆けていた。その再評価が始まったのは、１９６０年代のことだ。

１９６０年代に心理学者ポール・エクマンは、ダーウィンの著作を知って驚いた。ダーウィンは世

界各地の人たちにさまざまな表情の写真を送り、写真がどんな感情を表しているかを尋ねた。その結果、喜び、悲しみなどの表情が文化の違いを超えて人類共通であるという結論を下していたのだ。ポール・エクマンは、この結論に最初は疑問を抱いた。なぜなら、彼が研究を始めた1960年代には、表情を含む人間の社会行動は文化に依存するという、女性人類学者マーガレット・ミードらの見解が広く支持されていた。そこでエクマンはミードが調査したニューギニアを訪問し、狩猟採集生活を営む人たちに他の異なる文化の下で暮らす人たちの写真を見せて、写真から感情を正しく判断できるかどうかを調べた。その結果、ニューギニアの人たちは、喜び、悲しみなどの表情を写真から見分けることができたのだ。エクマンは同じ実験を、ボルネオ・アメリカ合衆国・ブラジル、そして日本でも行ったが、結果は同じだった。1969年に「サイエンス」誌に発表されたエクマンの論文は、表情が人類共通であることを世界の科学者に知らしめた。(3) ダーウィンは正しかったのである。

エクマンが人類共通であることを実証した表情は、喜び（幸せ、happy）、悲しみ（sadness）、怒り（anger）、嫌悪（disgust）、怖れ（fear）、驚き（surprise）の六つだが、これらの表情の分類はダーウィンが先鞭をつけたものだ。2015年に公開されたピクサー・アニメーション製作のディズニー映画「インサイド・ヘッド」を観た人なら、この分類が少女ライリーの頭の中に棲む五人の感情たち（ヨロコビ、カナシミ、イカリ、ムカムカ、ビビリ）にそっくりだと分かるだろう。「インサイド・ヘッド」の五人は、ダーウィン・エクマンの分類から「ビックリ」を除いたものだ。

喜びのメカニズム～なぜ「喜び」は持続しない？

心理学の研究によれば、『インサイド・ヘッド』で描かれた五人の感情たちは、実は二つに大別される。ポジティブな感情（ヨロコビ）と、ネガティブな感情（カナシミ、イカリ、ムカムカ、ビビリ）だ。ポジティブな感情は報酬や評判への感受性と、ネガティブな感情は恥や罪への感受性と結び付いている。また、「ビッグファイブ」と呼ばれる性格因子のうち、外向性はポジティブな感情と、神経質（情緒安定性の低さ）はネガティブな感情と結び付いている（2.1）。外向性は私たちの人生を前に進めるアクセルであり、神経質はブレーキだ。

私たちは、誰かに認められたいという承認要求を持っており、認められると嬉しい。営業成績が認められて報奨を受ければ嬉しい。試験の成績が良いと嬉しい。試合に勝てれば嬉しい。パートナーにやさしい言葉をかけられれば嬉しい。こつこつと続けてきた努力が報われると嬉しい。

嬉しいことがあると、人は前向きになれる。このとき、「ドーパミン」という神経伝達物質が増える。[4] しかし、この状態は長続きしない。給与が上がるのは最初のうちは嬉しいが、ある程度の給与額に達すると、それ以上収入が増えても幸福感は増えないことが多くの研究で分かっている。試合に勝ち続けると、いつのまにかそれが当たり前になって、勝っても最初のころのような感動は味わえない。パートナーがいくらやさしくても、いつも同じような言葉で褒められれば、またかと思ってしまう。ドーパミンは変化に反応する。良いことがあるとドーパミンが増えるが、やがて減少して平常運転に戻る。ドーパミン（あるいは、喜び）は、私たちが前向きに生きることを後押ししてくれるが、前向きな生き方を続けるには、意志の力が必要になる。

悲しみのメカニズム~なぜ「悲しみ」は尾を引くのか?

私たちは喜んでばかりはいられない。しばしば失敗をして、上司や同僚に迷惑をかける。成績が下がることも、試合に負けることもある。いつもはやさしいパートナーから、ひどい言葉を聞くこともある。こつこつと続けてきた努力が失敗に終わることもある。

悲しいことがあると、人は慎重になる。これは自然で、適応的な反応だ。失敗しても気にせずに同じやり方を続けるより、どこが悪かったかを反省するほうが、次の成功につながる。パートナーからひどい言葉をかけられたときは、自分の側にも問題があるかもしれない。ひどいと怒るだけでなく、自分の至らなさにも思いをめぐらせるほうが、よりよい関係を築くことができる。

悲しいとき、私たちの脳の中では「セロトニン」という神経伝達物質の量が減る。[(4)] その結果、気持ちがより内向きの状態になり、自分の行為を反省したり、自分を責めたりする。この状態も、時間とともに次第に平常に戻る。つまり、セロトニンも変化に反応するのだが、ドーパミンに比べその効果はしばしば長続きする。そしてショックが大きなときには、内向きの状態から抜け出せずに、長く苦しむことになる。「うつ状態」と呼ばれるこの精神状態は誰しも陥る可能性があるが、自分ではなかなか抜け出せない。うつ状態がひどければ、すぐに神経科の医師に相談するほうが良い。セロトニンが不足していることが原因なら、セロトニン量を増やす薬剤(抗うつ剤)を使うことで、精神的な健康を取り戻すことができる。

図5　飼い主に甘えるイヌとネコの行動。ダーウィンの著作『人及び動物の表情について』より転載

敵対と親愛のメカニズム

私たちの感情は大きく二つに分けられると書いたが、ダーウィンによれば、「敵対か親愛か」というもう一つの軸がある。彼は、イヌとネコが飼い主に接する行動の比較から、この軸の存在に気づいた。

図5はダーウィンの著作『人及び動物の表情について[1]』から転載したものだ。飼い主に甘えるとき、イヌは姿勢を低くし、前足でしがみつき、しっぽを垂らし、体をくねらせて飼い主の足にじゃれつく。ところが、ネコは姿勢を高くし、前足をつっぱり、しっぽをピンと立て、体を硬直させて足にすりつける。イヌとネコでは、飼い主に甘えるときの行動がまるで正反対だ。どうしてこんなに違うのだろう。

誰もが何気なく見過ごしている日常的な事実の不思議に気づいたダーウィンの着眼力はすば

図6　イヌ、ネコが獲物に対峙するときの姿勢。ダーウィン著『人及び動物の表情について』より転載。

らしいが、この疑問に対するダーウィンの説明は、さらにすばらしい。彼は、飼い主に甘えるときの行動は、獲物に対峙するときの行動のアンチテーゼ（antithesis、反対行動）だと考えた。

図6を見ていただきたい。攻撃型の捕食者であるイヌは、獲物に対峙するとき、姿勢を高くし、両足をつっぱり、しっぽをピンと立てる。一方、待ち伏せ型の捕食者であるネコは、獲物を待ち構えるとき、姿勢を低くし、両足をまげてかがみ、しっぽを垂らす。飼い主に甘えるときの行動は、この反対行動だと考えれば説明がつく。おそらく、飼い主に甘えるときには、獲物に対峙するときの神経的な刺激と正反対の刺激が与えられるために、反対行動が生じるのだろう。これがダーウィンの仮説だ。言われてみればとても納得がいく説明である。

反対行動という考え方は、笑顔と怒った顔の違いにもあてはまるだろう。笑顔のときは目じりが下がり、口はU字型（母音のイを発音するときの形）になるが、これは怒った表情のちょうど反対だ。

さて、動物が獲物や敵に対峙する興奮状態では、「ノルアドレナリン」というホルモンが脳内で作られて副腎に伝わり、副腎でノルアドレナリンがアドレナリンに変わり、アドレナリンが血中に放出される。そして、心拍数・血圧が上昇して運動器官への血液の供給が増え、瞳孔が開き、感覚器官の感度が高まる。こうして動物は、全身を敵対モードに変える。この一連の反応は、「闘争・逃走反応(fight-or-flight response)」と呼ばれる。

人間でも、何らかの危険やストレスを感じたときには脳内でノルアドレナリンが増え、交感神経が興奮状態に入る。捕食性の動物が獲物を狙って集中しているときに似た状態だ。このとき、人間は「覚醒」した状態になり、やる気が出て、集中力が高まる。直面している課題に注意を集中して解決策を探し、思い切った決断ができる。ただし、このような興奮状態の下で、課題が解決しない状態（ストレスがかかる状態）が長く続くと、ノルアドレナリンのバランスが崩れる。その結果、ちょっとしたことで怒ったり、イライラしたりするようになる。ネガティブな感情のうち、イカリ、ムカムカ、ビビリには、セロトニンだけでなくノルアドレナリンが関係している。ノルアドレナリンにはアクセル（やる気）とブレーキ（ビビリなど）の両方の機能があり、両者のバランスがとても重要なのだ。

一方で、イヌやネコが飼い主に甘えるときには、「オキシトシン」という別のホルモンが分泌される。動物では一般に、他の個体は競争相手か獲物か、あるいは敵である。したがって、他の個体とは接触を避け、距離をとるのが通常の動物行動だ。他の個体との距離が近くなれば緊張し、ノルアドレナリンが増える。しかし、親密な身体接触を必要とする場合、このブレーキを解除する必要がある。その役割を担うのが、オキシトシンだ。(5) 動物個体間できわめて親密な身体接触を必要とするのは、子供が母乳を飲む場合や、雌雄が交尾をする場合だ。そして人間においても、親子や男女が触れ合うときにオキシトシンが分泌され、人は満たされた、幸せな気持になれる。

オキシトシンはさらに、人間の社会行動にも大きく影響していることが分かってきた。２００５年に「ネイチャー」誌に発表された論文では、実験協力者の鼻腔内にオキシトシンを投与した場合、相手への信頼が高まることが証明された。[6] その後、同様な実験によって、オキシトシン投与は人間どうしの共感を高め、協力を促すことが実証された。[5] 共感は、「インサイド・ヘッド」で描かれたヨロコビ・カナシミとは異なり、社会的な感情だ。相手が嬉しければ自分も嬉しく、相手が悲しければ自分も悲しい。そしてそのような感情を共有できたとき、心のより深いところで気持ちが動く。感激した状態を英語で“deeply moved”と表現するのは、言い得て妙である。

悲しみを喜びに変えるもの

「インサイド・ヘッド」のテーマは、カナシミの存在意義だ。少女ライリーの脳内に住む五人の感情たちのリーダーは、ヨロコビ。しかしヨロコビには、カナシミの存在意義が分からない。やがてライリーは、父親の都合でミネソタからサンフランシスコに引っ越した。ライリーの脳内の感情たちは混乱する。そして、カナシミの失敗がきっかけで、ヨロコビとカナシミの二人が、脳内の司令塔から遠く離れた長期記憶の保管庫に飛ばされてしまった。その結果、ライリーは家出をしようとする。脳内で司令塔に戻るために冒険の旅を続ける中で、ヨロコビはライリーの深い記憶の中に悲しみがあることを知り、カナシミの存在意義に気づく。そして脳内の司令塔に戻ったあと、ヨロコビはそれまで決してカナシミに触れさせなかった幸せの記憶をカナシミに触れさせた。その結果、両親の元に戻ったライリーの目からは涙があふれ、両親はやさしくライリーを抱くのだった。

このストーリーでは、共感は「登場人物」としては描かれていない。しかし、この映画が感動的なのは、ヨロコビのカナシミに対する共感、そして両親とライリーの深い共感が描かれているからだ。悲しみを喜びに変えるもの、それは家族や友人の愛や思いやりだ。落ち込んだときには、自分の殻に閉じこもらずに、家族や友人に助けを求めよう。幸いにして私たちは、一人だけで孤独に生きる動物ではなく、共感の輪の中で生きる喜びを持つ動物なのだ。

感情をコントロールする三つの力

私たちの感情は、上記の四つ（ドーパミン、セロトニン、ノルアドレナリン、オキシトシン）に代表される脳内物質のバランスによって大きく変わる。特定の脳内物質が増えたり減ったりすることで、特定の感情が高まったり、抑えられたりする。しかし、その反応は多くの場合、一過的である。喜びも悲しみも、やる気も共感も、何かのきっかけで強まった後は、次第に平常状態に戻っていく。感情は私たちの行動にきっかけを与えてくれるが、そのきっかけを生かして、幸せな人生を送るには、三つの力が必要だ。

一つ目は、自制心だ。楽器の練習や、英会話の学習を考えてみよう。やる気を出して始めてみても、毎日目に見えて進歩するわけではないので、やる気は次第に低下する。しかし練習を続けていくうちに、上達の手ごたえを感じられるときが来る。そのときには、嬉しい。この喜びを糧にしながら、次の喜びに出会えるまで努力できるのは、自制心のおかげだ。自制心が強い人ほど、幸福感を持続し、成功をつかめる。

二つ目は、理性の力だ。理性はビジョンや目標を生み出す能力だ。そして、目標を達成するために何が必要かを判断し、私たちの決断を支えてくれる。知識や経験が不足した状態では、失敗することが多いだろう。また成功したあとの油断から、思わぬ失敗をすることもある。理性によって失敗から学び、改善された計画を自制心によって再び実行に移す必要がある。このような経験を繰り返すことで、人はやがて成功経験を重ね、賢く、強くなれる。「運が左右する世界」で成功する秘訣は、繰り返し失敗し、失敗から学ぶことなのだ（3.1）。

三つ目は、チームの力だ。ネガティブな感情から脱却する上で、仲間の支え（共感の輪）はとても大切だ。また自制心がくじけそうなときにも、仲間の支えがあれば頑張れる。一方で、チームの仲間を助けたり、教えたりすることで、自分自身をポジティブな気持ちに保つことができる。そして、チームの力を高めるのは、夢のあるビジョンと、ハードルは高いが実現可能な目標だ（6.2）。いま、日本のリーダーに最も求められているのは、夢や希望を語り、やりがいのある目標を示して、みんなをわくわくさせる能力だろう。「わくわく」とは、次の喜びへの期待感だ。[7] 毎日わくわくできる人は幸せである。四人の感情の役割を知り、三つの力で感情たちと仲良くすることで、ぜひもっと幸せな毎日を送ってほしい。

さらに学びたい人のために

4.5で紹介するように、感情は合理的意思決定を助ける働きがある。複雑で不確実な社会の中でおおむね合理的な意思決定を迅速に行うために、感情の助けによって瞬時に悪い選択肢を避け、良い選択肢を好む仕組みが進化したのだ。[8] 感情（情動）のうち、ポジティブ情動とネガティブ情動については研究が進んでいる。また、共感や信頼感を生み出すオキシトシンの作用についても、研究が進んでいる。[5] しかし他の感情、たとえば「驚き」については、よくわかっていない。感情について日本語で学ぶうえでは、『感情心理学・入門[9]』が手ごろな教科書である。感情は幸福感とも密接に関係している。幸福感について学ぶうえでは、『フロー体験入門[7]』、『しあわせ仮説[10]』（6.1）、『ポジティブ心理学の挑戦[11]』（6.2）の順に読むとよいだろう。

3.4 予測可能な失敗はどうすれば防げるか　日本陸軍の失敗に学ぶ

失敗には2種類ある。[(1)] 1つは真の意味で、想定外の事態における失敗である。この場合には、失敗から学び、失敗を繰り返さないことが大事だ。しかし多くの失敗は、実は想定された状況下で生じている。誰かが危機を予想していたにもかかわらず、組織が忠告に耳を貸さずに失敗するケースだ。この現象は「集団浅慮」（英語ではGroupthink）と呼ばれる。[(2)] 集団浅慮はなぜ起きるのか？　そして、それはどうすれば防げるのだろうか。

集団浅慮が招いた数々の悲劇

日露戦争における陸軍の失敗は、集団浅慮の典型例だ。日露戦争において、約2万8000人の陸軍兵士が脚気で命を落とした。[(3)] 総戦死者は約5万人であることを考えれば、尋常ならざる数字だ。一方で海軍は、脚気による死者は3人だったと記録されている。これは、海軍軍医高木兼寛が脚気対策としてパンと麦飯を採用したからだ。[(4)] 当時、脚気は白米食が原因で起きる病気だという説が提唱されていた。この説を重く見た高木兼寛は、海軍の練習艦「筑波」でパン食による脚気予防試験を実施し、パン食によって脚気が激減することを確かめた。この実験結果をもとに、食事にパンと麦飯を採用した結果、脚気による死者をほとんど出さずに済んだ。一方の陸軍は、東大閥の軍医の指導を受けており、彼らが高木説を嘲笑してまじめに取り合わなかったために、約2万8000人にものぼる陸軍兵士が脚気で命を落とす結果を招いた[5]。

「集団浅慮」による失敗は、集団主義的な日本に特有の現象ではない。個人主義と議論を重視するアメリカ合衆国においても、数々の例がある[2][6]。まず、日本軍による真珠湾攻撃に関しては、その可能性が指摘されていたにもかかわらず、可能性を過小評価して対策をとらなかった。トルーマン政権時には、朝鮮戦争に中国が参戦する可能性を十分に検討しなかった。ジョンソン政権は、各方面からの警告を無視してベトナム戦争の戦線を拡大し、失敗した。ケネディ政権時のピッグス湾事件では、キューバ侵攻作戦の非現実的な前提を見逃し、キューバに敗北した。そして近年のイラク戦争では、サダム・フセインが兵器を隠し持っているという情報を信じたブッシュ大統領（当時）がイラクを攻撃し、国際社会の信用を失った。こうして列記してみると、アメリカ合衆国政府は、集団浅慮による失敗を繰り返してきたことが分かる。

なぜ、このような失敗が繰り返されるのだろうか。この問題に取り組んだ社会心理学者のアーヴィング・ジャニスは、三つの要因が揃うと集団浅慮が起きやすいという結論に達した[2]。その三つとは、

⑴　組織が類似した考えを共有していて同調圧力が強いこと、
⑵　組織が外部からの批判を受けいれない状況にあること、
⑶　組織が成果を強く求められるなど、強いストレスを受けていること、

である。言い換えれば、ある考えに固まった組織が、外部からの批判を聞かずに成果を重視して突っ走ると、失敗しがちだということだ。

集団浅慮を避ける上での特効薬は「外部からの批判」

集団浅慮を招く主要因が上記の三つであれば、この失敗を避けるための対策は明らかだ。外部からの批判を受け入れ、組織の同調圧力による判断ミスを回避することである。同調圧力による批判の抑制を避け、健全な思考を維持する方法を開発したのは、カトリック教会だ。カトリック教会では、列聖（聖人として教会に祭る人物）などの審査において、「悪魔の代弁者」を立てるという方法を採用してきた。「悪魔の代弁者」とは、本心とは違っても、あえて周囲とは反対の意見を述べる役割をになう討論参加者のことだ。この方法は、1983年に教皇ヨハネ・パウロ2世によってカトリック教会では廃止されたが、欧米社会では現在でもディベートにおいてよく使われる。

「悪魔の代弁者」は、組織の方針に判断ミスがないかをチェックする上で、有効な方法だが、「悪魔の代弁者」を演じるのは通常、組織内部の人間である。このため、チェックが甘くなるおそれがある。この可能性を調べた社会心理学的研究によれば、「悪魔の代弁者」を置いた場合よりも、外部からの本物の批判者の批判を受けいれた場合の方が、判断ミスが減るという結果が得られている。(7) 今日の組織が直面している問題は、多くの場合、複雑に利害が絡み合っている上に、価値観の多様性の下で、さまざまな異論に晒される場合が多い。このような問題への対処において失敗を避けるには、多様な価値観や知識を持つ外部者の批判を受け、判断の妥当性をチェックするというプロセスを踏むほうが良いのだ。

科学研究においては、論文を発表する前に、ピアレビューと呼ばれる審査を受ける。学術雑誌に投稿された論文は、複数名の科学者による査読を受け、査読者の批判に晒される。この批判に説得力を持って答えた論文だけが、学術雑誌に掲載される。この制度は、科学論文の信頼性を高め、科学研究の進歩を支える上で、非常に重要な役割を果たしている。新聞記事や本と、科学論文の大きな違いは、この「査読」による信頼度チェックを受けているかどうかにある。

安保法制関連法案の強行採決に見られる集団浅慮のパターン

さて、２０１５年7月16日に、安部内閣は安保法制関連法案を強行採決し、集団的自衛権を認める法制整備の実現に向けて、強い姿勢で臨んだ。その結果、国会周辺で若者が連日デモ行進をするという、わが国では久しく見られなかった光景が再現され、内閣の支持率も4割を切るレベルまで低下した（２０１５年8月当時）。一方で、憲法学者が集団的自衛権の必要性などへの意見の違いを越えて、安保法制関連法案は違憲であるという立場を表明し、[8] 元防衛官僚からも強い批判が出され、[9] 政府の判断の正当性に大きな疑義が投げかけられた。このような批判に耳を貸さず、強行採決をしても法案成立を目指すという姿勢は、数々の集団浅慮による失敗例に見られるパターンと一致している。この問題をめぐっては、自民党内でも多様な意見があるが、現状では安部内閣の「同調圧力」の下で、ごく一部の議員を除いては、目立った批判的意見が聞かれない。この点もまた、過去の集団浅慮の事例に見られる典型的な状況である。

中国の脅威を重く見る立場からは、中国による軍事行動こそ予見される危機であり、そのための備えとして集団的自衛権を認める法制整備が必要だ、という主張がある。しかし、この見解が多くの専門家の支持を得ている状況にはない。私は外交や軍事の専門家ではないが、諸国間の対立にしばしば適用される「ゲーム理論」を研究で用いている。ゲーム理論の枠組みで考えれば、相手がタカ派の戦術をとった時には、こちらもタカ派の戦術をとり、相手が譲歩してハト派の戦術をとった時には、こちらもハト派の戦術をとるのが有力なオプションだ。この「しっぺ返し戦略」は、反復ゲーム（反復囚人のジレンマ）と呼ばれる状況で、非常に強力な戦略であることがシミュレーション研究で確認されている。(10) 現実の世界は、ゲーム理論が想定する状況よりはるかに複雑だが、中国の脅威が増しているという判断の下で、日本側も強いカードを切るべきだという主張は、「しっぺ返し戦略」の枠組みで正当化できるだろう。

しかし、仮にこの立場に立つとしても、集団的自衛権を認める法制整備が最適な戦術かどうかについては、議論の余地が大いにある。肝心なのは、どれが正解かを決めるのは難しいということだ。このような場合、批判的意見に耳を傾け、集団浅慮に陥らない努力をすることが大事だと、過去の失敗は教えてくれる。そして、国論を二分するような対立を回避することこそ、国益を守る道だろう。

国益とは、多様な価値観を持つ日本人全体の利益のことだ。1.2でも書いたように、世界はイデオロギーによる対立を避け、多様な価値観を認め合い、理性的な意思決定を強める方向に動いている。(11) イデオロギーによって国を二分するのではなく、多様な価値観の共存を図りながら、日本をよりよい国にするための協力を引き出すことこそ、新しい時代を拓く指導者に求められる態度ではないだろうか。

さらに学びたい人のために

畑村洋二郎著『失敗学のすすめ』[1]は、社会的失敗について工学者の立場から問題提起をし、わが国における失敗研究の流れを作った著作。一般向けにわかりやすく書かれている。失敗について学ぶうえで、最初に読む本として勧める。ベイザーマン・ワトキンス著『予測できた危機をなぜ防げなかったのか？』[12]は、国際的な失敗研究の成果をわかりやすくまとめた良書。何らかの責任を担う立場の人は必読だ。予測できた危機への対応を妨げる要因が、認知的要因（さまざまな認知バイアス）、組織的要因（縦割りによる情報統合の阻害）、政治的要因（利益団体の抵抗）の三つに整理されている。認知的要因として、集団浅慮についても紹介されている。

私たち日本人は太平洋戦争の失敗からしっかり学ぶ必要がある。半藤一利著『日本型リーダーはなぜ失敗するのか』[13]では、意思決定機構や人事制度の問題が指摘されている。太平洋戦争では「参謀」という制度が、「誰が意思決定者かわからない」状況を生み出したと著者は言う。試験の成績で選ばれたエリートである「参謀」が、責任をとる立場にはないにもかかわらず大きな発言力を持っていた。これは、トップリーダーが責任を持ち、柔軟にスタッフを編成できたアメリカの人事制度に劣っていたと著者は指摘する。野中郁次郎編著『失敗の本質』[14]において、野中郁次郎氏は、「日本軍の何よりも致命的な欠点は、作戦・戦闘の軌跡を反省し、学習するという知的な努力を怠ったことにある」と指摘している。いずれも現代の日本社会に通じる指摘だ。この指摘に関連するリーダーのあり方や適応学習については6.2、6.4でとりあげる。

本文でとりあげた日露戦争における陸軍の失敗には、当時の陸軍第二群軍医部長森林太郎（文豪として有名な森鷗外その人）が深くかかわっている。森鷗外は部下からの麦飯支給の要請に応じなかった。東大医学部出身者である彼の失敗の背景には、権威主義と脚気の感染症説へ「確証バイアス」（自説にとって都合の良い結果だけを採用する傾向）があった。その結果、東大医学部出身でない高木兼寛による実証データを軽視し、高木説にもとづく批判に耳を貸さなかった。この経緯については、日本の科学史研究者である板倉聖宣による『脚気の歴史』(5)に簡潔に紹介されている（78ページの小冊子なのですぐに読める）。より詳しくは、『鷗外最大の悲劇』(15)を一読されたい。これらの著作では鷗外の失敗に焦点があてられているが、『鷗外 森林太郎と脚気紛争』(3)では日露戦争後に設置された臨時脚気病調査会における鷗外の貢献を再評価し、一方で高木兼寛にも誤りがあったことを述べている。しかし、脚気対策において鷗外が大きな失敗をしたことは事実であり、私たちはその失敗から学ぶ必要がある。高木兼寛の貢献については、『高木兼寛伝』(4)を一読されたい。東大閥の主流学説に疑問を抱き、ビタミン発見へとつながる研究の先駆者となった彼のすぐれた伝記である。

3.5 日本が取り組むべき最優先課題は何か？　首相のリーダーシップと決断力

安倍首相は２０１７年4月に予定していた消費税率10％への引き上げを2年半延期することを表明した（２０１6年6月1日）。この「決断」を題材に、リーダーにおける決断のあり方を考えてみよう。消費税増税のように、専門家の間でも意見が分かれている問題について、リーダーはどのように決断すればよいのだろうか？

公約撤回、菅元首相との違いは？

安倍首相は２０１４年11月の衆議院総選挙で、２０１７年4月には必ず増税を実施すると明言していたので、今回の増税延期は、総選挙で国民に公約した方針を撤回したことになる。この方針転換に対して、公約違反だ、アベノミクスの失敗である、財政再建が遠のく、社会保障の財源をどうするのか、などの批判がある。だが、共同通信社が6月1〜2日に実施した世論調査によれば、内閣支持率は49・４％であり、首相の「決断」はほぼ半数の国民に支持されていると言える（ただし、不支持率もまた41・３％とかなり高率である）。

この状況と対照的な例として思い起こされるのが、菅首相（２０１０年当時）の消費税増税に関する「決断」だ。２０１０年6月に鳩山首相の辞職を受けて発足した菅内閣は、鳩山内閣時代に20％を切るところまで低下した支持率を60％台にV字回復させ、出だしは好調だった。しかし、7月の参議院選挙に向けて従来の公約を撤回し、「消費税増税の協議を超党派で開始する」という方針を表明した。その結果、世論の大きな反発を招き、参議院選挙では議席を減らし、衆参両院で過半数の議席を得る絶好の機会を失った。

菅首相の増税への方針転換と安倍首相の増税再延期はいずれも明白な公約違反なのだが、菅首相は支持を大きく失い、安倍首相は支持をほぼ維持した。この違いはどうして生じたのだろうか。もちろん、消費税増税は国民の負担を増やす施策なので、その延期に国民の支持を得やすい面はある。しかし、社会保障の財源不足を含め、国の財政がきわめて厳しい状況にあることも多くの国民は理解しており、単に目先の利益だけで支持の判断をしているわけではないだろう。

上記の違いを生んだ要因は、私の考えでは三つある。第一に「一貫性」、第二に「組織的準備」、そして第三に「好感度」だ。この三点は、リーダーが決断を下す場合に常に念頭に置くべき要件だ。この三点は、チャルディーニが『影響力の武器(1)』で述べている影響力の規範のうち、一貫性、社会的証明、好意に該当する。

デフレ対策の一貫性

安倍首相の増税再延期はたしかに過去の公約からの転換であり、「これまでの約束とは異なる、新しい判断」という説明には一見説得力がないように見える。しかし、安倍首相の経済政策の軸は、大規模な金融緩和によるデフレ脱却策であり、この点にブレはない。また、もともと消費税増税は、金融緩和によるデフレ脱却策とは矛盾する政策だ。

金融緩和によるデフレ脱却策は、ノーベル経済学賞受賞者であるクルーグマン博士が１９９８年に発表した、「Japan's trap」という論文[2]に基づくものだ。彼は日本が「流動性の罠」と呼ばれる現象に陥っている可能性を指摘し、もしそうなら、「金融政策を有効にするには、中央銀行が信用できるかたちで無責任になることを約束することだ――説得力あるかたちで、インフレを起こさせると宣言して、経済が必要としているマイナスの実質金利を実現することだ」と主張した（http://cruel.org/krugman/japtrapj.html）。彼の主張が黒田緩和として社会実験に移されることになり、クルーグマン博士はすっかりその支持者になった。自分のモデルを日本が実証しようとしてくれているわけだから、科学者としては嬉しいだろう。２０１３年に出版された『そして日本経済が世界の希望になる』[3]にその嬉しさが率直に語られている。この本の結びには、黒田緩和についてこう書かれている。

〈その行く末をいま、多くの国が固唾を呑んで見守っている。日本よ、いまこそ立ち上がり、世界経済の新しいモデルとなれ〉

クルーグマン博士は、自分の仮説の検証に少しでも不利になる対策はとってほしくないから、消費税導入には明白に反対し、「日本に対してＩＭＦやＯＥＣＤはしきりに消費増税の実施を要求しているが、いったい何を考えているのか、私には理解できない」と言い切っている。

安倍首相はそのクルーグマン博士を２０１４年11月６日に官邸に招き、２０１５年10月に予定されていた消費税増税の是非について意見を求めた。当然のことながら、クルーグマン博士は「消費増税はデフレから脱却するまではやるべきではない」と提案した[4]。２０１５年10月の消費税増税が見送られたのは、この提案を受け入れてのことである。そして2016年3月22日、安倍首相は再びクルーグマン博士を官邸に招いた。その前後に週刊現代がクルーグマン博士をインタビューした記録がある(4)。

この会談の中で、クルーグマン博士は「消費税増税を中止した上で、金融政策に加えて強力な財政政策をとることでインフレを実現すべきだ」と提案した。財政赤字を心配する意見に対しては、「日本は短期的には財政危機になりようがない。ここ数年の財政赤字のことを心配するよりも、デフレから脱却するという目的のほうがはるかに重要だ」と述べている。安倍首相が消費税増税の再延期に加えて、「財政出動による景気対策」をとるという方針を表明したのは、クルーグマン博士のこの提案を受けたものだ。また、G7伊勢志摩サミットにおいて、G7各国による協調的な財政出動を提案したのも、クルーグマン博士のアドバイスを受け入れたものだ。

このような経緯を見れば、安倍首相の経済政策には一貫性があり、デフレからの脱却を目指すという安倍首相の大方針に沿ったものである。「消費税は絶対に上げない」と言っておきながら、首相になるとすぐに増税方針に転換した菅首相に比べれば、基本方針において首尾一貫しており、この点で説得力はあるのだ。

組織的によく準備された方針転換

菅首相の方針転換とのもう一つの違いは、党内で方針転換についての準備が済んでいる点だ。菅首相が参院選マニフェストに消費増税の方針を盛り込むという考えを表明したときには、明らかに党内調整が済んでいなかった。大きな方針転換を、組織内討議を経ずにリーダーが突然表明すれば、組織は混乱する。このやり方は、さまざまなリーダーシップ・スタイルのなかで、失敗するリスクが最も大きなものだ。

心の知能指数（Emotional Intelligence Quotient、ＥＱ）で測定される「情動的な知性」(Emotional Intelligence）を重視したリーダーシップ研究で知られるゴールマン博士らは、リーダーシップを六つの類型に分類している。[5] その六つとは、ビジョン型、コーチ型、関係重視型、民主型、ペースセッター型、強制型だ。そして、ペースセッター型と強制型のリーダーシップ・スタイルは組織に不協和をもたらす危険な方法だと述べている。菅首相がとったリーダーシップ・スタイルは、この6類型にあてはめるなら、強制型である。ゴールマン博士らの言う通り、「いかなる状況においても、強制型のアプローチは、最も非効果的なリーダーシップ・スタイル」だ。強制型のリーダーシップ・スタイルは、民主党政権全体に見られた。民主党政権は「政治主導」と「脱官僚」をスローガンとして、官僚に対する対抗姿勢を打ち出した。しかし、豊富な経験・知識・スキルを持つ官僚の協力を得る努力なくして、行政組織を改革できるはずがない。

ゴールマン博士らの著作『ＥＱリーダーシップ』[5]２２３ページから、このようなスタイルの問題点についての記述を引用しておこう。

〈……のケースは、リーダーが陥りやすい大失敗の一例だ。チームの基本原則や感情を無視し、リーダーシップの力だけで人々の行動を変えられると考えたのだ。このような失敗例は、どこの会社でも見られる。リーダーが新しい職場（たいてい再建の危機に瀕している）に着任し、集団の規範や感情を無視して改革を進めようとする。共鳴を形成するリーダーシップ・スタイルを使わず、強制型とペースセッター型を併用して力づくで仕事を推し進めようとする。その結果、反抗が噴き出すのだ。〉

民主党政権時代の大臣・副大臣の中には、官僚との良好な関係を築いて、改革に成果を残した方もいるが、政権全体としては官僚との建設的関係をうまく構築できなかった。この点に、民主党政権が国民の支持を失った大きな原因があるように思う。

一方で、安倍内閣では経験豊富な官僚を首相官邸に各省から集め、彼らの協力の下で官僚組織が効果的に調整されている。そして安倍首相による今回の増税再延期については、その発表時期も含めて、組織的によく調整されていたと思う。G7伊勢志摩サミットで財政出動を議題にし、オバマ大統領の広島訪問で外交得点を稼いだ上での絶妙なタイミングで、再延期が発表された。このような日程を調整する上では、党内の支持だけでなく、官僚の協力もあったはずだ。

安保法制で低下した好感度の回復

安倍政権は2015年8月に、政権発足以来、最大の困難に直面した。安保法制をめぐる反対運動が想定を超えて拡大し、内閣の支持率は30％台に低下、不支持率が支持率を上回った。安倍内閣は強行採決でこの状況を乗り切ったが、それは「集団浅慮」による過去のさまざまな失敗例に見られるお決まりのパターンを踏襲していた（3.4）。

この状況を受けて安倍内閣は、秋の臨時国会開催を見送って国会論戦を回避し、世論の記憶が薄れるのを待つ戦術をとった。９月24日には、「強い経済」に「子育て支援」と「社会保障」を加えた「新三本の矢」を政策の軸とすることを発表し、「少子高齢化の問題に真正面から挑戦したい」という姿勢を強調した。その結果、10月以後、安倍内閣の支持率は次第に回復した。安保法制成立に向けて突っ走る安倍内閣に不安を覚え、支持から不支持に動いた層が、子育てなどの身近な政策課題に軸足を移す姿勢を感じ取り、次第に支持へと戻ったと考えられる。その後は、対立をいとわないタカ派的な政治姿勢を軌道修正し、国民に安心感を与える対応を意図的にとってきたように思う。

２０１５年12月28日には日韓外相会談を開き、旧日本軍の従軍慰安婦問題を決着させるという合意を実現した。これを受けて、２０１６年３月31日には訪米中の安倍首相が韓国の朴大統領と会談を行い、慰安婦問題をめぐる12月の日韓合意を着実に履行することを確認した。この2回の会談によって、日韓の間で続いてきた政治的緊張関係が緩和された。

２０１６年３月４日には、米軍普天間基地の辺野古移設をめぐり福岡高裁那覇支部が示した沖縄県との和解案を受け入れた。４月17日には安倍首相が政権発足後はじめて、翁長沖縄県知事との会談に応じた。問題解決の見通しは得られていないが、辺野古移設をめぐり国と沖縄県が訴訟を繰り広げるという厳しい対立状態は、ひとまず棚上げされた。５月24日には、ヘイトスピーチの解消を目指す対策法の自民党案が、野党の賛成も得て成立した。そして、５月27日のオバマ大統領広島訪問が実現した。

この訪問直後の日経新聞による世論調査では、内閣支持率が56％にはね上がり、伊勢志摩サミットで議長を務めた安倍首相への評価は62％に達した。この高評価を背景に、安倍首相は28日夜、麻生財務相や谷垣幹事長と会談し、増税を再延期する方針を伝えた。これに対し麻生氏、谷垣氏は慎重論を唱えたと伝えられているが、50％を超える支持率の下では、首相の方針に反対する選択肢はとれないだろう。一方で、内閣不支持率もまた41・3％とかなり高率である。この数字には、安保法制の採決を強行し、憲法改正をめざす安倍首相のイデオロギーへの反発に加えて、野党との議論などにおいて強硬な姿勢が目立つことも影響しているだろう。リーダーのあり方という点で見れば、批判者に対してもっと謙虚な姿勢を保つ必要がある。

政治が取り組むべき最優先課題は何か？

上記のように、２０１５年9月以後の安倍首相のリーダーシップは、リーダーの決断のあり方という点で、以下の原則にのっとったものだ。

・第一に、合理的な根拠に基づいて、一貫した決断をすべきである。
・第二に、決断が実行される条件を組織的によく準備した上で、決断すべきである。
・第三に、可能な限り対立を避け、怒りや不安などのネガティブな感情ではなく、希望や共感などが生み出すポジティブな感情に依拠して、決断すべきである。

ただし、リーダーの決断には上記の3原則に加えて、常に考慮されるべき重要なポイントがもう一つある。それは「優先順位の決定」だ。(6) 私たちが使える予算・人員などの資源はすべて有限なので、

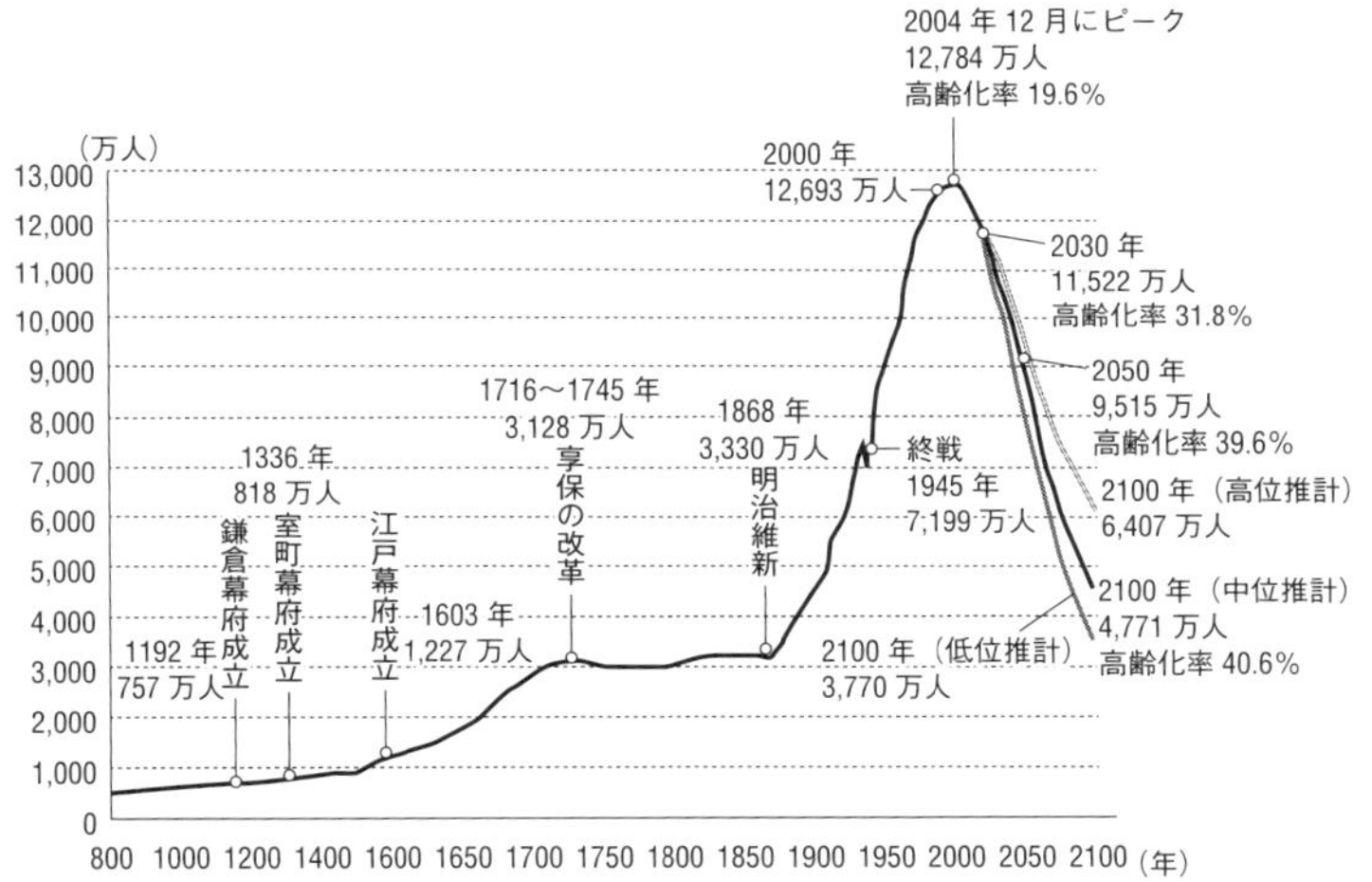

図7　日本の人口の長期的推移。出典：「国土の長期展望」中間とりまとめ 概要（平成23年2月21日国土審議会政策部会長期展望委員会）

どの課題に優先してこれらの資源を配分するかをリーダーは常に判断しなければならない。今の日本の政治課題の上で、憲法改正が緊急の課題とは考えにくい。安倍首相は、自らの信念は脇において、より緊急性の高い政治課題にリアリストとして取り組むべきだ。

　この点で、安倍首相が「新三本の矢」の一つに「子育て支援」を盛り込み、「少子高齢化問題」を優先順位の高い課題とした判断は、正しい。日本の人口問題がいかに深刻かを理解するには、国土交通省がまとめた資料(7)が役立つだろう。いまの年齢構成と齢別出生率をもとに予測すれば、１００年後の日本の人口は現在の半分以下になる。このような急激な人口減少の下では、将来の生産力が今よりも高くなるという期待を持つことはできない。この人口減少による将来への悲観的見通しが、日本経済が「流動性の罠」から抜け出せない主因である可能性は高い。これはクルーグマン博士が1998年の論文で述べている見解だ。クルーグマン博士は経済学者として、黒田緩和につながるマクロ経済政策を提唱したが、黒田緩和開始以後の経過を見ると、この政策がデフレ脱却に功を奏しているとは言いがたい。

イエール大学名誉教授浜田宏一博士もまた、内閣官房参与として、大規模な金融緩和政策を安倍首相に提言してきた。『世界が日本経済をうらやむ日』(8)では、1年半前の時点での「アベノミクス」を高く評していた。これに対し、東洋経済オンラインに2016年1月26日に掲載されたインタビュー記事(9)では、アベノミクスは前進していると評価しつつも「金融緩和によってこれ以上需要だけを増やそうとしても、日本経済をさらによくするのは難しい」と述べている。金融緩和だけでは不十分という現状評価はクルーグマン博士と一致しているが、財政出動を重視するクルーグマン博士に対して、浜田博士は構造改革の必要性を訴えている。

消費者物価指数などの指標の動きに加え、これらの見解を考慮すれば、政策的には手詰まり状態だ。そこでクルーグマン博士は、強力な財政出動を安倍首相に提案したが、この政策は博士自身が1998年の論文で次のように批判していたものだ。

〈日本はすでに、ものすごい公共事業支出で経済を刺激しようとしたけど、失敗している。しかも事業のほとんどは、どうしようもなく無駄なものばかりだ。どうでもいいところにかかる橋や、だれも使わないような空港などなど。確かに、経済は供給ではなく需要に制約されているのだから、無駄な支出でもないよりましだ。しかし、政府にも予算の制約というも

のがある。〉

私には、効果があるかどうか疑わしい財政出動よりも、子育て支援や留学生支援、奨学金拡充などによる直接的な人口減対策のほうが、優先順位が高いように思える。

浜田宏一博士は『世界が日本経済をうらやむ日』[8]の中で、藻谷浩介氏が『デフレの正体　経済は「人口の波」で動く』[10]で述べた、人口減少が「デフレ」の主因であるという見解を一笑に付しているが、マクロ経済学が用いるモデルの中には、人口動態は取り入れられていない。マクロ経済学において、経済活動（たとえば女性の雇用拡大）に伴う人口減少は、地球温暖化などのような「外部性」である。このためマクロ経済学者は、経済活動の「内部」での対策を重視し、人口減少対策を視野の外に置きがちだ。しかし今後の日本では人口減少が続き、その影響が経済を含むさまざまな国民生活に及ぶ。[11]政策パッケージ全体の中での優先順位を考えれば、人口減少対策は最優先課題と考えられる。いま必要なのは、若い世代が将来に希望と夢を抱き、子どもを育てようと思える政策だ。次の参議院選挙では、この政策をめぐって政党が知恵をしぼり、国民に有力な選択肢を示してほしいものだ。

付記：安倍氏・菅氏それぞれの著書から

安倍首相は、自他ともに認める「闘う政治家」だ。彼の戦闘的な姿勢がゆえに、彼の政治理念への賛同者からは熱狂的な支持を集め、批判者からは強い反発を生んでいる。このため、安倍首相の考えや政策に対する冷静な議論が難しくなっている。安倍首相は著書『新しい国へ　美しい国へ　完全版』(12)において、自身の考えを体系的に述べているので、彼の考えや政策について議論するなら、本書を一読しておきたい。本節では、リーダーシップという観点から安倍首相の「決断」について考えたが、関連して本書の159ページの記述を引用しておきたい。

〈たとえ国と国とで摩擦が起きようと、相手の国の人たちには、変わることなく親切に、誠実に接する。それこそが日本人のあるべき態度だし、わたしたちが目指そうとしている国のかたちに重なる。〉

この考えに基づけば、ヘイトスピーチは日本人のあるべき態度に反する行為であり、ヘイトスピーチの解消を目指す対策法の制定は当然のことである。願わくば、批判者に対しても誠実に接し、冷静な議論を行なっていただきたい。怒号が飛び交う国会で、およそ理性的とは言い難い議論が繰り返される状況は、時代遅れである。

一方で、今回の記事で、消費税増税方針に関する菅元首相のリーダーシップを批判的にとりあげたが、彼のリーダーシップについて語るなら、東電福島原発事故という国家的緊急事態における彼の「決断」に触れる必要があるだろう。彼の著作『東電福島原発事故　総理大臣として考えたこと』(13)を読むと、前例のない非常事態において、国の最高責任者として国民と国を守るために、必死で闘ったことが分かる。彼もまた、「闘う政治家」だ。菅元首相の功罪について議論するなら、本書を読んでおくべきだ。菅元首相は官邸の慎重意見をはねのけて現地入りし、吉田所長との直談判に及んだ。この「決断」については賛否があるが、私が菅元首相の立場なら、やはり現地に飛んだだろう。この問題に正解はない。信頼のおける人物に現場対応を託し、最高責任者として官邸を束ねることも、有力な選択肢だ。しかし私なら、官邸は別の人物に託すことができるが、危機の現場での判断に全責任を負うのは自分以外にないと考えるだろう。菅元首相は、この決断を選んだ。

現地入りした最大の収穫は、吉田所長の人物を見極めることができたことだと、菅元首相は著書の中で書いている。ベントを成功させて国家的危機を回避できるかどうかの瀬戸際で、菅元首相は吉田所長の人物を見極め、彼に国家の命運を託した。リーダーとしての菅元首相の欠点は、「イラ菅」とあだ名される、苛立ちをあらわにする言動だろう。もし菅元首相に、ネガティブな感情を抑制して関係者の共感を引き出す高い能力があれば、国家的な危機を救った首相として、国民の多くの支持を集め、民主党政権を存続させることができたかもしれない。

さらに学びたい人のために

社会的リーダーを目指す者は、首相のリーダーシップから学ぶところが多いはずだ。この点ではまず、野中郁次郎編著『失敗の本質』[14]の一読を勧める。本書の中で、２０１１〜２０１２年に福島原発事故独立検証委員会委員をつとめた野中氏は、菅元首相と当時の首相官邸の対応について以下の問題点を指摘している。

①イデオロギーに縛られ、現実的な対応ができなかった。

②同質的なメンバーで意思決定を行い、批判を受け入れることができなかった。
③官僚制を生かす統合・統御能力が欠如していた。
このうち①と②は、前節でとりあげた「集団浅慮」の発生条件に相当する。前節で述べたように。安倍内閣もまた類似した状態にある。

菅内閣と安倍内閣の大きな違いは、官僚制を生かす統合・統御能力だ。この点については、御厨貴著『安倍内閣は本当に強いのか[15]』が参考になる。御厨氏によれば、2012年12月に発足した第二次安倍内閣は、第一次安倍内閣の失敗から学び、強力な官邸主導体制を構築している。具体的には、小泉・安倍・福田・麻生まで4代の保守政権を支えた各省の優秀な官僚を可能な限り官邸に呼び寄せる一方で、菅官房長官以外の政治家を官邸に入れずに、腹心である菅官房長官のリーダーシップで官邸を動かせるようにした。安倍首相は、失敗から学ぶことで成功しているのだ。

野中氏[13]は日本軍と菅内閣の失敗に共通する要因として、「フロネシス」の欠如を指摘している。フロネシスとはアリストテレスが提唱した哲学的概念であり、「賢慮」と訳されている。本書は、リーダーを目指す人が「賢慮」を獲得するための、私なりのガイドブックである。本書を最後までお読みいただければ、野中氏が強調する「共通善」、「実践知」や「直観の本質」について、理解を深めることができるだろう。

経済学はよりよい社会を築くうえで重要な学問だ。経済学については、ジョセフ・ヒース著『資本主義が嫌いな人のための経済学[16]』の一読を勧める。著者の結論をひとことで言えば、市場は万能ではないし、政府ができることも限られている。ではどうすれば良いか？ ヒースは答えを出していない。私にも答えは出せないが、6.5の最後では、希望のあるメッセージを記している。

コラム3

激しすぎる高城れにのダンスが「個性」になった日

ももクロを育てたやさしくも厳しい指導に学ぼう

『みんな、いつか個性に変わる欠点を持っている』(1)

これは、ももクロの振付師として知られる石川ゆみさんが出版した本のタイトルだ。このタイトルだけでもすばらしいメッセージだが、本書にはこの結論を支える豊かなエピソードが物語られており、読後にとても前向きになれる本だ。

人は誰しも何らかの欠点を持っている。その欠点とどのように向き合えば良いのか。そして欠点を個性に変えるにはどうすれば良いのか。石川さんは、振付師としてアイドルグループを育てながら自らも成長してきた経験をもとに、この問いにとても優しく答えている。人を育てる立場にある人にはぜひ一読を勧めたい。

マイナスをプラスに変える

今や、AKB48、Perfumeと並ぶビッグネームに成長した、ももいろクローバーZ(通称ももクロ)。その活動は、ももクロの存在なしではおよそ接点がなかったと思われる、さまざまなジャンルを巻きこんで成長を続けている。

2015年以降の活動を振り返ってみても、ロック、フォーク、和楽器、社交ダンス、女子プロレスなどとのコラボレーションを実現し、本格的な映画や舞台に主演するなど、その振り幅の大きさには驚かされる。その目覚ましい成長を、路上ライブをしていた駆け出しの時代以来、ダンスの振付という核心部分で支えてきたのが石川ゆみさんだ。

本書を読むと、ももクロの成長を支えながら、石川ゆみさん自身も自分の欠点と向き合い、自分の個性を伸ばし、今の地位を築いてきたことが分かる。石川さんは、歌って踊れるダンサーを目指し、歌にも踊りにも高い評価を得ていたが、センターに選ばれることはなかった。石川さんには、ダンスチームでセンターを務めるだけの、傑出したスター性がなかったのだ。

その石川さんに、あるとき振付の仕事の依頼が来た。最初はむしろ苦手な分野だったという振付の仕事を続けていくうちに、次第に自分の適性に気付き、振付を通じてアイドルやアーティストを育てるという分野で、その才能を開花させた。

石川さんは、傑出したスター性がないことに気づくという「挫折」を経験し、その「挫折」を乗り越えていまの地位を築いたのだ。「挫折」の経験は、人を育てる立場に立ったときに、生かされる。「挫折」を乗り越えたからこそ見えてくることがあるのだ。石川さんは本書で、ももクロの五人のメンバーそれぞれの欠点をずばりと指摘している。そして、「そういったマイナスをプラスに変えるように振付をしていくのが、ももクロにおける私の役割なのです」と書いている。

難しい注文に応える

振付師および指導者としての才能を開花させる機会を石川さんに与えたのは、ももクロのマネージャーである川上アキラさんだ。

川上さんは、石川さんの才能を見抜いて「チームももクロ」に招くとともに、二つの難しい注文をして、彼女の能力を引き出した。

ひとつは、ダンスにコミカルな表現を取り入れるという提案だ。カッコいいダンスから始めて、カワイイ振付を工夫していた石川さんに、川上さんは「ちょっとドリフをやってみて?」という難題をふっかけた。石川さんは、振付を仕事としてやっていきたいという一心から、恥を捨てて言われた通りのダンスを考えて踊ってみたという。すると、チームで大受けした。そこから「アクロバティックコミカル」と形容される、ももクロ独自のダンススタイルが生み出されていった。

もうひとつは、ひたすら激しく踊るももクロのメンバー、高城れにさんの「あのダンスを活かしてほしい」という注文だ。創作ダンス部出身の石川さんは、この注文に対してかなりの葛藤を感じたという。創作ダンスでは、メンバーの踊りが揃っていないと減点されるのだ。「でもこれが私に与えられた仕事なのであれば、それを活かすようにしなければならない」と考え、みんなと揃わなくてもプラスになるやり方を考えたのだという。その結果、激しいダンスが高城さんの個性になった。そして、高城さんはやがて自分のダンスの癖に気付き、個性を活かしつつも、他のメンバーとも振りを合わせるスキルを身につけていった。

このような経験から石川さんがたどりついた結論が、『みんな、いつか個性に代わる欠点を持っている』という本のタイトルだ。

欠点とポジティブに向き合う

では、どうすれば欠点を個性に変えられるのか？　石川さんはこの疑問に対して、指導者としての視点と、当事者としての視点の両方から、考えを述べている。その内容はとても豊かなので、興味がある方はぜひ石川さんの本を一読されたい。

以下は、私がとくに心をひかれた指摘である。

指導者としての立場では、悪いところを挙げるというよりも、むしろもっとよくしたいことを挙げていくという考え方を推奨している。また、「ダメなところが五つあったら、それと同じだけいいところも書きなさい」と指導しているという。

自分の欠点を指摘されると、ネガティブな姿勢に陥りやすい。それを避けて、できるだけポジティブな姿勢で欠点に取り組めるように指導することが重要なのだ。私も指導者としてこの点を理解はしているのだが、実際の指導の現場では、ついつい欠点ばかりを指摘しがちである。

石川さんはまた、「自分の欠点が他人に受け入れられるか不安だ」という生徒に対しては、「みんな同じだよ」、と声をかけるという。「欠点を克服するためには、そして自分だけの個性を手に入れるには、他人を意識しながら自分と向き合うことが重要」なのだが、しかしそれは孤独な努力だ。そのときに、誰しも同じように悩んでいるのだと指導者から声をかけてもらえれば、自分の欠点と向き合う勇気が湧いてくるだろう。

果てしない世界で努力を続ける

このように、生徒の背中を優しく推す石川さんではあるが、一方で当事者である生徒の姿勢には厳しい。石川さんは、「本当にプロの世界で活躍できるのはたったの一握り」という厳しい現実について、何度も語っている。

その中で成功の切符を手にするには、「本当にその世界で食べていきたいという強い覚悟」が不可欠だという。ももクロの成功は、彼女たちが強い覚悟を持ち、尋常ではない努力を続けてきた結果であり、そして何よりも石川さん自身が、強い覚悟で振付師としての地位を築いてきた人なのだ。本書を読むと、石川さんが一つひとつの仕事に真剣に、全力で取り組んでいる、自分に厳しい人だということがよく分かる。

〈もしかしたら人が初めて物事をポジティブに捉えられるようになるのは、後ろを向いたときに自分が残してきた足跡に気付いたときからなのかもしれません。それが自信へとつながって、新しい足跡を残す道が広がっていくことになるのです。〉

この言葉は、研究者としての私自身の経験ともぴったりと重なる。石川さんは振付師の仕事について「本当に果てしない世界ですよ。だって、これ！という正解が常にあるわけではないから」と書いているが、この事情は研究もまったく同じだ。新しい研究に取り組むときには、正解はないので、成功できるという自信は持てない。そのときの心の支えになるのは、自分が残してきた足跡、つまり実績だ。

石川さんは「プライドなんていっそのこと捨ててしまおう」と書いているが、この点も同感だ。プライドなんて、成長するうえでは何の役にも立たない。高みを目指して挑戦し、努力し続けることで初めて、人は成長できる。

一方で、研究とダンスには大きな違いがある。研究は多くの場合、個人プレーだが、ダンスはふつうチームで踊る。養成所の生徒にチームを組ませた場合、メンバー同士の気が合わないということがしばしば起きる。このとき、「あの人がこうだから、できません！」と言ってくる子がいる。このような子には、「まずは自分が変わりなさい」「人はなかなか変わらないんだから、自分が変われば相手がそれを見てくれる」と言うそうだ。このように、石川さんは自分ができないことを他人のせいにしない、という自分への厳しさを持つ人だ。これは、チームで仕事をする上で、とても大事なことだ。

本書のChapter 4は、「自分だけの個性を持つことができたら」と題されている。

この章で石川さんは「個性を持つことがゴールではない」ことを強調し、「個性という武器を手にしたら、それをどう活かすか」を問いかけている。ももクロに関して言えば、すでにビッグネームの地位を手にした後の２０１４年の日産スタジアムライブのリハーサル中に、少し天狗になった一言をポロリと漏らしたことがあったという。

そのとき石川さんは、「あなたたち、さっきさ、『私たち、これ必要？』って言ったでしょ。その考えをしたら私、終わりだなと思った」と言ったそうだ。この姿勢を忘れない限り、石川さんと「チームももクロ」は成長し続けるだろう。本書は、目標に向かって努力を続けるあらゆるジャンルの人たちへの、優しくも厳しいエールに満ちている。

第2部　社会の科学　私たちはどこから来て、どこへ行くのか？

第4章　私たちはどこから来て、どこへ行くのか？

4.1　6万年前に人類が手に入れた驚異の能力とは？

ヒトは約6万年前にアフリカを出て世界中に広がり、その後今日に至るまで人口を増やし続けてきた。そしてこの6万年間を通じ、科学や芸術を発展させて文明を築き、産業や貿易を発展させて地球規模の市場を築き、地球環境を大きく変える力を手に入れた。たった一種でここまで地球環境を変えた生物は、生命の歴史上初めてだ。ヒトはわずか6万年の間に、どうやってこれほどの力を手に入れたのだろうか。その謎を解く手がかりが、ヒトゲノムの研究から得られてきた。本節ではその最新の成果を紹介し、ヒトという種の驚異的能力の背景について考えてみよう。

ネアンデルタール人との出会い

「ヒト（ホモ・サピエンス）」はアフリカで進化し、約6万年前にアフリカを出て地球全体にひろがったのだが、実はヒトより先にアフリカを出てユーラシア大陸にひろがったホモ属の化石人類が少なくとも2種いたことが分かっている。その一方は、西アジアからヨーロッパにかけて広がった「ネアンデルタール人」であり、１８５６年に男性の骨格がドイツのネアンデル渓谷で発見されて以後、ヨーロッパ各地や西アジアから多くの骨格化石が発掘されてきた。[(1)]

そのネアンデルタール人は、約４万年前に絶滅した。約４万５０００年前に起きたヨーロッパへのヒトの分布拡大がネアンデルタール人を絶滅に追い込んだ可能性が高いが、両者の分布が接触したときにいったい何が起きたのか、よく分かっていなかった。ネアンデルタール人の骨格化石には、ネアンデルタール人のＤＮＡが残っている。そのＤＮＡ配列を決定できれば、ネアンデルタール人とヒトとの違いが明らかになり、ネアンデルタール人がなぜ絶滅したか、ヒトはなぜ急速に地球全体に広がったか、などの疑問に答えることができるかもしれない。こう考えて、ネアンデルタール人のＤＮＡ配列決定という困難な課題に挑んだのが、マックス・プランク進化人類学研究所のスヴァンテ・ペーボ博士だ。

ネアンデルタール人の骨から得られるＤＮＡ分子は、細かく断片化しているので、その配列決定は困難をきわめた。しかしペーボ博士は技術的改良を重ね、２０１０年についにネアンデルタール人の全ゲノム配列（遺伝情報が書きこまれたＤＮＡ分子の全配列）を「サイエンス」誌の論文[(2)]で公表した。その配列を世界各地のヒトのゲノム配列と比べた結果、ヨーロッパの現代人集団では、ゲノムの1～4％の配列がネアンデルタール人に由来することが分かった。一方、アフリカのヒトのゲノム中にはネアンデルタール人に由来する配列は見つからなかった。つまり、ヨーロッパに進出したヒトは、ネアンデルタール人と交雑し、その遺伝子の一部を取り込んでいたのだ。

デニソワ人とも交雑していた

この、ネアンデルタール人ゲノムプロジェクトが進行しているさなかのことだ。西シベリアのデニソワ洞窟で２００８年に発見された子どもの指骨のサンプルがペーボ博士のもとに届けられた。この骨から一部のＤＮＡ配列を決定したペーボ博士は驚愕した。その配列は、ネアンデルタール人ともヒトとも異なるものだったのだ。

「デニソワ人」と名付けられたこの化石人類のゲノム配列もまた２０１０年に決定され、世界各地のヒトのゲノム配列と比較された。[3] その結果、メラネシア（ニューギニアとその東側の島嶼）の先住民集団のゲノム中には、デニソワ人由来の配列が4〜6％存在することが明らかになった。ヒトはデニソワ人とも交雑していたのである。つまり、ヒトはネアンデルタール人・デニソワ人それぞれの遺伝子をとりこんだ「雑種」ということになる。

ここまでの研究史は、ペーボ博士による著作『ネアンデルタール人は私たちと交配した』[4] にいきいきと描かれているので、興味をもたれた方はぜひ一読されたい。この著作が出版されたあとも、研究は着実に進展している。

新たに明かされた交雑の経緯

２０１６年3月17日には、デニソワ人・ネアンデルタール人とヒト交雑の歴史をゲノム情報の詳細な統計学的解析によって解明した論文が、「サイエンス」誌に掲載された。[5] ワシントン大学のヴァーノット博士らが発表したこの論文によれば、ヒトはネアンデルタール人と少なくとも3回、デニソワ人と

１回交雑し、これらの化石人類から遺伝子を取り込んで、新しい環境に適応した。

ヒトとネアンデルタール人との最初の交雑の痕跡は、ヨーロッパ・東アジア・メラネシアの人類集団に共通しているので、ヒトの祖先が約６万年前にアフリカから西アジアに進出したときに起きたと考えられる。ヨーロッパと東アジアの人類集団のゲノムには、ネアンデルタール人との２回目の交雑を示す痕跡があるが、この痕跡はメラネシアの先住民ゲノムにはない。したがって、おそらくメラネシアの先住民の祖先は２回目の交雑が起きる前に西アジアを離れ、メラネシアにたどりつく過程で、デニソワ人との交雑を経験したに違いない。西アジアから東に向かったメラネシアの先住民の祖先は、おそらく船を使って沿岸部を移動したものと思われる。[6] なぜなら、考古学の証拠によれば、ヒトの祖先集団がオーストラリアに侵入し、大型の有袋類（カンガルーの仲間）の種を次々に滅ぼしたのは、約４万６０００年前である。[7] つまり、西アジアからオーストラリアへのヒト集団の移住は、わずか１万４０００年の間に起きたのだ。この素早い移動を可能にしたのは、船を使う技術だろう。

一方、東アジアの人類集団には、上記の２回とは別の（３回目の）ネアンデルタール人との交雑の痕跡がある。[5] メラネシアに向かった集団とは別の集団が、少し遅れて東アジアに広がる過程で、この３回目の交雑が起きたのだろう。日本人を含む東アジアの人類集団は、ネアンデルタール人と過去に少なくとも３回の交雑を経験した雑種の子孫なのである。

交雑により環境適応力が向上

このような種間交雑は、植物では古くから知られている。私は植物の研究からスタートしたので、違った地域に隔離されて進化した種が出会えば、交雑するのは当たり前であることをよく知っていた。しかし、私が学生だった40年前には、動物の種は生殖的に隔離されているもの（互いに交雑しないもの）という考えが支配的だった。この固定観念は、「種」という概念に不変性や純血性を求める人間の心理的傾向と結びついていた(8)。

同じ祖先から分かれた二つの集団が地理的に隔離されて違った環境で暮らせば、自然選択によってそれぞれの環境への適応が生じ、やがて違った性質が進化する。このようにして異なる進化の道筋を歩んだ集団が、2次的に接触することは、生物進化の過程ではしばしば起きる。このような接触が起きたとき、二つの集団の間にはしばしば交雑が起き、遺伝子が入り混じる。今日では、このような交雑によって、適応進化が加速されることが分かっている。1.1で紹介したように、有性生殖による遺伝子の組換えは、莫大な数の組み合わせを作り出し、この「組み合わせ」の多様性が適応進化を加速するのだ。

新しい環境に進出し、そこへの適応を迫られた種にとっては、すでにその環境に適応した別の種と交雑して、その種から適応的な遺伝子を取り込むことが、効率の良い進化の手段なのである。実際に、ネアンデルタール人からヒトの集団に取り込まれた遺伝子には、皮膚や免疫系の遺伝子など、環境適応に貢献したと考えられるものが見つかっている。

ネアンデルタール人はヒトよりも言語能力が劣っていた？

しかし一方で、交雑で受け取る遺伝子の中には、より劣ったもの（適応度が低いもの）もしばしばある。このような遺伝子は、交雑のあとで、自然選択によって次第に集団から取り除かれていく。ネアンデルタール人との交雑の痕跡が、現代人集団のゲノム配列のわずか1～4％にしか見られないという事実は、ネアンデルタール人から受け取った遺伝子の大半が自然選択によって取り除かれたことを示唆している。ヴァーノット博士らは、ネアンデルタール人やデニソワ人とヒトのゲノムの配列を比較することで、交雑後にヒトの遺伝子が強く選び出された領域（ネアンデルタール人やデニソワ人の遺伝子が取り除かれた領域）を特定する方法を開発した。そしてこの方法を用いて、ヒトの第７染色体の一部に、ネアンデルタール人やデニソワ人との交雑の痕跡が完全に消えている領域があることを発見した[5]。複数回の交雑の痕跡が同じ領域で完全に消えていることから、この領域では自然選択によってヒトの遺伝子だけが選び出されたと考えられる。そしてこの領域には、とても興味深い遺伝子の配列が含まれていた。言語遺伝子といわれる「*FOXP2*」や、自閉症に関係する遺伝子がある領域だったのだ。

*FOXP2*は、言語障害のある家系の研究から発見された遺伝子であり、*FOXP2*の変異が家族性（遺伝性）言語障害を引き起こすことがわかっている。また、チンパンジーとヒトの*FOXP2*遺伝子の間には2個の重要な配列差があり、ヒトの*FOXP2*遺伝子をマウスに導入するとマウスの学習能力が向上する[9]。これらの証拠から、*FOXP2*はヒトにおける言語能力の進化に関係していると考えられている。

ただし、ネアンデルタール人とヒトの*FOXP2*の配列は一致しているので、ネアンデルタール人との交雑の痕跡が完全に消しさられた原因は、*FOXP2*自体ではない。[9] おそらく、この*FOXP2*遺伝子の周辺に、*FOXP2*の調節に関連した別の遺伝子があり、そこが自然選択を受けた可能性が高い。

まだ結論を出せる段階ではないのだが、ヴァーノット博士らの研究は、ネアンデルタール人とヒトの間に、言語や社会性の発達に関わる重要な遺伝的違いがあった可能性を強く示唆している。

6万年前の大移動を前にヒトに起きた変革

ネアンデルタール人は、ヒトと同じ配列の*FOXP2*を持っており、喉の構造も似ているので、ある程度の言語能力を持っていた可能性がある。しかし、ネアンデルタール人が暮らしていた洞窟には、ヨーロッパに進出したヒト（クロマニオン人）が描いたような壁画や、副葬品とともに死者を埋葬した確実な証拠は見つかっていない。[10] これらの違いは、ネアンデルタール人とヒトの間の言語能力の差に関係していると考えられる。[11]
ＤＮＡ配列の証拠から、ヒトがアフリカを出てヨーロッパやアジアへの移住を開始したのは約６万年前だと考えられるが、考古学的な遺跡の証拠によれば、約10万年前にもレヴァント地方（現在のレバノン付近）に進出し、ネアンデルタール人と一緒に暮らしていた。しかしこの遺跡では、約７万５０００年前にヒトは消失し、再びネアンデルタール人だけの時代が続いた。[12] つまり、最初にアフリカを出てレバノンに到達したヒトは、ネアンデルタール人との競争に敗れた可能性が高い。その後、約６万年前にヒトの大移住が開始された。10万年前のレバノン進出から約４万年のこの間に、ヒトに何らかのイノベーションが起きた。船を製造する技術や、壁画を描く能力や、死者を埋葬する心性をヒトは発達させたのだ。これらの変化を支えたのは、言語能力の高度化だと考えられる。[11]

言語を使いこなす優位性

言語を使うことには、数々の効用がある。[11][13] 第一に、言語は複雑な推論を可能にする。言語によるコミュニケーションを通じて、人は相手が何を考えているかを推論し、その推論にもとづいて相手の意思や感情に働きかけることができる。推論を可能にする思考能力自体は言語以前に進化したと考えられているが、言語の使用によって相手の言葉の裏を考えるような複雑な思考が可能になった。

第二に、言語は概念を豊かにする。人間は言語を使わなくても事物や現象を概念化できるが、たとえば色をあらわす多くの言葉を使うことで、世界をより豊かに認識できる。また、木・草・獣・鳥などの分類的概念を使うことで、多様な対象をより少数の要素に要約し、世界をよりシンプルに理解できる。この概念化は、数による定量化の前提である。数は、対象の具体性を捨象し、数的側面のみを概念化したものであり、この概念化によって人は、事物を数えることができる。対象が石であろうが魚であろうが「いち、に、さん」という単語で数えることができるのだ。言語を使わない思考では、人間は「いち、に、たくさん」という概念しか使わないことが分かっている。「さん」以上の数量的な言語を持つことではじめて、より多くの量の間の関係を理解し、事物を測量することが可能になった。船を製造するにはある程度の測量が必要なので、約６万年前のヒトには数に関するかなり高度な語彙がそなわっていたはずだ。死者を副葬品とともに埋葬する習慣もまた、「死」という概念や、死者の世界への推論があったことを物語っている。

第三に、言語は知識を蓄積し、伝達することを可能にする。言語はまた、集団が共有するルールを決めることを可能にする。そして、集団内での高度な分業にもとづく協力行動を可能にする。このような言語を基礎にした集団の協力行動において、おそらくヒトはネアンデルタール人との競争において、大きな優位性を獲得したに違いない。この優位性は、これからのゲノム研究でさらに検証されていくことだろう。

ヒトは言語を獲得したことで推論能力を高め、科学・技術を発展させ、ついに自分たちの進化の歴史を理解しはじめた。そして、私たちにヒトの活動が地球環境に大きな影響を与えていることも理解するに至った。言語を使うことで、私たちは人類社会の未来についても、さまざまな可能性を考えることができる。これらの可能性の中から、より良い選択肢を選び出す作業においても、言語は欠かせない。私たちは言語を日常的に何気なく使っているが、この言語を使いこなす能力は、実は驚異的な能力なのだ。ゲノム科学はこの驚異的な能力の背景をまだほとんど解明できていないが、*FOXP2*を含む領域の研究から、近い将来に大きな発見が生まれる可能性がある。

ネアンデルタール人やデニソワ人と交雑しても、この領域だけはまったく変化しなかったことから、この領域にはヒトがヒトたる理由を説明する大きな秘密が隠されているようだ。その秘密が解かれる日が待ち遠しい。

さらに学びたい人のために

ヒトの進化についてさらに学ぶうえでは、まず『人類進化の700万年(1)』を読むのが良いだろう。読売新聞記者による著作であり、２００５年までの研究の成果が多くの図や写真を用いてわかりやすく解説されている。別冊日経サイエンス『化石とゲノムで探る人類の起源と拡散(14)』には、２００６年から２０１３年にかけて日経サイエンスに掲載された20編の記事（うち19編は「Scientific American」誌に掲載された記事の翻訳）が収録されており、２００６年以後の研究の進展を学ぶことができる。たくさんのカラー写真や図が視覚的な理解を助けてくれる。

言語の起源について書かれた本の中では、スティーブン・ミズン著『歌うネアンデルタール(11)』が格段に面白い。著者は、単語と文法にもとづく言語の前段階として、より音楽的な言語である「Hmmmmm」(Holistic、manipulative、multi-modal、musical and mimetic: 全体的、操作的、多様式、音楽的、模倣的言語——「ふむふむ」を意味する英語とかけたネーミング）をネアンデルタール人が獲得していたというユニークな仮説を提唱している。そして、直立二足歩行の進化にともなってリズムをとるための認知的能力が獲得されたことで、「Hmmmmm」が発達したと考えている。人類学や考古学の成果を駆使した緻密な考察と、音楽やリズムの役割についての大胆な推論を組み合わせ、人類史についての魅力的なビジョンを提示している。また、子守歌の起源や、集団による音楽活動の意義など、興味深い話題が満載だ。人類史について学ぶうえでは、必読の一冊である。言語についてさらに理解を深めるには、スティーブン・ピンカー著『言語を生みだす本能(13)』と『思考する言語(15)』を読もう。スティーブン・ピンカーは、チョムスキーの言語理論も含め、過去の言語研究を批判的に継承しながら、進化心理学的な視点をとりいれて言語研究に取り組んできた。さらに『心の仕組み(16)』を読めば、思考や心と言語の関係をより深く理解できる。

4.2 過去6万年の間、人類の進化は加速した

6万年前にアフリカを出て世界各地への移住を開始したヒトは、1〜2万年の間にアメリカ大陸を除く世界に広がった。そして氷河が溶け始めてアラスカ以南への移住経路が開けた約1万5000年前には、アメリカ大陸各地への移住を始め、約1万年前には南米の先端まで到達した。[(1)] その後、今日に至るまで、ヒトはその数を増やし続けている。そしてこの人口増加は、ヒトの新たな進化の駆動力となった。今も私たちは、進化し続けている。

驚くべき発見が相次ぎ報告される

私たちはどこから来て、どこへ行くのか？　この問いは、私たちヒトが言語を使った思考能力を身につけて以来、抱き続けてきた疑問に違いない。私たちヒトは世界のさまざまな事物に興味を持ち、疑問を抱き、その疑問に答えるために世界を調べる努力を続けてきた種である。その疑問の矛先は、私たち自身にも向けられてきた。そして私たちは、この大きな問いへの答えを、ついに手にしようとしているのかもしれない。

ヒトは約6万年前にアフリカを出てネアンデルタール人を滅ぼし、世界各地に広がった。この時点で、ヒト（ホモ・サピエンス）とネアンデルタール人（ホモ・ネアンデルターレンシス）の間には、

技術力に大きな差が生じていた。ヒトは貝殻などを加工し、釣り針などを製作する技術を発達させたが、ネアンデルタール人はこのような技術を持たなかった。ヨーロッパに進出したヒト（クロマニオン人）の遺跡からは、これらの加工品が見つかる。埋葬跡からも副葬品が見つかるので、死者を埋葬したことがわかる。(2)

ネアンデルタール人については、死者を埋葬したのではないかと主張する論文が古くから発表されてきたが、そのたびに反論が出された。最近では２０１３年に「ＰＮＡＳ（米国アカデミー紀要）」に埋葬説の論文が出たが、２０１５年に丁寧な反証論文が出され、いまだに埋葬の決定的な証拠は得られていない。(3)なお、ネアンデルタール人が死者を埋めたことはほぼ確実だ。しかしそれは、衛生的理由からかもしれない。副葬品の証拠がないと、死者を弔う精神性が発達していたかどうか確認できないのだ。約6万年前にヒトは何らかのイノベーションを達成することによって、生活の技術を高度化し、死者を弔うような精神性を発達させた。そのイノベーションとは「言語による高度なコミュニケーション」だった可能性が高まっている。(4)アフリカからヨーロッパに進出したヒトはネアンデルタール人と交雑したが、言語に関する遺伝子領域については、ネアンデルタール人から受け取った遺伝子が自然選択によって完全に取り除かれているのだ（4.1）。

ネアンデルタール人のＹ染色体は排除された？

２０１６年4月7日には、ネアンデルタール人のＹ染色体（男性だけが持つ染色体）の遺伝子解析の結果が報告された。(5)その結果、ネアンデルタール人のＹ染色体には、免疫系の三つの遺伝子にヒトとは異なる変異があることが分かった。そのため、ネアンデルタール人の男の胎児は母親の免疫系によって異物として排除されてしまうことが予想された。実際に、ヒトとネアンデルタール人の交雑の結果、ヒトの核ゲノムにはネアンデルタール人の核ゲノムの1〜3％が伝わっているにもかかわらず、ネアンデルタール人のY染色体の遺伝子はいっさいヒトに伝わっていなかった。

これらの結果から、ヒトの女性とネアンデルタール人の男性の受精による男性の胎児は、うまく育たなかったと考えられる。つまり、ヒトがネアンデルタール人の遺伝子を受け取ることができたのは、女性の胎児を通じてのみだったようだ。

ヒトはホビットも滅ぼした？

もう一つの発見は、「フロレス人（ホモ・フロレシエンシス）」と呼ばれるホモ属・第四の種についてのものだ。ヒトがアフリカを出て世界各地に広がった時代に、ネアンデルタール人、デニソワ人以外に、ホモ属には少なくともあと一種がいたのである。

２００１年にインドネシアのフロレス島で発見されたフロレス人の化石は、人類進化の研究分野で大きな話題となった。それはとても小型の人類であり、当初は奇形ではないかという説も出たが、その後の調査で小型の人類がいたことが確かになり、その体型から「ホビット」という愛称がつけられた。

このフロレス人は、１万３０００年頃まで生存していたと報告されたため、ヒト（ホモ・サピエンス）が約5万年前にインドネシアに到達したあとも、長く生きのびたと解釈され、ヒトとどうやって共存できたのか謎だった。しかし、最新の技術で年代測定が行われた結果、フロレス人が生存したのは約５万年前までであることが確認された。[6] この年代は、ヒトの渡来時期と符合する。つまり、フロレス人は、ヒトの移住とともに滅んだ可能性が高まった。後述のとおり、ヒトは効率の良い狩猟技術によって、多くの大型ほ乳類を滅ぼした。このようなヒトによる狩猟は、競合種であるネアンデルタール人やフロレス人の食糧を減らし、その存続を困難にしたものと思われる。

マンモスを滅ぼした人類が手にした新技術

ヒトの渡来とともに滅んだのは、ネアンデルタール人やフロレス人だけではない。マンモスをはじめとする多くの大型ほ乳類が、ヒトの渡来後に地球上から姿を消した。北米では、マンモスをはじめとする33種の大型ほ乳類が滅んだ。南米では、巨大アルマジロをはじめとする66種の大型ほ乳類が滅んだ。アメリカ大陸では、ヒトの移住時期と気候変動が重なっているので、両方の効果で絶滅が起きたと考えられている。一方、オーストラリアでは、ヒトの渡来後に、サイ並みの大きさがあるディプロトドンなど大型の有袋類（カンガルーの仲間）が21種滅んだ。[7] この大絶滅が起きた約４万６０００年前までのオーストラリアは気候も安定した時期だったので、ヒトの渡来以外に絶滅を促す要因は考えにくい。

大型ほ乳類を滅ぼしたヒトは、より小型の動物や植物を利用して暮らす技術を発展させた。特に、ドングリなどの堅果や豆類を貯蔵する技術は、冬の食糧確保につながり、さらなる人口増加をもたらした。日本でも、縄文時代の人口は、ドングリの豊作年に増加したことがわかっている。[8] ドングリなどの堅果や豆類の貯蔵技術とともに、これらを調理したりするための土器製作の技術も発展した。しかし、果実を食糧として利用する生活は、ドングリの豊凶といった資源の年変動に左右された。また、イネやコムギのような穀物の原種からの種子採集は、野生の資源を減少させたはずだ。このような問題を解決する技術として、種子を播いて植物を育てる技術、すなわち農業が発展した。

上海市に近い海辺の地、跨湖橋《クアフーギャオ》での遺跡の調査から、稲作による農業の始まりを詳細に裏付けるすばらしい証拠が得られている。[(9)] この場所は8700年前に陸地化し、7500年前に再び海に沈んだ。しかし、再び海に沈むその前、7800年前にはイネの花粉が激増し、出土する種子（籾）の形が、脱粒性（熟すと穂から落ちる野生の性質）から非脱粒性（熟した籾が果実についたまま残る性質）に変化している。これは、ヒトが非脱粒性の品種を選抜し、栽培を始めた動かぬ証拠である。そしてこの変化と平行して、カシ類（ドングリの木）の花粉が減り（森が減った証拠）、微粒炭が増えた（木を燃やした証拠）。さらにその後、土壌中に残るブタの寄生虫が増えていることから、ブタを飼育したことがわかる。また、高潮の害から水田を守るために、灌漑技術を発展させた証拠が得られている。

このような稲作と灌漑の技術を持った人たちが日本に渡来し、弥生時代が始まったことはよく知られているが、同様な移住は中国から東南アジアへも生じた。[(10)] オオムギ・コムギの栽培と、ヤギ・ヒツジの飼育による農業を発展させたメソポタミアの人たちは、一方ではヨーロッパに、他方では南アジアやアフリカに移住した。[(10)] このような農業技術を獲得した社会では、高い農業生産力によって人口が増え、中央集権的な国家が成立し、職業的軍隊によって治安が改善されるとともに、さらなる技術革新が進み、その結果人口はさらに増加した。以後、今日に至るまで地球上の人口は増え続けている。

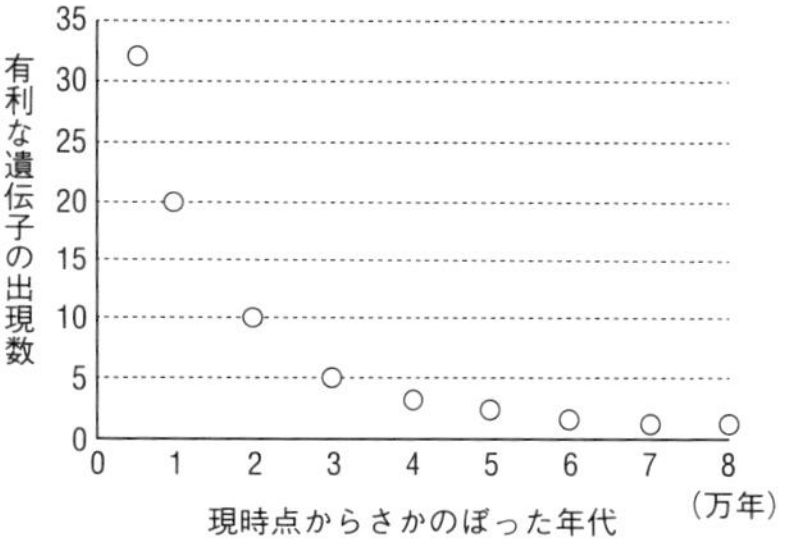

図8　過去8万年間のヒトにおける有利な遺伝子の出現数（Hawksらの論文[11]をもとに筆者作成）

人口増加と農業がもたらしたヒトの急速な進化

かつて、ヒトの性質はアフリカを出た６万年前には完成されており、それ以後はほとんど進化しなかったと考えられていた。しかしこの考えは、最近のヒトゲノム研究によって過去のものとなった。ヒトゲノムを大規模に比較する研究から、ヒトは過去６万年の間に進化を加速させ続けてきたことが明らかになったのだ。

図８は、年あたりに出現したより有利な遺伝子の数が、過去８万年間にどのように変化したかを示している。[11] 有利な遺伝子の出現数は、８万年前から６万年前までの２万年間は、毎年１個程度の出現ペースだった。しかし、６万年前から増加が始まり、５０００年前には30個を超えている。

このグラフがどのようにして作成されたかを簡単に説明しておこう。ある遺伝子に自然選択が作用したかどうかを調べるには、自然選択が作用しなかった場合の予測と比較する。この予測を可能にしたのは、故・木村資生博士が提唱した分子進化の中立理論だ。[12] この中立理論は、ある環境において有利でも不利でもないＤＮＡ分子上の変異(中立な遺伝子)が偶然によって集団全体に広がる確率を記述する数学的な理論だ。今日では、ゲノムのＤＮＡ配列の進化の多くは、この中立理論に従うことが分かっている。この性質を利用して、ＤＮＡ配列の違いから、過去の進化年代を推定することも可能になった。この方法によって、ヒトがアフリカを出たのは６万２０００〜９万５０００年前と推定されている。[13] 本書で「約６万年前」という数字を使っているのは、この推定値と考古学的な証拠の両方を考慮したものだ。このような「分子時計」と呼ばれる性質を使って、現在のヒト集団中にみられる遺伝子の変異（たとえば血液型のＡＢＯの違い）がいつ頃（たとえば何万年前に）生じたかを推定することができる。

また、中立理論を使うと、偶然による進化の予測から統計学的に有意に異なる状態を決定することができる。この統計学的方法によって、現在のヒト集団中にみられる遺伝子の変異の中から、偶然による進化では説明できないものを選び出すことができる。これらの遺伝子では、自然選択によって有利なタイプが次第に増えてきたと考えられる。

この二つの方法を組み合わせることで、自然選択によって有利なタイプが次第に増えてきた遺伝子において、有利なタイプと不利なタイプ（対立遺伝子と呼ばれる一組のＤＮＡ配列）の祖先をさかのぼり、共通祖先に行きつく時間（年齢）を推定することができる。ホークス博士らは上記の方法によってヨーロッパの人類集団から選び出された２８０３個の遺伝子について、対立遺伝子の年齢を推定し、推定年ごとにその数をプロットした。図８は、そこから５０００年前、１万年前などの値を抜粋したグラフである。ホークス博士らは、アフリカの人類集団から選び出された３４６８個の遺伝子についても同様に解析を行い、同じ傾向を見出した。また、データは示されていないが、漢族中国人や日本人で調べても、同じ結果が得られたという。すなわち、人類集団は世界各地で並行して、約６万年前から今日まで適応進化を加速させてきたのである。

進化を加速させた二つの要因

この進化の加速をもたらした要因は、二つある。一つは人口増加だ。人口が増えるほど、有利な変異がたまたま出現する可能性が増える。ＤＮＡ配列上に起きる変異のうち、大部分は生物の生存や繁殖に悪影響をもたらす有害な変異であることがわかっている。有害でない変異のほとんどは、故・木村博士が提唱した中立な変異だ。つまり、残るごくわずかの変異が、生物の生存や繁殖に良い影響をもたらす有利な変異である。そのような変異が現れる確率はきわめて小さい。しかし、人口が増えれば、そのような変異が出現する期待値も高まるのだ。

もう一つの要因は、農業の開始や社会の複雑化に象徴される環境の変化だ。農業の開始は食生活を変え、たとえばヨーロッパの人たちではラクトース（乳糖）分解酵素の適応進化が起きた。[14] また、天然痘などの家畜由来の病気が増えたために、[15] 免疫系の遺伝子に適応進化が起きた。社会の複雑化に対する適応進化についてはまだよくわかっていない。その理由は、知性や創造性、実行力、協調性、積極性、神経質などの人間の性質を決めている遺伝子は多数あり、一つひとつの効果は非常に小さいからである。これらすべての性質について、約50％の遺伝率（変異の中で遺伝的影響が占める割合）があることがわかっている。[16][17] しかし、その遺伝的影響を特定の遺伝子に分解して調べることは容易ではないのだ。しかし、研究は日進月歩であり、あと10年後には、私たちの社会的能力の進化についてもっと確かな理解が得られているだろう。

人類史の転換点に差し掛かっている

さて、過去6万年間人口を増やし続け、地球環境を変え続け、一方で環境に適応して急速な進化を遂げてきた人類に、大きな転換点が訪れている。

2050年には、アフリカと西アジアを除くほとんどの国で、人口が減り始める見込みだ（4.4）。言うまでもなく、日本はその先陣を切っている。人口増加に歯止めをかけたのは、出生率の低下だ。どの国でも、経済が発展し、健康状態が改善されるにつれて、女性は子どもの数を減らし続けてきた。乳児死亡率の減少や、女性の社会進出などその理由はさまざまだが、現在は人口増加が著しいアジア諸国でも、母親一人あたりの子供の数は二人に近付いており、近い将来に二人を下回る。つまり、人口が減り始めるのだ。人口は進化の駆動力であるだけでなく、科学や芸術におけるイノベーションの駆動力であり、経済発展の駆動力でもあった。その人口が減り始める状況において、未来の社会をどうデザインすれば良いのか？　人類はかつてない問いに直面している。

さらに学びたい人のために

過去6万年間、人類が適応進化し続けてきたという事実について、日本語で解説した本は残念ながらない。本文中に述べたようにこの適応進化は不完全であり、私たちは多くの不適応な遺伝子を持っている。『進化から見た病気[18]』には、このような不適応な遺伝子（かつては適応的だった遺伝子）によって生じる病気（生活習慣病はその典型）の進化的背景が解説されている。また、『欧米人とはこんなに違った日本人の「体質」』[19]には、がんや生活習慣病に関係する遺伝子において、欧米人と日本人（を含む東アジア人）の間に違いがあること、日本人の中でも個人差があることなどが、数多くの実例をあげて紹介されている。

過去６万年間、人類が環境をいかに変えたかについては、『環境史とは何か』[20]第４章にある私の解説「人類５万年の環境利用史と自然共生社会への教訓」を参照されたい。私たちの知性や性格因子に見られる遺伝的多様性については、『遺伝子の不都合な真実』[16]がわかりやすい解説書である。

本書を書き上げたあとで、五つの性格因子（ビッグファイブ）のうち外向性と神経質に関与している遺伝子が特定された。この発見に興味がある方は、ロー博士らの論文[21]を参照されたい。

4.3 ヨーロッパの人たちはなぜ近代化の先駆者になれたのか？

約6万年前にアフリカを出たヒトは、ネアンデルタール人やデニソワ人と交雑しながら進化を続け、農業を開始し、産業を発展させ、近代社会を築いた。ここで大きな疑問が生じる。世界に先駆けて産業革命を成し遂げ、近代化したヨーロッパの人たちは、文明を発展させる能力において、他の地域の人たちよりも優れていたのではないか？　この疑問への答えは「ほぼノー」だ。しかし、「ほぼ」の内容をよく理解することが重要だ。この理解こそが、私たちの未来を考える鍵を握っている。

産業革命が「ヨーロッパで」起きた究極の理由

「世界に先駆けて近代化したヨーロッパ人は他の地域の人より優れているのか？」

このデリケートな問題に正面から挑み、進化学や生態学の考え方を取り入れて人類史を考えた本が、ジャレド・ダイアモンド著『銃・病原菌・鉄』(1)だ。１９９７年の出版後、世界中で大きな注目を集めた名著であり、いまなおその内容は古びていない。スティーブン・ピンカー著『暴力の人類史』(2)、ダニエル・カーネマン『ファスト&スロー』(3)と並ぶ、人間を理解するための三大名著だと私は考えている。

ジャレド・ダイアモンドは分子生物学の研究者であると同時に、ニューギニアの鳥類を研究する生態学者でもある。彼はニューギニアで知り合った部族のリーダーであるヤリという名の人物から次のような疑問を投げかけられた。

「あなたがた白人はたくさんのものをニューギニアに持ち込んだが、私たちニューギニア人には自分たちのものと言えるものがほとんどない。それはなぜだろうか？」

この「なぜ？」という問い方は、進化生態学において大きな成功を収めたアプローチだ。生物が示す現象には、直接的な要因だけでなく、その性質を進化させた究極的な要因がある。たとえば私たちは病原体に感染されると発熱する。この発熱の直接的な原因は炎症反応だ。しかし、そもそもなぜ炎症反応が起きるのか？　それは、私たちが進化の過程で免疫系を獲得し、病原体が感染したときには体温を上げて免疫反応を活性化する仕組みを持っているからだ。したがって、発熱したからといって解熱剤で熱を下げることは、必ずしも適切な治療法ではない(4)。

ヤリがダイアモンドに問いかけたように、「ユーラシア大陸系民族と、そのアメリカ大陸への移民を祖先とする民族」が、世界の富と権力を支配しているという現実がある（「白人」「黒人」のような人種分類は生物学的には根拠がないことが立証されているので、ダイアモンドは「白人」という表現を避けている）。

人類の地域差はなぜ生まれたのか

このような人類社会の地域差はなぜ生まれたのか。この地域差の直接的な要因は、西暦１５００年時点における技術や政治構造の各大陸間の格差だ。ダイアモンドはこの格差の象徴として、ピサロが率いた約２００人のスペインの部隊が、約２万人のインカ帝国軍に勝利を収めたエピソードを紹介している。インカ帝国軍は下級兵が上級兵をみこしでかつぎ、棍棒や石器で戦った。一方のピサロの部隊は、馬にまたがり、鋼鉄製の刀剣で戦った。スペインの部隊の勝利には、この技術力の差に加え、二つの大きな要因が関わっていた。

第一に、インカ帝国は文字を持たなかった。一方、ヨーロッパでは古くから文字が使われ、文字情報が記された紙（つまり書物）から多くの物事を学ぶことができた。このため、ピサロの部隊は事前にインカ帝国軍の戦い方を知っていた。コロンブスによるアメリカ大陸発見以後、多くのスペイン人がアメリカ大陸に渡り、そこで見聞きした事実を文字に記し、ヨーロッパに紹介していたのだ。この情報にもとづいて、ピサロは約200人の部隊でインカ帝国軍に勝利する作戦をたてることができた。

第二の要因は、ダイアモンドの本のタイトルにもある「病原菌」だ。スペイン人はアメリカ大陸にさまざまな病原菌を持ち込んだ。このためインカ帝国では疫病が流行し、皇帝と皇太子が次々に他界し、内戦が起きた。人口も減少し、スペイン軍と戦う前にすでに国力が低下していた。最後の皇帝アタワルパは、30歳の若さで皇帝の座につき、わずか1年でピサロに敗れ処刑された。

これも農業の「副産物」だった

ダイアモンドはこれらの直接的な答えに加え、進化学的アプローチを念頭に置いて、より究極的な問いをたてた。

「なぜ人類社会の歴史は、それぞれの大陸によって異なる経路をたどって発展したのだろうか？」

ヨーロッパの人たちが世界に先駆けて産業革命を起こし、近代化した、そのルーツをたどると、メソポタミアで約1万1000年前に開始された農業に行きつく。[5] メソポタミアにおけるオオムギの栽培化は、中国におけるイネの栽培化（約9000年前）に先立つ。このわずかな差に加え、メソポタミアにはウシ、ヤギ、ヒツジの原種が棲息しており、メソポタミアの人たちはこれらを家畜化することができた。[6] ウシは動力源となりさまざまな工事を可能にしたし、ヤギやヒツジはタンパク質に富む食糧の安定供給を可能にした。この地理的条件の優位さが、メソポタミアにおける世界で最古の農業文明の発展を可能にした主要因だ。

これが上記の「究極的な要因」に関するダイアモンドの答えだ。ヨーロッパの人たちは決して遺伝的に優れていたのではなく、メソポタミアにおける自然の恵みのおかげで、世界で初めての農業（しかも牧畜をともなう農業）を発展させることができた。そして農業が人口増加を可能にし、階層的な社会を生み出し、治安を安定させ、科学技術や芸術を発展させる礎を築いた。[1][2] そして、その副産物が病原菌だ。ヒトに感染する多くの病原菌は、家畜由来である。[7] このため、家畜をほとんど持たなかったインカ帝国の人たちは、ヨーロッパから持ち込まれた病原菌に対する抵抗力が弱かったのだ。

産業革命は知的能力を進化させたのか？

ダイアモンドは人道主義者だ。彼は『銃・病原菌・鉄』を書くことで、しばしば「白人」と呼ばれる「ユーラシア大陸系民族と、そのアメリカ大陸への移民を祖先とする民族」にある、自分たちの民族への優越感と他の民族への差別意識に根拠がないことを論証したかった。彼の論証は根拠に基づく緻密なものであり、ほぼ納得がいくが、その後の研究の進歩をもとに修正を必要とする点もある。

4.2で紹介したように、ヒトは過去6万年間、進化を加速してきた。しかも、農業開始後もこの加速は続いてきた。このような加速的進化は、ヨーロッパでもアフリカでも起きた。[8] その結果、皮膚の色・体格などの身体的特徴や、気候・食事の違いに適応した生理的特徴などにおいて、ヒトには顕著な地域差が生じた。

それならば、文字を使い、文明を生み出す創造力の点でも、地域差が進化したのではないか？　もしその進化が起きたとすれば、ヨーロッパの人たちには遺伝的優位性があったのではないか？

奇跡の成長を成し遂げられた理由

ヨーロッパの人たちに進化が起きた可能性を主張したのは、計量経済史の研究者、グレゴリー・クラークだ。彼は２００７年（邦訳は２００９年）に出版された『10万年の世界経済史[9]』において、産業革命前後で、一人当たりの収入と人口の関係についての興味深い事実を指摘した。

統計資料が得られる紀元前１０００年以来、産業革命までの間、一人あたりの収入は、変動はするものの、決して増加を続けることはなかったのだ。ペストが流行して人口が減った１４５０年代には一時的に一人あたりの収入が増えた(この事実は、人口減少に直面している日本にとって示唆に富む)。しかし、再び人口が増えると、一人あたりの収入は紀元前１０００年の水準に戻ってしまった。

産業革命以前にも当然、技術革新はあった。しかし、技術革新によって生産力が高まり、社会全体の富が増えても、同時に人口も増加したために、一人あたりの収入は増えなかったのだ。ところが、産業革命がこの状況を変えた。１７９０年代に入ると、人口が増えながら、一人あたりの収入も増えるという、奇跡のような経済成長が実現した。この大転換をもたらした要因として、クラークは利子率の低下、識字率・計算能力の向上、労働時間の増加、暴力の減少を挙げている。

識字率・計算能力の向上については、遺言状の記録を使って、自分で遺言を書けた男性は死亡時の資産額が高かったという興味深いデータを紹介している。そして、１７９０年代には男性で60％。女性で30％の水準だったイングランドの識字率が、その後増加を続け、１９００年にはほぼ１００％に達したことを指摘している。多くの人が文字を読み、計算ができるようになった結果、人口が増えることがさまざまなイノベーションにつながり、社会全体の富を大きく増やす結果になったと考えられる。そしてこの識字率・計算能力の向上の背景に、「ヒトの進化」があったのではないかとクラークは主張した。

いまでは、文字を覚える能力や計算能力を含む、人間の情報処理能力に50％程度の遺伝率がある（個人差の約50％が遺伝で決まっている）ことが分かっている。したがって、もし情報処理能力が高い人ほどより多くの子孫を残すという関係があれば、私たちヒト集団では情報処理能力に関する進化が進むはずだ。ただし、この進化には時間がかかる。大陸間の格差が生じた西暦１５００年以後、今日までの約５００年間は、ヒトの平均世代時間（生まれてから子孫を作るまでの時間）を20年と仮定すれば、25世代だ。この程度の世代数で情報処理能力に関する顕著な進化が起きるとは考えにくい。一方で、2.5で述べたように、第二次大戦後のわずか50年程度の間に、人間の知能（一般認知能力）は格段に向上したという事実がある。[10] 産業革命以来の人間の進歩に関しては、クラークのように進化を考える必要はない。人間は進化ではなく、学習によって賢くなったのである。ただし、その学習能力が過去6万年という時間を通じて進化したことは十分に考えられる。6万年は3000世代に相当する。これは進化が起きるには十分な時間だ。では、1500年の時点で、ヨーロッパの人たちと他の地域の人たちの間で、知的能力について遺伝的な違いが進化していた可能性はないだろうか。

地域差よりも大きいのは「個人差」

その可能性はゼロではないが、もし違いがあったとしても検出が難しい程度のわずかなものだ。その理由は二つある。

第一に、人間の能力は環境によって大きく変化する。人間の個人差の約50%は遺伝的に決まっているが、残る50%は環境によって決まるのだ。身長を例に考えてみよう。第二次大戦当時の日本人の平均身長は、ヨーロッパの人たちよりも顕著に低かったが、いまではその差は縮まっている。同様に、人間のさまざまな特性や能力は環境によって大きく変化するので、遺伝的違いを調べるためには、同じ環境で育った集団どうしを比較する必要がある。しかし、国や地域が違えば、人が育つ過程で触れる教育・文化などの環境は大きく異なり、その影響はとても大きい。[11] 現在見られる学力に関する地域差は、教育によって解消できるものである。

第二に、人間の能力や性格因子（知的能力に加え、実行力、協調性、積極性、慎重さなど）には大きな個人差がある。[12][13] 地域差よりも、同じ地域内での個人差のほうがずっと大きいのだ。この点も、身長を例に考えてみれば明らかだ。どの国、どの地域でも、身長が低い人も高い人もいて、その個人差は地域差よりも大きい。この個人差（つまり多様性）こそが、過去6万年の間の進化を通じて保たれてきたものであり、そして人間社会の進歩を支えてきた原動力だ。4.2で、過去６万年の間にヒトの進化が加速したことを紹介したが、ホークス博士ら(8)がヒトゲノム中から発見した約３０００個の「有利な変異」は、いまなお個人差として残っている。

つまり人間がみな特定の有利な型に固定した状態には至っていない。この事実は、「有利な変異」の有利さの程度がごくわずかであることを意味している。そしておそらく、「有利かどうか」は状況次第だろう。たとえば新しいことを追求する能力に長じていることは、それを評価する社会では有利だが、より保守的な社会では危険視されるかもしれない。

仮に１００個の遺伝子に、少しだけ有利な変異と少しだけ不利な変異が1対1であるとしよう。これらの組み合わせは、２の１００乗、つまり10の30乗という天文学的な数にのぼる。私たちは、このような天文学的な組み合わせの中から選ばれた、たった一人のユニークな存在なのだ。

いま人類が選ぶべき道は「多様性」

この莫大な多様性がどの国の人間集団にもあることを考えれば、地域や国による違いなど、とるに足りないものだ。冒頭、「世界に先駆けて産業革命を成し遂げ、近代化したヨーロッパの人たちは、文明を発展させる能力において、他の地域の人たちよりも優れていたのか？」という問いに、私は「ほぼノー」と答えた。「ほぼ」に私がこめた意味は、この点にある。産業革命以後の奇跡的な経済成長を支えたのは、このような個人差に由来するさまざまな能力・技量・アイデアが生み出した「社会的イノベーション」だ。そして多くの人がこの事実を経験的に知るようになり、社会は次第に多様性やマイノリティを尊重する方向へと動いている[2]。

私たちは人類史の転換点に生きている。過去6万年間続いてきた人口増加がやがて止まろうとしている。これまで人類は、人口の増加を駆動力に、進化を遂げ、発展を続けてきた。人口が減りゆく中でより豊かな社会を築く道は、おそらく一つしかない。多様性を尊重し、一人ひとりが持つ多様な能力を伸ばすことだ。そのためには、人間の個人差や文化の地域差に優劣をつける発想を捨て去る必要がある。私たちはみな違うからこそ、互いに補い、高めあえるのだ。

さらに学びたい人のために

まず何よりも、『銃・病原菌・鉄[1]』を読もう。また、同じ著者の『文明崩壊[14]』では、イースター島などの過去に崩壊した文明と、危機にさらされながらも存続した文明が比較され、崩壊と存続の命運を分けた要因が何かについて考察されている。『暴力の人類史[2]』は、『銃・病原菌・鉄』とは違った視点で人類史を展望した名著だ。いずれも人類社会の歴史と未来について考えるうえでの必読書だ。あわせて読んで、理解を深めたい。

『10万年の世界経済史[9]』は過去の統計資料を駆使して経済の歴史を展望した興味深い著作だ。ただし、上記のように産業革命の背景に人間の進化があるという主張は、進化生物学的にみて、ありそうにない。この点に注意しながら読まれたい。

4.4 一目瞭然！ この200年で世界はどう変わったのか

「Gapminder」で視覚化する寿命、所得、環境負荷の変化

私たちは人類の歴史の中で、とても大きな転換点にさしかかっている。気候変動やテロリズムなど、新たな社会的脅威が増大している。日本を含む先進国の多くは高齢化社会を迎え、成長は鈍化している。一方で、発展途上国の成長が世界経済を大きくけん引しているが、その先行きは不透明である。

このような転換点にあって、社会のリーダーには人類の歴史を展望し、社会の未来についての明確なビジョンを提示する、高度な能力が要求されている。言いかえれば、「私たちはどこから来て、どこへ行くのか？」という問いについての答えが求められているのだ。この問いに唯一の正解はないが、少なくとも世界の動きを数字でしっかりと捉え、事実に立脚した判断をすることが重要だ。そこで本節では、世界の動きを数字で読む方法を紹介しよう。

歴史の発展を可視化するアプリ

人類の歴史を数字にもとづいて理解するためには、歴史の発展を測る指標（ものさし）が必要である。その指標として、「寿命」「所得」「環境負荷」を考えてみよう。

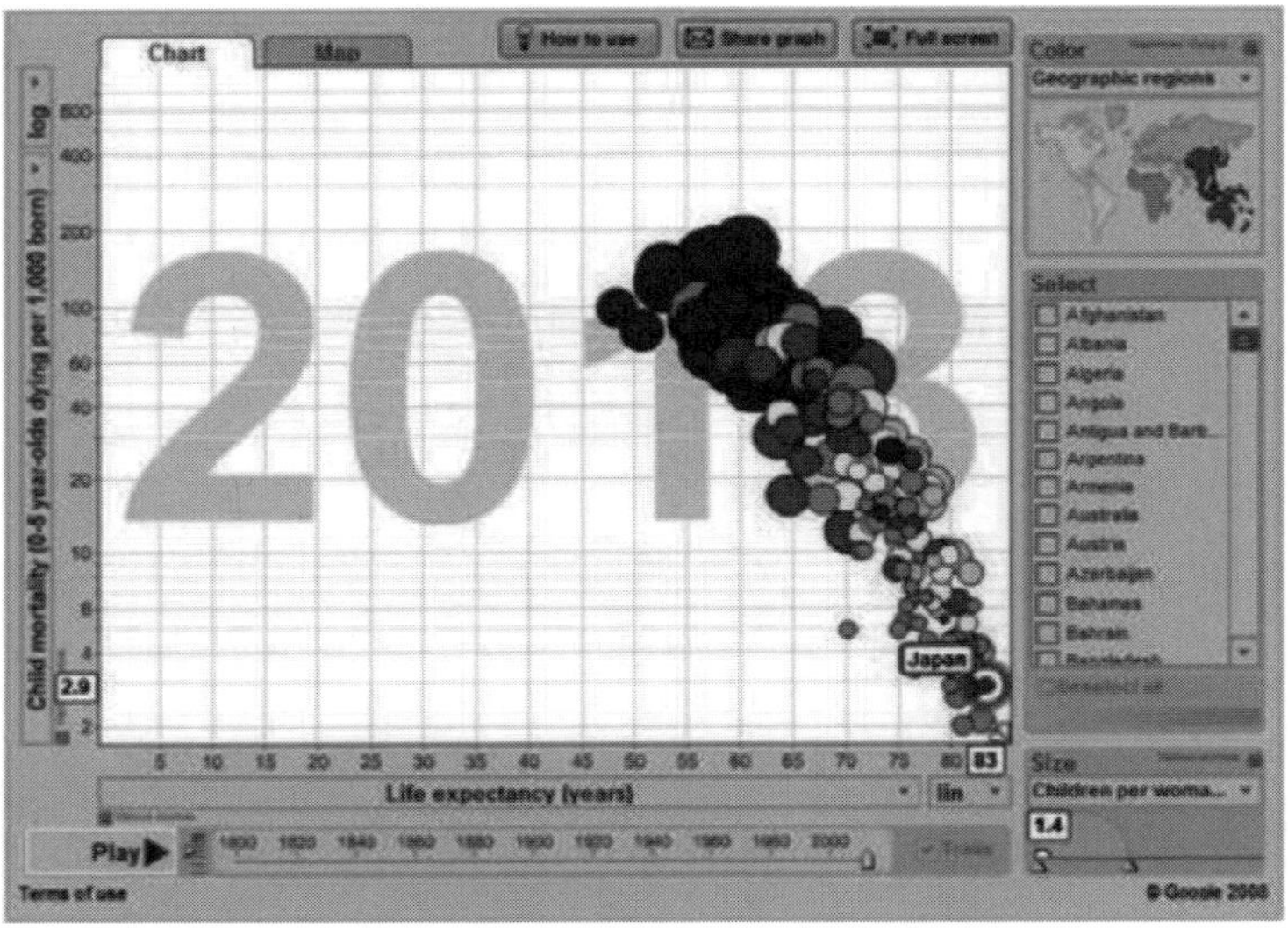

図9　2013年の「期待寿命」（横軸）と「5歳までの死亡率」（縦軸）の相関図。日本は右下にある（Gapminderの画面より。現在、Gapminderの画面はリニューアルされている）

これらの指標が人類社会の歴史を通じてどのように変化してきたかを知るには、人口学者のハンス・ロスリングが開発した「Gapminder」[(1)]がとても役立つ。このウェブ上のアプリケーションで、横軸に「期待寿命」（生まれた時点での平均余命）を、縦軸に「5歳までの死亡率」を選んでみよう。2013年時点での両者の関係をすぐにグラフに描いてくれる（図9）。次に、その画面で左下の「Play」ボタンを押してみよう。世界各国における1800年以後の二つの指標値の変化を、アニメーションで見せてくれる。

　Gapminderが描き出すグラフ上では、世界各国のデータが地域区分を表す6色の円で表現されている。日本を含む東アジア・東南アジアと太平洋諸国は赤色だ。円の大きさは、「母親一人あたりの子供の数」を表す（右下のメニューから選べば、円の大きさを人口などの他の指標に切り替えることもできる）。「母親一人あたりの子供の数」は人口学者であるハンス・ロスリングが特に注目している指標であり、この指標が2を下回れば、人口は減り始める。

期待寿命と5歳までの死亡率には明瞭な負の相関がある。右に位置する長寿国ほど、5歳までの死亡率は低い。日本を示す赤い円はグラフの右下に位置し、期待寿命は83歳、5歳までの死亡率は0・29％だ（一番右の赤い円上にカーソルを置くと「Japan」と表示され、寿命と死亡率の値が軸上に表示される）。このグラフから分かるように、日本は世界で最も安全で、最も長寿な国である。母親一人あたりの子供の数は1・4なので、円はかなり小さい。

一方で、グラフの左上側に位置している青い円はみな大きい。これらは、サハラ砂漠以南のアフリカ諸国だ。例えばカメルーンでは、期待寿命は59歳、母親一人あたりの子供の数は4・8人、5歳までの死亡率は9・5％だ。約1割の子どもが5歳までに死亡するが、それでも母親一人あたり4・3人の子どもが生き残る。このため、サハラ砂漠以南のアフリカ諸国では、死亡率が高いにもかかわらず、人口が増え続けている。かつては日本を含むすべての国が左上に位置し、期待寿命は45歳以下、5歳までの死亡率は30％以上だった（図10）。

そこから今日までの変化は劇的だ。世界各国で期待寿命が伸び、5歳までの死亡率が下がってきた。特に第2次世界大戦後は、画面の左上（寿命が短く死亡率が高い状態）に位置していた国々が右下（寿命が長く死亡率が低い状態）に向かってどんどん移動してきた。世界は確実に、より安全・安心な方向へと発展してきたのだ。ただし、サハラ砂漠以南のアフリカ諸国は、この発展において最も遅れた

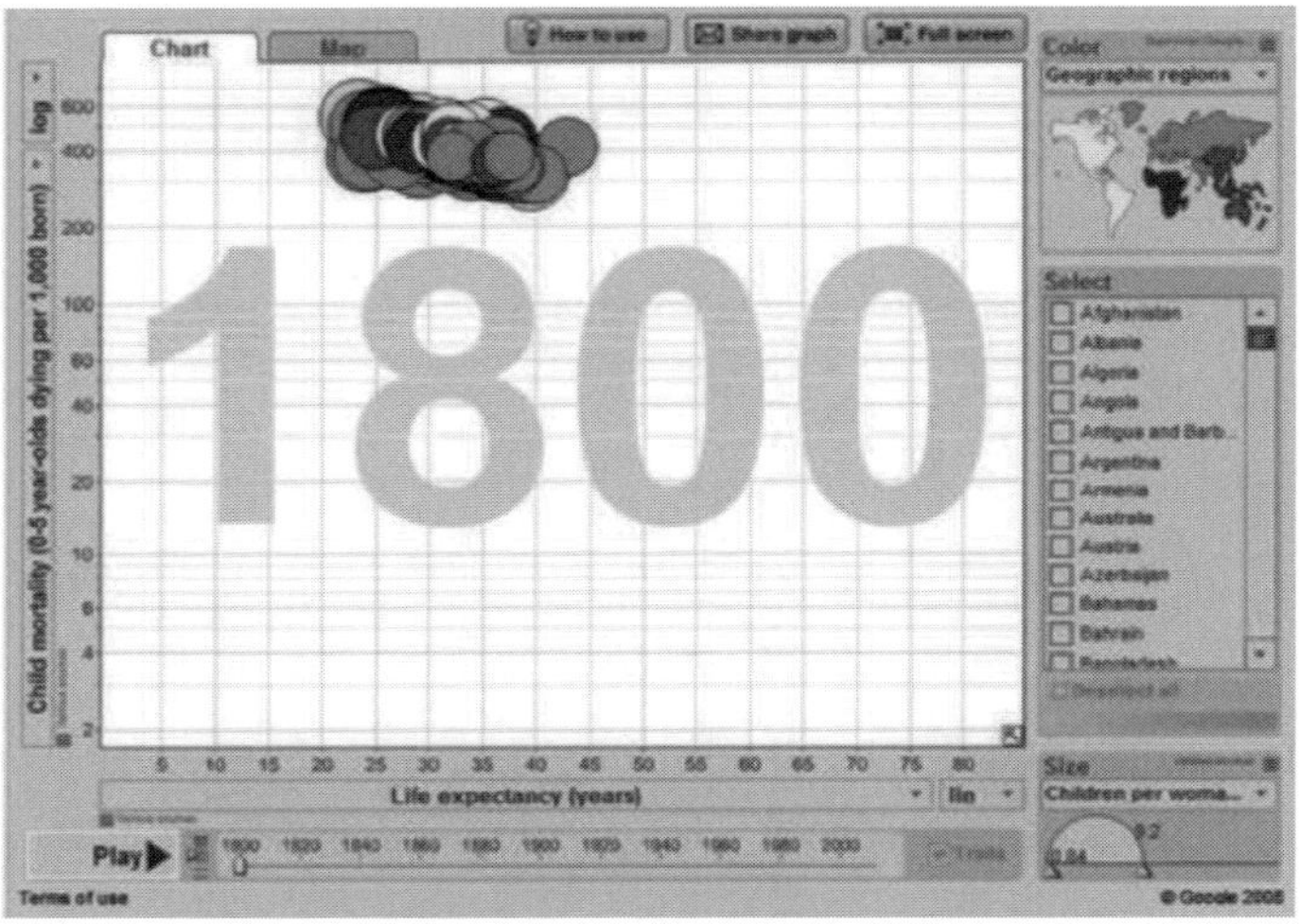

図10　1800年の「期待寿命」（横軸）と「5歳までの死亡率」（縦軸）の相関図（Gapminderの画面より）

位置にある。

　この変化をもたらした大きな要因は、「母親一人あたりの子供の数」の減少である。円の大きさに注目して、アニメーションを見ると、世界各国が左上から右下へと移動する過程で、円の大きさが次第に小さくなっていくのが分かるだろう。出産や育児は母親にとって負担が大きな行為なので、子供が生きて育つのが当たり前の社会になれば、母親は子供の数を減らすのだ。

　そして今では、サハラ砂漠以南のアフリカ諸国、およびアフガニスタンなどの中東諸国を除けば、「母親一人あたりの子供の数」は２に近いか、あるいは２を下回っている。このため、現在人口増加が著しい東南アジアやラテンアメリカ諸国でも、２０５０年ころには人口が頭打ちになるか、減り始める。２０５０年を超えて人口が増え続けるのは、サハラ砂漠以南のアフリカ諸国である。

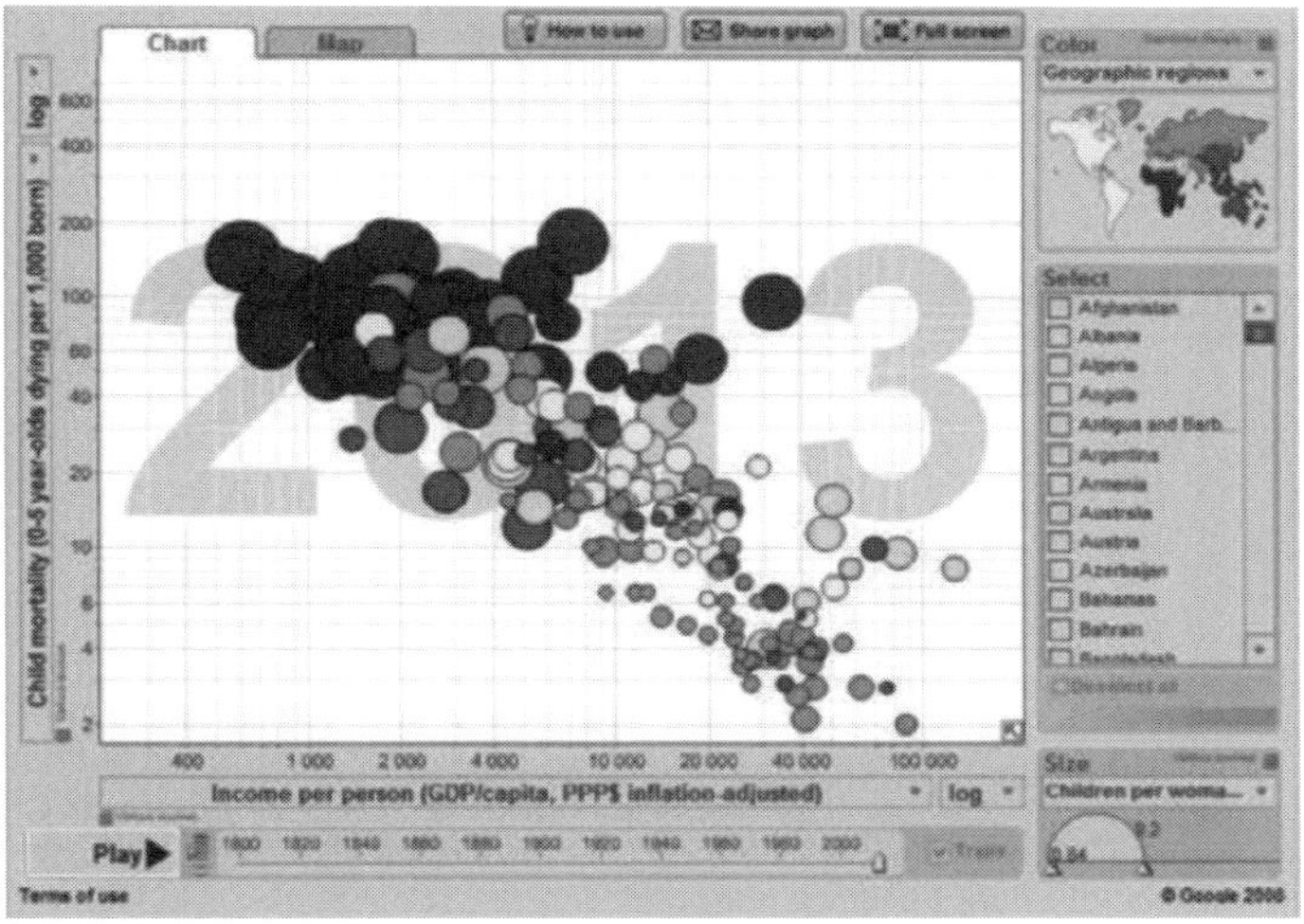

図11　2013年の「一人あたりの所得」（横軸）と「子供の死亡率」（縦軸）の相関図（Gapminderの画面より）

所得の増加が社会と地球環境を変えた

次に、横軸を「一人あたりの所得」に変えて、「子供の死亡率」（縦軸）と所得との関係を調べてみよう。所得が高い国ほど子供の死亡率が低いことが分かる（図11）。

次に、縦軸を「期待寿命」に変えてみよう。予想されるとおり、所得が高い国ほど期待寿命は長い（図12）。図12のGapminderの画面でPlayボタンを押して所得と期待寿命の歴史的な変化を見ると、１８００年（図13）以後、世界各国で所得が増え、それとともに寿命が伸びてきたことが分かる。

所得が増えると、なぜ寿命が伸びるのだろうか？　縦軸を寿命から「一人あたりのカロリー摂取量」に変えてみると、やはり明瞭な正の相関がある（図14）。所得が増えれば、しっかりと食事をとることができ、その結果栄養状態が改善されて寿命が伸びるのだと考えられる。

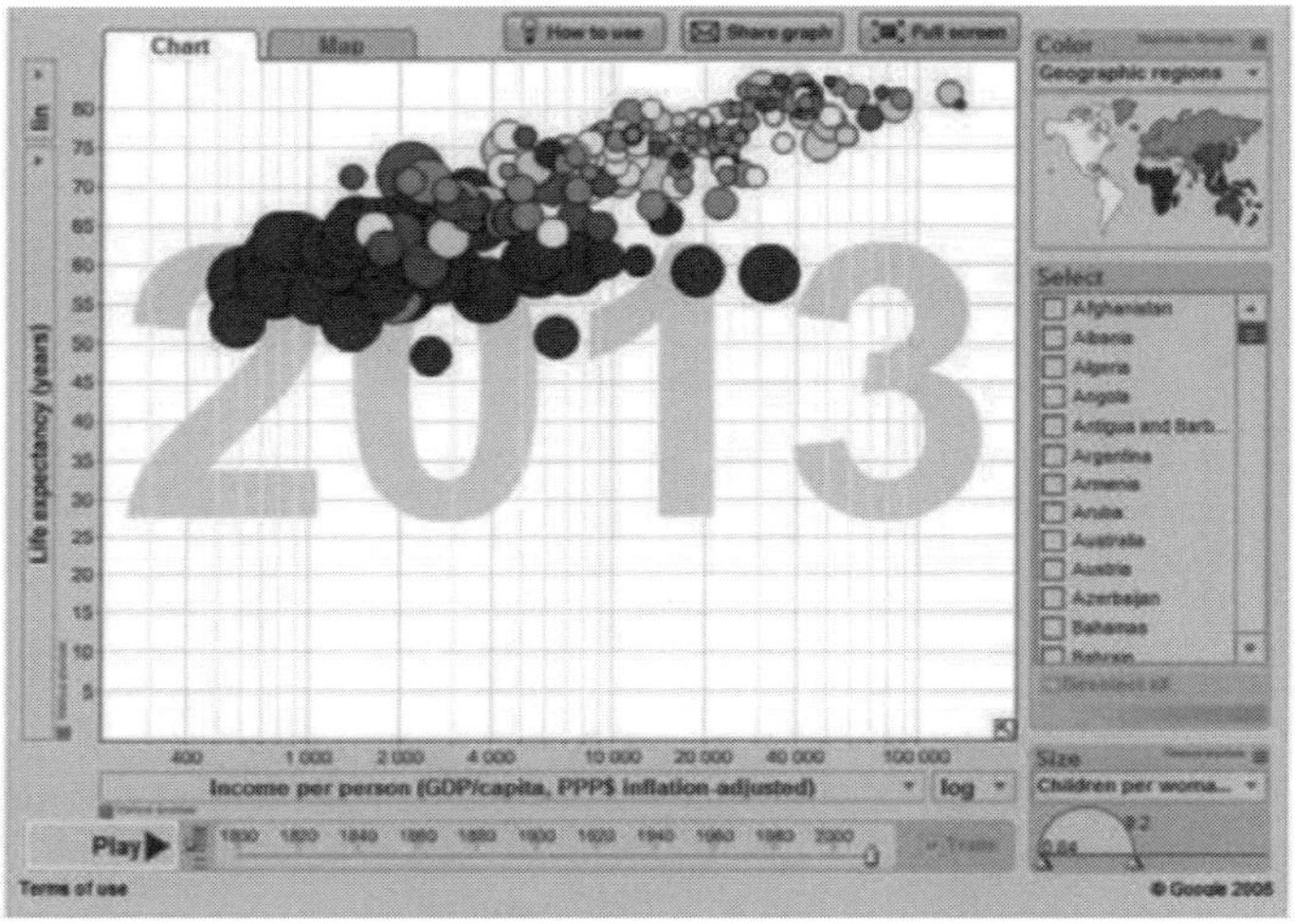

図12　2013年の「一人あたりの所得」（横軸）と「期待寿命」（縦軸）の相関図（Gapminderの画面より）

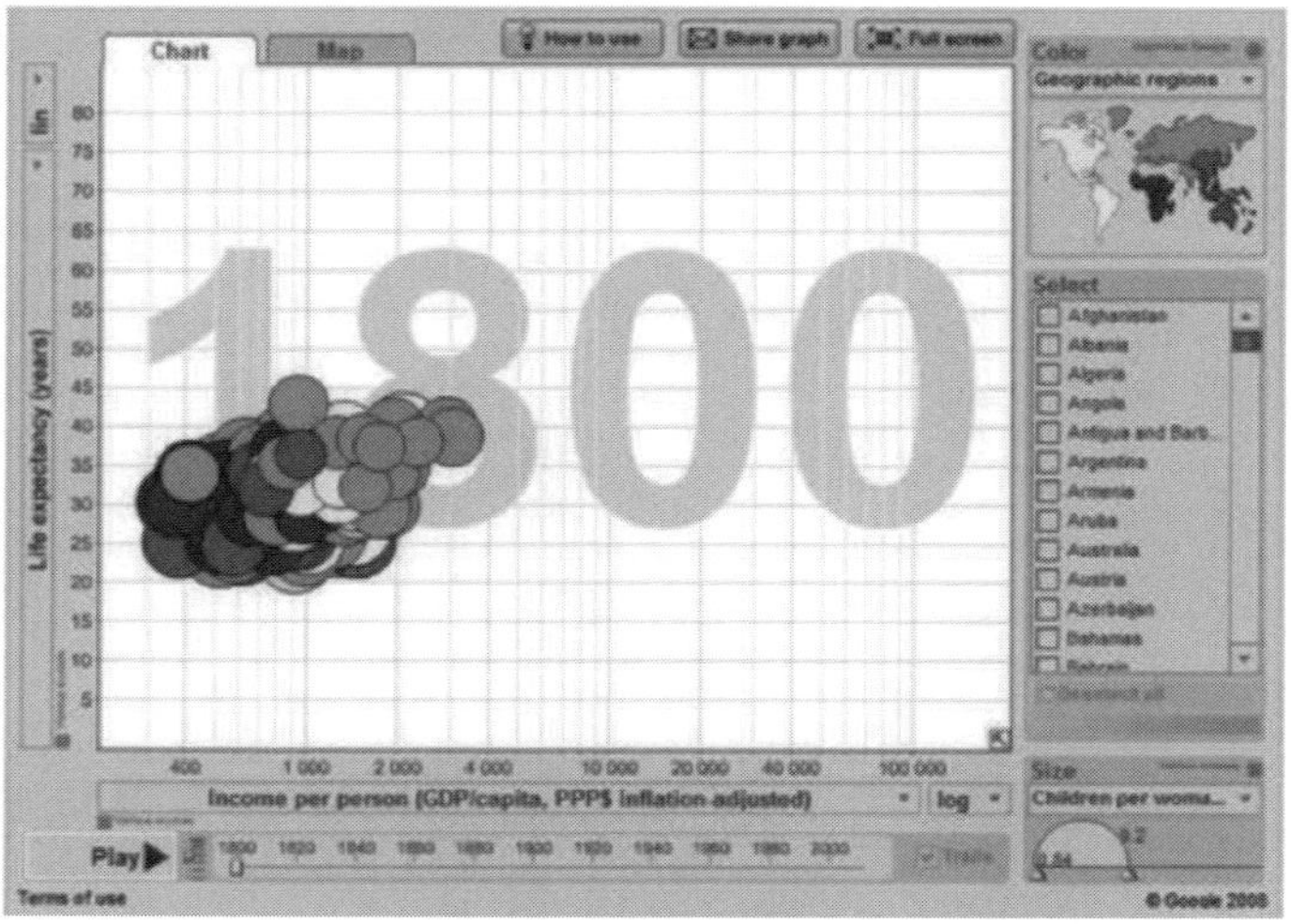

図13　1800年の「一人あたりの所得」（横軸）と「期待寿命」（縦軸）の相関図（Gapminderの画面より）

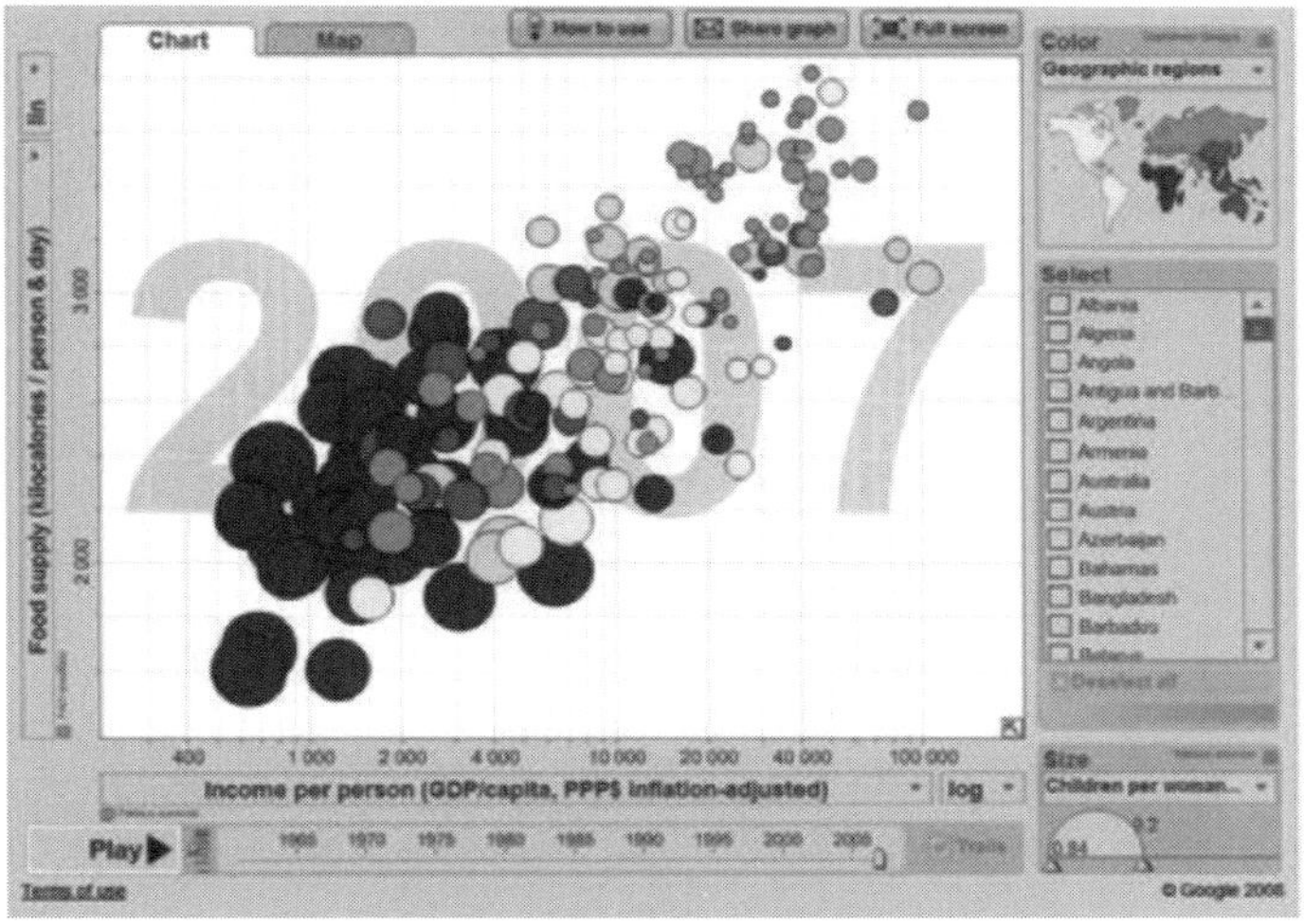

図14　「一人あたりのカロリー摂取量」（縦軸）と「期待寿命」（横軸）の相関図（2007年）（Gapminderの画面より）

また、縦軸を「一人あたりの医療支出」に変えても、やはり明瞭な正の相関がある。所得が増えれば、病気の治療を受ける機会が増え、その結果寿命が伸びるのだ。

次に、環境負荷について考えるために、縦軸を「一人あたりの二酸化炭素排出量」に変えてみよう（円の大きさは国あたり年あたりの二酸化炭素排出量とする）。１８００年代以後の変化を追ってみると、各国の所得の増加とともに、一人あたりの二酸化炭素排出量が増えてきたことがよく理解できる（図15から図16へ）。私たちは豊かさを手に入れる一方で、地球環境への負荷を増やし、地球温暖化や気象災害の増加をひき起こしてきたのである。ただし、地球環境への負荷の大きさは、同じ所得レベルの国の間でも大きな違いがある。日本とアメリカ合衆国の所得レベルには大きな差はないが、日本人一人当たりの二酸化炭素排出量は９・５トン、ア

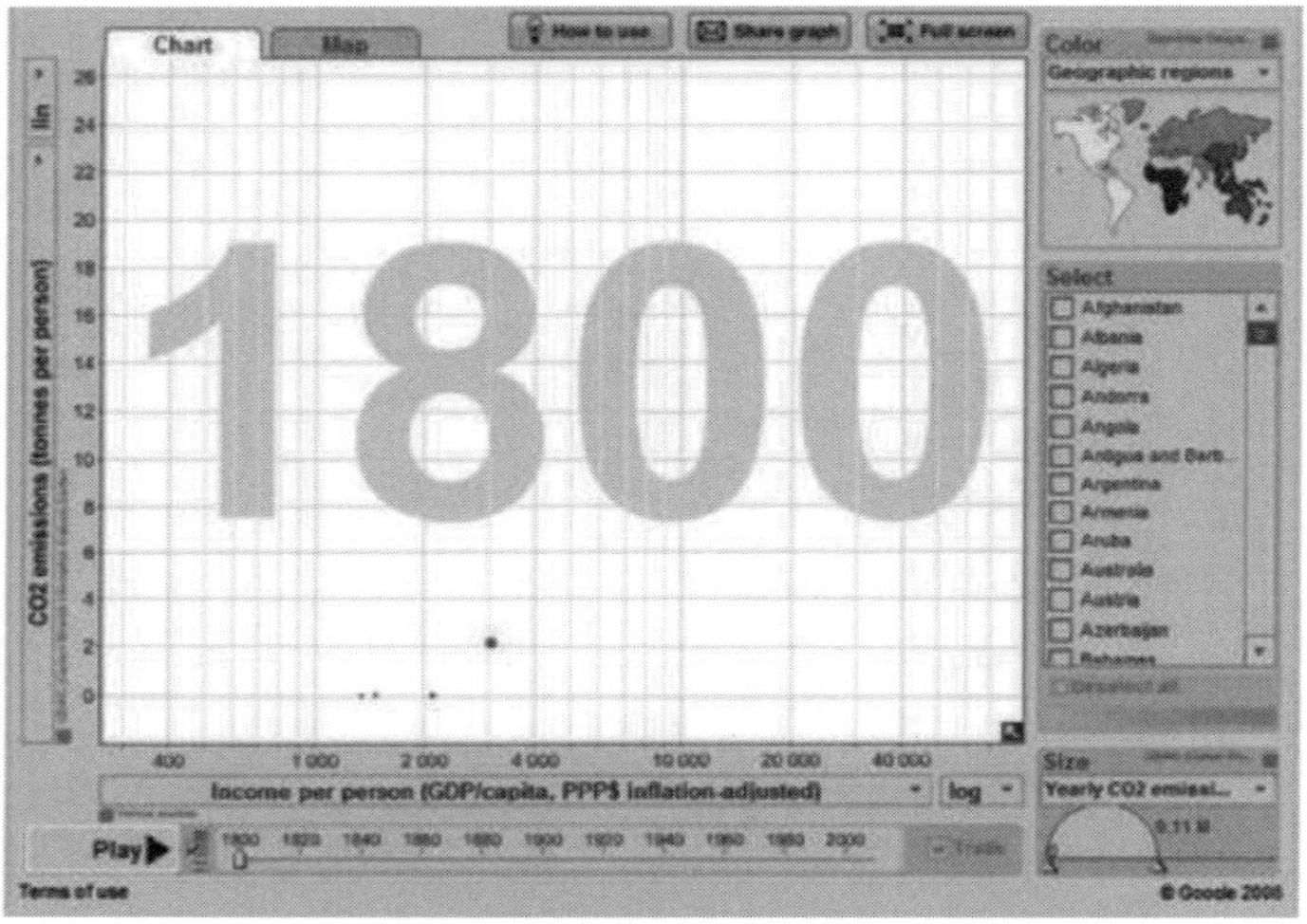

図15　1800年の「一人あたりの二酸化炭素排出量」（縦軸）と「所得」（横軸）の相関図（Gapminderの画面より）

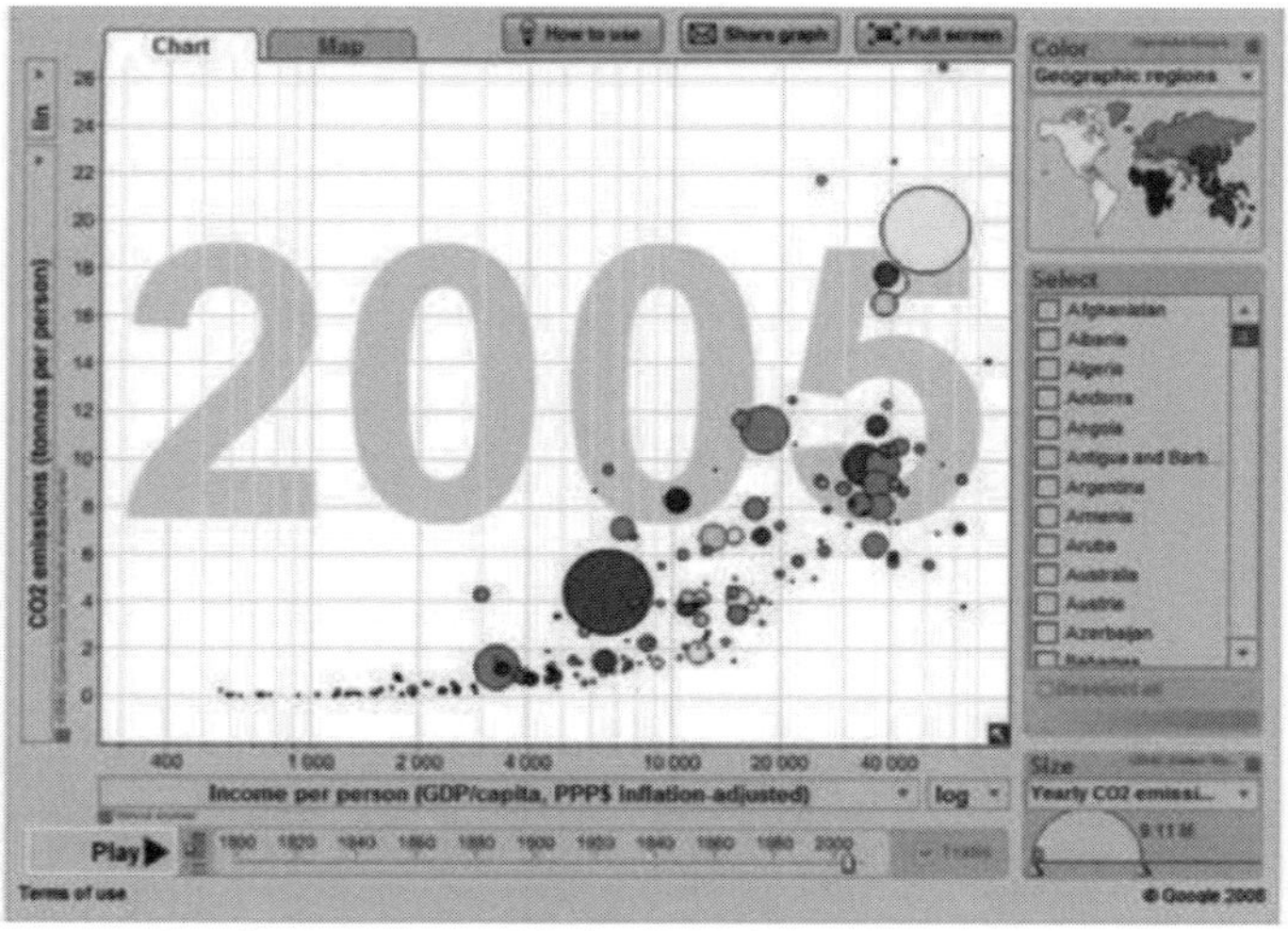

図16　2005年の「一人あたりの二酸化炭素排出量」（縦軸）と「所得」（横軸）の相関図（Gapminderの画面より）

メリカ合衆国民のそれは19トンであり、ちょうど2倍の差がある。

よりよい未来への三つの課題

以上のように、寿命、所得、環境負荷という三つの指標の変化を調べることで、世界のトレンドをかなりリアルにとらえることができる。このようなトレンドを考えれば、人類社会の未来へのビジョンとして、少なくとも以下の三つの主要課題の解決を提案する必要があるだろう。

第一に、サハラ以南のアフリカ諸国において所得を増やし、子供の生存率を高め、その結果子供の数を減らすことが、貧困を克服するうえでも、人口爆発を止める意味でも、緊急性の高い国際課題である。幸い、サハラ以南のアフリカ諸国において鉱物資源の探索が進み、投資が増大している。(2)

第二に、二酸化炭素排出量に象徴される環境負荷を抑制し、環境負荷を増やさないで所得を増やすことが、持続可能な成長を実現するうえで避けて通れない課題である。生産・消費過程だけでなく、調達や貿易を含むあらゆるプロセスにおいて環境負荷を下げる技術開発が求められている。

第三に、日本を含む先進国では、平均寿命が80歳を超え、高齢化社会を迎えている。このため、所得（GDP）、カロリー摂取量（食糧の消費）、医療支出（薬の消費）を増やすことは、もはや寿命の伸びには大きく寄与しない。今後は生活の質の向上が大きな課題であり、新しいライフスタイルへの転換を促す社会制度とビジネスが必要とされるだろう。

これらの課題の解決には、事実に立脚しつつ、未来社会の創造をけん引できる、新世代のリーダーが必要とされている。リーダーはしばしば困難を強調しがちだが、一連のグラフが物語るのは、私たちは人類史上で最も良い時代に生きているという事実だ。この事実をふまえて、さらに良い時代へのビジョンを語ることが、新世代のリーダーの役割である。

さらに学びたい人のために

数字で世界をとらえるには、Gapminder とあわせてWorldmapper[3]をぜひ参照してほしい。このウェブサイトでは、世界各国の状態をデフォルメした地図で見せてくれる。たとえば日本がどれくらい魚を輸入しているかを見てみよう。Map CategoryのページでFoodを選び、52 Fish Importsをクリックするか、あるいはA to Z Index of mapsのページで、Importsの欄のMap 52 Fish Importsを選んでクリックすると、各国の魚輸入量の比率で国の面積をデフォルメした地図が描かれる。日本がどこにあるか、一瞬とまどうかもしれない。よく見ると、世界地図の右端の大きな領域がデフォルメされた日本だとわかる。日本は、ヨーロッパ全体よりも、北米全体よりも大きいのだ。Worldmapperは、ありとあらゆる国別統計について、このような地図を描いてくれる（その数はなんと７００を超える）。貿易だけでなく、教育、健康、環境、災害、宗教などさまざまなカテゴリーで多くの統計指標について地図が用意されている。武器輸出額の地図を見ると合衆国が巨大であり、災害による死者数の地図を見ると中国が巨大だ。このような地図を次々に見ているうちに、たくさんの発見があるだろう。そして世界の見え方が変わるはずだ。

アフリカ諸国の経済発展は、世界の人口問題解決の鍵を握る。同時に、世界経済に与えるインパクトも大きい。これからの時代を生きるリーダーには、アフリカについての正確な理解が欠かせない。アフリカを知る入門書としては、日経ビジネス（編）『アフリカビジネス[2]』を勧める。また、世界銀行副総裁をつとめたイウェアラ氏によるＴＥＤプレゼンテーション『アフリカでのビジネスについて[4]』をぜひ視聴されたい。アフリカを救う上で経済支援ではなくビジネスがなぜ重要かについて、説得力のある主張が聴ける。『池上彰のアフリカビジネス入門[5]』は「アフリカの現実」と「日本の取り組み」についての名解説者による解説書だ。各章に「マエセツ」と「まとめ」が置かれ、本文もわかりやすい。『経済大陸アフリカ[6]』は開発経済学者によるより本格的な著作。アフリカへの経済援助の歴史を通じて、アメリカ・ヨーロッパ諸国・中国・日本の関係が展望できる名著。「グローバル企業市民」の重要性についての指摘も的確だ。

4.5 政治的対立をどうすれば乗り越えられるか？

私たちは人類史上で最も良い時代に生きている。現代は、暴力や病気によって命を落とすリスクが最も小さい時代であり、子どもたちが生きて大人になることが当たり前の時代であり、高度で公平な教育が最も普及した時代である。(1) とはいえ、社会には今なお深刻な対立が残っている。私たちはなぜ対立するのだろうか。そしてその対立を乗り越えるには、どのような道があるのだろうか。

未来社会のビジョンについて考える上で避けて通れない問題がある。保守とリベラル、あるいは資本主義と社会主義の間の対立だ。(2) アメリカ大統領選挙では、共和党のトランプ候補が、人種差別的発言などの点で著しく良識や品位を欠くにもかかわらず、大きな支持を集めて大統領に選ばれた。大統領選挙を通じて、トランプ候補の支持者と抗議者の間では対立が深刻化し、流血する事態も発生した。この事態が象徴するように、大統領選挙を通じてアメリカ合衆国の社会には亀裂が深まり、憎悪の連鎖が生じているようだ。

わが国でも、安保法制、原発、ＴＰＰ、沖縄の基地問題などをめぐって、世論が二分している。冷静な議論と合理的な判断によって合意を追求するのではなく、イデオロギーの違いによって立場が分かれ、異なる立場の間での歩み寄りはほとんど見られない。私たちはなぜこのように政治的に対立するのだろうか。進化を通じて獲得された「人間の本性」という視点から、この問題を考えてみよう。

政治的対立を生み出す遺伝子

人類遺伝学やゲノム科学の研究によって、ヒトのほとんどの性質に遺伝的変異があることが分かっているが、この一般則は政治姿勢にもあてはまる。２０１１年に「進歩的・保守的政治姿勢のゲノム規模での分析」と題する論文[(3)]がシドニー大学合衆国研究センターのHatemi博士らによって発表された。ここでは、まず50項目の質問に対する回答から、リベラル〜保守の程度をあらわす個人の数値としてアメリカ合衆国における「政治姿勢の違い」が評価された。そして、この「政治姿勢の違い」に有意に相関している遺伝子が探索され、11個の候補遺伝子が特定された。この中には、記憶や学習に関与しているNMDA型グルタミン酸受容体など、脳で発現するタンパク質の遺伝子が含まれていた。

政治姿勢は、「ビッグファイブ」と呼ばれる人間の基本的性格因子（2.1）のうち、開放性に関係していることが分かっている[(4)]。そして開放性には、50％程度の遺伝率（個体差の中で遺伝的変異が占める割合）がある。また、政治姿勢は、認知能力とも相関がある。認知能力が高い人ほど、リベラルな傾向があるのだ[(5)]。そして認知能力にも、しばしば50％を超える遺伝率が確認されている。

これらの事実から、政治姿勢に関する個人差に遺伝の影響があることは、もはや疑う余地がない。どの程度保守的か、あるいはリベラルかの違いは、体格や顔つきの違い、性格の違い、あるいはさまざまな好みの違いと同様に、人間の個性なのだ。

一方で、支持政党に関しては、遺伝の影響よりも家庭環境の影響が大きいことが分かっている（個人差のおよそ7割は、家庭に代表される共有環境の影響で決まっている[(6)]）。したがって、同じ政党の支持者の間でも、遺伝的な性質としての保守的か、リベラルかの程度には、大きな個人差があると期待される。ところが、この個人差を消し去る効果が政党にはある。人は、いずれかの政党を支持すると、その政党の主張を支持し、他の政党の主張に反対するようになりがちなのだ。

政治的対立を生み出す心理傾向

1954年に行われた、社会心理学の歴史に残る有名な実験(7)によって、集団への忠誠心が集団間の深刻な対立を生み出すことが実証されている。オクラホマ州のロバーズケイブ州立公園で実施されたこの3週間の実験では、サマーキャンプに参加した22人の少年を11人ずつの二つのチームに分け、他のチームの存在を知らせずに5日間集団生活をさせ、チームのメンバーの結束力を高めた。そのあと、二つのチームを野球グラウンドで引き合わせ、1週間にわたって互いに競い合う状況に置いた。すると早くも初戦の段階で、敗北したチームは悔しさのあまり、勝利したチームの旗を燃やしてしまい、これがきっかけで二つのチームの間に殴り合いの喧嘩が起きた。この対立は1週間を通じてエスカレートし、総合評価で一方が優勝した日には、大乱闘が発生してしまった。

この「ロバーズケイブ実験」は、政治的な主張がなくても、人間は自分が所属するチームに対する忠誠心と、対抗するチームに対する敵対心を持ち、対戦を通じて対立をエスカレートさせることを明らかにした。政治的な主張がなくてもこのように人は対立するのだ。そこに政治的な主張が加われば、対立はさらに先鋭化しがちである。アメリカ合衆国の大統領選挙において、トランプ氏の支持者と抗議者の間で生じた流血の事態はまさにその例である。このような対立の事例は枚挙にいとまがない。

日中韓の対立も、安保法制をめぐる対立も、チーム間対立の例である。このようなチーム間対立の特徴は、個々の問題を事実と論理にもとづいて是々非々で判断するのではなく、自分が所属するチームの主張への支持が結論として先にあり、その結論に都合のよい証拠が持ち出される点だ。言いかえれば、理性よりも直観が優先されるのだ。

なぜ理性よりも直観が優先されるのか？

政治的な問題を判断するという重要な局面において、なぜ私たちは理性を使ってしっかり考えずに、直観で判断してしまうのだろうか。この疑問に答える上での重要な手がかりが、脳に損傷を受けた患者の行動から得られている。この証拠については、神経科学者であるアントニオ・ダマシオが１９９４年に出版した著作『デカルトの誤り』(8)に詳しく紹介されている。

「前頭前皮質腹内側部」と呼ばれる脳の領域が損傷した患者は、思考力や知能は正常なのだが、喜びや恐怖を感じることができない。このように情動だけに障害を持つ患者は、何が正しく何が間違っているかを理解できるにもかかわらず、日常生活におけるさまざまな判断がうまくできず、何も決められない状態で混乱した生活を送る。この観察から、ダマシオは「合理的な思考には情動や直観が必須である」という結論を導いた。前頭前皮質腹内側部が司る情動は、瞬時のうちに嬉しいことを受け入れ、恐怖を拒絶する。しかし、この働きがないと、人間の思考はあらゆる外界からの刺激に対して合理的な判断をしようとする。その結果、あまりにも多くの選択肢の中で、何も決められずに混乱するのだ。

情動は、外界からの刺激に対して即座に判断を下すための「システム1」（2.3）と呼ばれる認知システムと直結している。「システム1」は日常生活においてある程度妥当な判断を下すための効率の良いシステムだが、しばしばさまざまな間違いをおかす。たとえば私たちは自分が好意を持った人の主張を信じやすい（ハロー効果）。また、直観的に結論を決めてしまうと、その結論に都合が良い事実しか見ないようになる（確証バイアス）。このような「システム1」の問題点については、ダニエル・カーネマン著『ファスト&スロー』[9]に詳しく紹介されている。即座に判断を下すための「システム1」の中で、情動は道徳的判断と結び付いている。笑顔の赤ん坊をやさしく抱く母親を見れば、私たちは即座に好ましいと判断するし、泣き叫ぶ赤ん坊のそばで平然と携帯画面に見入っている母親を見れば、なんてひどい母親だと考える。そしてこのような道徳的判断こそが、さまざまな対立の根源にあるのだ。

保守とリベラルの道徳感の違い

政治的対立と道徳の関係を考える上で非常に重要な著作がある。道徳心理学者ジョナサン・ハイトによる著作『社会はなぜ左と右にわかれるのか[2]（原題〝The righteous mind〟）』である。原題のrighteousは「道徳的に正しい」という意味だが、言うまでもなく「正義（right）」に「右派（right）」の意味がかぶせてあり、「正義（right）」はしばしば「独善的である（self-righteous）」という皮肉をこめたタイトルである。

ハイトは、道徳に関する彼の心理学的研究の成果を解説する前に、彼自身がどうやって道徳を客観視できるようになったかについての体験談を語っている。彼はニューヨークで生まれ、リベラルな思想を持つ家庭で育ち、リベラルな校風のイエール大学で学んだ結果、リベラリズムこそが倫理にかなっていると考えていたという。彼が信じたリベラル派の道徳感を支えている基盤は、弱者への思いやり（ケア）と差別に反対する平等主義（公正）だ。この道徳感を持つ若いハイトにとって、保守主義は強者を擁護し、差別を容認する点で、許しがたいものに思えたという。しかし、文化心理学の研究のためにインドに3カ月間滞在し、共同体の倫理が卓越した社会を理解しようと努める間に、道徳の基盤がケアと公正だけではないことに彼は気づいた。その結果、リベラル派の党派心から解放され、「リベラリズムも保守主義も、よき社会を真剣に追求しようと心がけていることに変わりはない」と考えるようになったという。

道徳の六つの基盤

彼はその後の研究を通じて、道徳には六つの異なる基盤があるという結論を得た。その六つとは、「ケア」と「公正」に加え、「忠誠」「権威」「自由」「神聖」だ。そしてこれらの六つの基盤は、人間が適応進化の過程で獲得したものだと考えた。ハイトの結論は、さまざまな道徳研究の中で、人類遺伝学や進化学の研究成果と最も整合性があり、説得力が高い。

以下ではハイトの道徳基盤理論について、簡単に紹介しよう。なお、ハイトの著作[2][10]や論文[11]を読んだうえでの、私なりの理解にもとづく要約なので、説明の流れはハイトのそれとは多少違っている。

(1) ケアは、子どもに対する親の愛情に進化的ルーツがある。同様の情動は動物にもあるが、人間においては、自分の子だけでなく、他人の子や、弱者一般に対する愛情、思いやりへと拡張されている。その結果、思いやりのない人間は、嫌われる。これが、道徳の一つの重要な基盤だ。

(2) 公正は、狩猟採集社会における狩りへの協力や、獲物の公平な分配にルーツがある。狩猟採集社会では、不正をした者に厳しい制裁が与えられた。その結果、ルールを守る性質（良心性）が進化を通じて強化された。交易が開始された後は、商取引における公正さが重要な道徳になった。

(3) 忠誠は、「ロバーズケイブ実験」で実証された心性だ。私たちには、所属するチームに対して自己犠牲をいとわず、他のチームに対する敵対心を抱く傾向がある。愛国心や愛社心はその一例であり、スポーツチームやアイドルグループへのファン心理にもこの傾向が見られる。忠誠心は、狩猟採集社会における争いを通じて進化したものだ。狩猟採集社会の部族では、母方と父方の家族が協力して暮らしていたが、部族間ではしばしば激しい争いがあった。このような争いの下で、部族の結束力を高める性質として進化したのが忠誠心だ。

(4) 権威を尊ぶとは、強いリーダーに敬意を払い、服従することだ。この性質は、農業が発達し、社会が階層化した後に強化されたものと考えられる。それ以前の狩猟採集社会は平等な社会であり、強いリーダーを必要としなかった。ただし、私たちに近縁なチンパンジーやゴリラを含む多くの霊長類では、群れを支配し、資源を独占するボス（動物行動学ではアルファ雄と呼ぶ）がいる。この「順位制」を支える性質がヒトにも引きつがれ、農業以後の社会で強化されたのだろう。

(5) 自由を好む性質は、アルファ雄が支配する順位制社会から平等主義的な狩猟採集社会に移行する過程で、支配に反発する性質として進化したものと考えられる。この移行を支えたのは、おそらく言語による規則の共有である。平等主義的な社会が成立するには、支配者としてふるまってはいけないという規則の共有が必要だったはずだ。したがって、自由を好む性質は、公正を重視する性質と関係があり、ハイトは研究の初期には両者を同一視していた。この性質はまた、権威を尊ぶ性質とは対立する側面がある。公正・自由基盤と権威基盤はいずれも良心性と呼ばれる性格因子と関係しているが、公正で自由な取引のルールを守ろうとする良心と、階層制社会におけるルールを守ろうとする良心は、必ずしも一致しないのだ。

(6) 神聖を尊ぶ性質が道徳の基盤の一つであるという考えは、ハイトのユニークな主張だ。私たちには汚れたものを嫌う性質がある。死体や糞尿を見るのは誰しも嫌だ。これは、病原体の感染を避けるという衛生観念として進化した心性だろう。ここまでは納得がいく。ハイトはこの心性が変化して、もの（国旗や十字架など）、場所（聖地）、人物（聖者）などを神聖視する道徳基盤が生じたと主張している。この主張にはまだ証拠が不足していると思うが、私たちが神聖なものを冒涜されることに強い怒りを抱くことは事実だ。そして厄介なことに、何を神聖と考えるかは、人によって大きく異なる。

ハイトは、これら六つの道徳基盤のどれを重視するかについて調査を行い、リベラル派と保守派の間で大きな違いがあることを発見した。リベラル派が重視するのは、ケア・公正・自由基盤の三つだ。これに対して、保守派は権威・忠誠・神聖を含む六つの道徳基盤をいずれも重視する。この違いに、リベラルと保守の対立の火種がある。

どうすれば対立を乗り越えられるか？

私たちの政治的対立に、遺伝的影響や道徳的基盤の個人差があるとすれば、どうやってこの対立を乗り越えることができるだろうか。集団間の対立がエスカレートする過程を検証した「ロバーズケイブ実験」には、実は続きがある。[7] 実験の第3ステージでは、貯水タンクの元栓を閉めて蛇口から水が出なくなるという事態を仕組み、敵対するチーム同士が協力せざるを得ない状況を作りだした。その結果、少年たちは協力して水が出なくなった原因を探し、貯水タンクの元栓が閉まっていることを突き止め、事態を解決した。同様な困難が何度か仕組まれ、共同作業によって困難を乗り越える経験を積むうちに、チーム間の対立は次第に解消されていった。

このように、対立する課題をわきにおいて、上位の課題について協力する体験を共有することは、あらゆる社会的対立を解決する王道だ。自衛隊を違憲と考える人であっても、災害の現場で自衛隊員と協力する経験を積めば、自衛隊に対する反感は和らぐ。そのときに、お前たちは自衛隊に反対じゃなかったのか、などという野暮な主張をしないことが重要だ。

対立を乗り越える上でもう一つの重要な課題は、対立を助長する制度を改善することだ。リベラル～保守の政治的傾向に関する個人差を数値化してみると、正規分布（平均値のまわりの回答が多く、両極に向かうにつれて数がへっていく、ベル型の分布）に従うだろう。つまり大多数の人は政治的に中庸だ。しかし、小選挙区制や二大政党制はこのベル型の分布を二極化させる制度である。小選挙区制を廃止して比例代表制をとれば、政治的二極化は解消され、中道政党が最も多数の得票を得るだろう。

そして対立を緩和するためのもう一つの知恵は、哲学者のジョセフ・ヒースが提唱している「スロー・ポリティクス」だ。[12] スロー・ポリティクスとは、直観を使いたがる脳の弱点を乗り越えて、理性的判断に時間をかける政治のあり方のことである（3.2）。情報を集め、理性によって正確な判断をするには時間がかかる。したがって、理性的な判断にもとづいて政治を進めるには、判断に十分な時間をかけることが重要だ。

「決断」というと、すぐにでも決めなければならないと考えがちだが、優れた決断をするための王道は、時間をかけて情報を集め、よく考えて判断することである。もちろん、判断を急がねばならない局面も多いが、事前に準備をしておけば、「想定外」の事態はそうそう起きるものではない。私たちは、さまざまな失敗から学び、より理性的に判断する知恵を高めてきた。今なお大きな社会的対立があるが、その多くは冷静に、理性的に対応すれば解消可能なものばかりだ。理性的な議論を積み重ねることで、私たちは対立を回避し、よりよい未来社会を築くことができるはずだ。しかし、政治的立場が異なれば、理性的な対話がしばしば困難になる。直観や感情が邪魔をするのだ。このような対立を乗り越える道を、実は私たちは経験的に知っている。「同じ釜の飯を食う」ということわざの通り、飲食をともにし、共同体験を積むことで、私たちは感情的な反発を緩和できるのだ。ただし、互いの好意を育むには、共同体験だけでは不足だ。「ロバーズケイブ実験」の第３ステージで実証されたように、同じ目標に向かって協力するプロセスこそ、好意を育む鍵である。そしてお互いの間に何らかの共通点を見つけることができれば、好意がさらに高まる。人は自分と似た相手を好むのだ。[13]

政治的課題については、災害対策などの合意できる課題に共同で取り組むことが重要だ。この点で、与党が提出したヘイトスピーチの解消を目指す対策法が、最終的には野党の支持も得て成立したことは朗報だ。政治的立場の違いを越えた共同作業こそが、非生産的な対立を解消する切り札だ。

これからの社会のリーダーに求められるのは、イデオロギーや党派間の非生産的な対立を乗り越え、理性的な対話を通じて問題を解決する能力だ。問題の解決には理性的な判断が不可欠だが、それだけで対立を乗り越えることはできない。社会的対立を減らすには、道徳感の違いを個性として尊重しながら、さまざまな主張と柔軟に対話することが重要だ。残念ながら、アメリカ大統領選挙では、この要請とは間逆の態度をとったトランプ候補が当選したが、私は一時的な現象だと見ている。非理性的なリーダーは短期的に支持を集めることができても、長期的には失敗する。また、非理性的なリーダーを選ぶ社会は、いずれ失敗する。私たちはそのような多くの失敗に学びながら、より理性的な社会を築いてきた。この歴史の大きな流れは、これからも止まることがないだろう。

さらに学びたい人のために

決断科学の構築をめざして学生と一緒に「決断科学セミナー」を開始したとき、すぐに直面したのが道徳の問題だ。「どうすれば良い決断をできるか？」という問いに答えるには、「良い決断の基準は何か？」という問題にまず答える必要がある。「良い」「悪い」の基準がなければ、何が良い決断かを決めようがないからだ。しかし科学は、「正しい」か「間違い」かについて、実証データや論理にもとづいて答えることができるが、「良い」か「悪い」かについては答えを出せない。「良い」か「悪い」かは道徳の問題だ。「良い」か「悪い」かについて考えるために、まずマイケル・サンデル著『これから「正義」の話をしよう[14]』を読んでみた。考える題材に富んだ思慮深い本だが、大きな欠点は、明快な答えが書かれていないことだ。その後、ジョナサン・ハイトの著作や論文を読み、道徳について明快な理解に到達できた。その理解にもとづいてこの節を書いた。道徳についてさらに学ぶうえでは、ジョシュア・グリーン『モラル・トライブズ[15]』が必読書だ。グリーンは、ハイトの道徳基盤理論の成果をふまえつつ、道徳的対立を克服する方法について新たな提案を行っている。彼はシステム1と2をカメラのオートモードとマニュアルモードにたとえ、個人とグループの間の道徳的課題についてはオートモードで対応可能だが、グループとグループの間の道徳的課題についてはマニュアルモードに切り替えて、理性に依拠した議論によって対立を乗り越える必要があると主張している。この問題については、第6章でさらに理解を深めよう。

コラム4

SEALDsが浮き彫りにした「個」と「忠誠」の相克
保守・リベラルの対立は乗り越えられるのか？

安保法制をめぐる2015年通常国会の中央公聴会で、大学4年生（当時）の奥田愛基氏が堂々とした意見を述べた。[1]彼の意見には、安保法制への賛否の立場を超えて、耳を傾けるべきだ。彼は一個人として、自分の頭で考え抜いて、自分の言葉で主張した。さらに、彼と同様に自分で考え、自分の言葉で語る若者が全国で行動を始めた。これまで、日本の政治的舞台において、個人に基礎をおくリベラルな主張がこれだけの力を持ったことはなかった。しかし一方で、議論は依然としてかみあっていない。なぜ議論はかみあわないのか、どうすればこの対立を克服できるかについて考えてみたい。

日本に存在しなかった本当の「リベラル」政党

合衆国社会には、リベラルと保守の二大潮流がある。このうちリベラルは、個人の自由を重視し、国家は原則としてこれを制限してはならないと考える。これに対して保守は、国家があってこそ個人も守られると考える。もちろん個人の自由は尊重するが、国家の利益のための義務を果たすことを重視する。日本における自由民主党の立場は、保守主義である。一方、戦後の日本において自由民主党と議席を争ってきた革新政党もまた、かなり強い集団主義的な立場にあった。

そもそも日本は非常に同調圧力が強い社会だ。「郷に入れば郷に従え」「出る釘は打たれる」など、社会的同調を求める言葉はあっても、個人が自由にふるまうことを讃える標語は聞かれない。この社会的特徴を背景として、これまでの日本の政治において、自由な個人に基礎をおくリベラルな政党は存在しなかったと言える。

この日本の政治史を考えれば、ＳＥＡＬＤｓ（シールズ：Students Emergency Action for Liberal Democracy - s）の登場は大きな事件だった。私は２０１５年８月30日の国会前行動を契機に彼らの活動に興味を持ち、彼らの主張[1]に耳を傾けてみた。その結果、よく分かった。彼らは一人ひとりが自由な個人として考え、討論し、活動している。彼らは個人の自由を制約する党派に所属するつもりはないし、党派を作るつもりもない（実際に、２０１６年８月にはＳＥＡＬＤｓは解散した）。しかし、自由な個人でありながらも全国に支持をひろげ、１００万人規模で市民を動かすことに成功した。このスタイルは、日本の政治史においてまったく新しいものだ。

なぜ多くの市民がＳＥＡＬＤｓの呼び掛けに答えたのだろうか。それは、直接的には、奥田氏らＳＥＡＬＤｓメンバーの言葉に説得力があったからだ。彼は公聴会での意見陳述の最後に、議員に対してこう呼びかけた。

〈どうかどうか、政治家の先生たちも、個人でいてください。政治家である前に、派閥に属する前に、グループに属する前に、たった一人の個であってください。自分の信じる正しさに向かい、勇気を出して孤独に思考し、判断し、行動してください〉

破られた二つの道徳的規範

しかし、個人の声で個人に呼びかけるだけでは、100万人を超える市民が行動することはなかっただろう。SEALDsはなぜここまで支持されたのか？　この理由について、奥田氏は公聴会において以下のように述べた。

〈SEALDsは確かに注目を集めていますが、現在の安保法制に対して、その国民的な世論を私たちが作りだしたのではありません。もしそう考えておられるのでしたら、それは残念ながら過大評価だと思います。私の考えでは、この状況を作っているのは、紛れもなく現在の与党のみなさんです。つまり、安保法制に関する国会答弁を見て、首相のテレビでの理解しがたい、たとえ話をみて、不安に感じた人が国会前に足を運び、また全国各地で声を上げ始めたのです〉

彼は実に冷静に状況を認識している。国会前に足を運んでいる多くの市民は、安保法制に関する与党の態度に不安を感じた無党派層だ。では、多くの無党派層が感じた不安の正体は何だろうか？　それは、欧米の社会で広く支持され、そして戦後の民主主義教育を通じて日本にも根付いた二つの道徳的規範が破られたことだろう。その二つとは、他人に危害を加えないこと、そして嘘をつかずルールを守ることだ。道徳心理学の研究によれば、この二つの道徳的規範は、保守とリベラルの違いを超えて、広く支持されている（4.5）。

集団的自衛権を認めれば、日本が攻撃されていない場合でも、他国を攻撃することが可能になる。

政府がいかに「存立危機事態」に限定したものだと説明しても、戦争に巻き込まれる危険が大きくなるという市民の不安は払拭されていない。また、改憲派の憲法学者も含めて、多くの憲法学者が違憲だと判断する法律を政府がつくるのはルール違反だ。(2) ルールを守らない政府の主張をどうやって信じれば良いのか、この疑問が市民の不安を掻き立てている。さらに、政府の説明は二転三転している。法案提出当初に必要性の理由にあげていたホルムズ海峡の機雷撤去や軍艦により輸送される邦人保護という説明は撤回された。政府は嘘の説明をしていたと市民は感じた。

なぜ議論はかみあわないか?

多くの無党派層が批判の声をあげ、行動を起こした結果、今国会での安保法案採決に反対する声は世論調査で過半数に達し、メディアによっては約7割に達している。しかし、国会はもちろんだが、テレビ番組やネット上での議論はかみあっていない。奥田氏の意見陳述に対して、歴史に残る名スピーチだという高い評価がある一方で、国際社会の現実を見ないポエムだという批判がある。議論はなぜこれほどかみあわないのか? それは、安保法案に賛成する保守派が、別の道徳規範に基づいて善悪を判断しているからだ。

人の道徳規範は、実は上記の二つだけではない。忠誠というもう一つの重要な規範がある。読者にも経験があるはずだ。あなたが巨人ファンなら、アンチ巨人を快く思わないだろうし、AKBファンならももクロを格下に思うだろう。私は九州大学で働いているので、他の大学に対してついライバル意識を持ってしまうことがある。そして日本人なので、オリンピックやワールドカップでは日本チームを熱心に応援する。

4.5で述べたように、リベラル派がこの規範にあまり重きを置かないのに対して、保守派はこの規範を重視する。保守派の多くが隣国に対して敵対心を燃やす心理はまさにこれである。安保法制に賛成する人の多くは、中国の軍事的脅威に対抗する上では、集団的安全保障は善であると判断している。一方で、安保法制に反対する人の多くは、他人・他国に危害を加える可能性を拡大する点で、集団的安全保障は悪であると判断している。

このような善悪の判断は、理性的判断に影響することが分かっている。多くの憲法学者が違憲だと説明しても、集団的安全保障は善であるという結論が先にあれば、理性はこの結論に都合の良い別の説明を探すのだ。科学的判断と違って善悪の判断は事実によって反証できないので、いかに理性に訴えても相手の判断を変えることは難しい。これが、安保法制をめぐる議論がかみあわない理由である。

保守・リベラルの対立を超えて

ではどうすれば、かみあわない議論を収束させて、保守・リベラルの対立を乗り越えることができるだろうか。

まず第一に必要なことは、忠誠心の大小が人の個性であるという理解を共有し、そして互いの価値を認め合うことだ。忠誠心が高い人は、チームの協力を強める上で大きな役割を果たせる。しかし忠誠心が高い人ばかりのチームは失敗しやすく、創造性も低下しがちだ。これに対してチームの方針に批判的な人は、チームの失敗を未然に防いだりイノベーションを起こしたりする能力が高い。要するに多様性が重要なのであり、どちらか一方が他方を排除する社会ではみんなが損をする。この点を共通の理解にして多様性を認め合うことが、対立を乗り越える第一歩だ。

第二に、「嘘をつかずルールを守る」という道徳規範については、保守・リベラルの立場を超えて厳守すべきだ。今回の安保法制をめぐっては、与党側がこの道徳規範を軽視したために、議論が混乱した。立憲主義は長い歴史を経て作り出された基本的ルールであり、これを軽視した点で、与党の提案は改憲派の憲法学者や自民党の長老議員からも批判を浴びた。

第三に、常に複数の選択肢を考え、これらのベネフィットとコストやリスクを比較することだ。中国の軍事的脅威に対する政策として、集団的安全保障が唯一の選択肢ではない。経済的連携を強めることも、抑止力になる。二国間の貿易量が増えれば、戦争をするコストが大きくなり、その結果戦争が抑止されることが分かっている。[3] 一方で、軍事同盟にはリスクも伴う。１２６の戦争事例に関する統計的な分析の結果、軍事同盟は条件次第では戦争リスクを高めることが分かっている。[4] このような統計的な根拠に基づいて、複数の選択肢のメリットとデメリットを冷静に比較することが必要だ。前述の通り、善悪の判断が理性的判断を抑えてしまう弱点を我々は持っている。複数の選択肢を比べることは、この弱点を乗り越えて理性的判断を行う上で、有効な手続きだ。

ＳＥＡＬＤｓの登場は、自由な個人に依拠するリベラルな考えが日本に深く根付いていることを明らかにした。一方で、伝統的な集団主義的価値観もまた、日本社会に深く根付いている。そして大部分の市民は、両者を兼ね備えているのだ。リベラルと保守の二項対立を乗り越えて、ルールに則った理性的対話を通じて、次の社会を作っていきたいものだ。

第5章　持続可能な社会へ

5.1 日本人こそ知っておくべき熱帯林消失の現状
東南アジアの森林を守るために何が必要なのか

東南アジアは、いま世界で最も急速に森林が失われている地域である。年間で四国1個分の熱帯林が消失していると推定されている。その結果、大気中に二酸化炭素が放出され、多くの野生生物の生息地が失われている。そしてこの急激な熱帯林消失に深く関与しているのが、実は私たち日本人だ。私たちが大量に消費しているコピー用紙、カップ麺、自動車のタイヤなどは、熱帯林の犠牲の上に生産されている。この事実を紹介しながら、地球環境を守るために私たちが取り組むべき課題について考えてみたい。

スマトラ島の森林率は20年で約半分に

私は本節を、スマトラ島の上空を飛ぶ航空機内で書いている。眼下に広がるのは、広大な熱帯雨林……ではない。そんなものはもはや存在しない。眼下に広がるのは、広大なアブラヤシ農園とユー

図17　インドネシアの製紙会社APPが保有する熱帯林。6頭のアジアゾウが暮らしている（筆者撮影）

カリなどの広大な植林地だ。熱帯雨林はごく限られた保護区や、アクセスが悪い一部の場所にしか残っていない。スマトラ島の森林率は、１９８５年の57％から２００７年の30％へと大きく低下した。私が訪問したリアウ州では、この22年間で実に89％の森林が失われた。[(1)]これらの数字を知ってはいたが、実際にスマトラ島に降り立って、地上を車で移動してみると、いかに森がないかを痛いほど実感できた。

私が訪問したのは、インドネシアの製紙会社ＡＰＰが保有する40ヘクタールの熱帯林だ。ペカンバルの市街地からこの保護林に移動する間の約30キロメートルの道路沿いには、見渡す限りのアブラヤシ農園や植林地が広がっており、熱帯林は一切なかった。

40ヘクタールの保護林はすばらしい森だった。樹高40メートルに達する巨木が林立し、樹木の多様性はきわめて高い。高さ15メートルの竿の先に取り付けた鎌で枝を採集したところ、同じ種類にはほとんど出合わなかった。100メートル×5メートルの調査区に約300種の樹木がある。同様な調査を日本の常緑林で実施した場合、樹木の種数は50種程度だ。

この保護林には6頭のアジアゾウが暮らしている。熱帯雨林を背景に、アジアゾウが水場でたたずむ光景を、私は初めて見た（図17）。APPの保護林は、自然番組制作やエコツーリズムなどに活用できる大きな可能性を持っている。ただし、40ヘクタールの保護林は、アジアゾウが永続的に暮らすには狭すぎる。現存する6頭では、近親交配による劣化が心配だが、一方で40ヘクタールではより多くの個体を維持することは難しい。現在の6頭ですら、より広い面積を利用しようとするために、保護区の外に出ないように管理されており、野生本来の状態で暮らしているとは言い難い。

この保護林を訪問して、ミヒャエル・エンデのファンタジー小説『はてしない物語(2)』（「ネバーエンディング・ストーリー」として映画化されている）を思い出した。子供たちが本を読まなくなったために、子供たちの想像力が作り出すファンタジーの国「ファンタージエン」に危機が訪れ、国土が次々に消失していくという物語だ。

アジアゾウが暮らす熱帯林はファンタジーではなく現実に存在する世界だ。しかしそれは、私たち日本人にとっては映像や写真でだけ見ることができる世界であり、その意味でファンタージエンと言ってもよいだろう。そして、その熱帯林を危機に陥れているのが私たち日本人の暮らしであることを自覚していないという点で、私たちは『はてしない物語』に登場する想像力を失った子供たちにそっくりだ。

農園や植林地にするほうが手っ取り早く稼げる

東南アジアの熱帯林が次々に消失している理由は単純だ。熱帯雨林を切って木材を利用したあとは、もういちど森が育つのを待つよりも、農園や植林地に変える方が、手っ取り早く稼げるのだ。木材に利用できる大木が育つには約50年かかるが、アブラヤシであれば苗を植えてから2年半で果実を収穫できる。[3] また、アカシアやユーカリの木は成長が早く、苗を植えてから5～7年で製紙用のパルプ材に利用できる。[4] ゴムノキ（パラゴムノキ）は、苗の植え付けから5～6年で天然ゴムを収穫できる大きさに成長する。そしてこれらの生産物には、大きな需要がある。アブラヤシの果実からは、良質の食用油（パーム油）がとれる。しかも、面積あたりの生産力はダイズの約7倍に達する。[3] パーム油の需要は大きく、日本ではカップ麺を生産している食品メーカーが大手のユーザーだ。このほか、さまざまな菓子類の生産や、外食産業用の食用油にも利用されている。[4]

紙の需要が大きいことは言うまでもない。[5] 私たちは多量のコピー用紙を利用し、多量の印刷物を出版している。そのほかにも、段ボール、ティッシュペーパー、紙おむつなど、紙は幅広く利用されている。これらの紙はすべて、樹木の繊維から生産されている。

天然ゴムの需要は自動車の需要と連動しており、今も増え続けている。[6] なぜなら、自動車のタイヤを作るには、人工ゴムと天然ゴムを半々に混合する必要があるのだ。その天然ゴムは、ゴムノキの幹に切れ込みを入れ、そこから浸み出してくる白い樹液を使って生産される。最近では、化石燃料の消費を減らすために人工ゴムを使わずに天然ゴムだけでタイヤを作る技術も開発された。この技術が普及すれば、天然ゴムへの需要はさらにふくらむ。

このような需要に支えられて、アブラヤシ農園とアカシア・ユーカリ・ゴムノキ植林地は拡大の一途をたどっている。その結果、東南アジアにおける熱帯林が急速に消えているのだ。

どうすれば熱帯林の消失を食い止められるのか

アブラヤシ農園や植林地では、バイオマス（炭素のストック）が減少するだけでなく、アジアゾウなど多くの野生動物が暮らせない。植物種の多様性もほぼ消失する。一方で、熱帯雨林（天然林）を木材生産に利用する場合には、バイオマスを減らさずに、また野生動物の生息環境を維持しながら木材を生産できる。しかしこのような持続可能な林業を熱帯で営むには、低インパクト伐採（林地へのインパクトを少なくする伐採）を行うための高度な管理技術と、コストに見合うだけの大きな森林面積が必要とされる。[7]こうした林業がマレーシアやインドネシアで行われてはいるが、その担い手は大きな資本力がある企業だ。小規模の土地利用においては、管理が容易で生産間隔も短いアブラヤシやゴムノキの魅力が大きい。もちろん、アブラヤシやゴムノキは、資本力がある企業にとっても魅力的な作物だ。このため、熱帯天然林がさまざまな規模で、次々にアブラヤシ農園やゴムノキ植林地などに転換されているのだ。

このような熱帯天然林消失は、温暖化防止の点でも生物多様性を守る点でも、もはや限界を超えている。熱帯天然林のこれ以上の消失を防ぎ、可能な場所ではそれを再生する努力が求められている。そのためには、熱帯天然林の犠牲のうえに生産されている紙・タイヤ・カップ麺などの大口ユーザーである日本人が、環境の持続可能性を考慮して賢明な選択をすることが重要だ。その賢明な選択とは何だろうか？

「もったいない」という文化を持つ私たちは、紙・タイヤ・カップ麺などの消費を減らそうと考えがちだ。もちろんその努力は必要だが、これらの商品の消費を減らしても、問題はおそらく解決しない。仮に紙の需要が大きく減れば、企業側ではパルプ材生産よりも収益性の高いアブラヤシ農園へと土地利用を転換するだろう。問題の解決には、熱帯林を守る企業ほど有利になる市場メカニズムが必要だ(8)。そのための有望な仕組みとして、さまざまな認証制度が発展してきた。ＡＰＰ社はＦＳＣ(Forest Stewardship Council) による「管理木材基準(9)」を取り消されたために、いくつかの取引先を失い、大きな損失を出した。その後ＡＰＰ社は天然林伐採をやめる方針を含む持続可能性ビジョンを２０１２年に発表し、市場における信頼回復に努めている(10)。一方で、自然保護団体からは天然林伐採中止の履行に関して、第三者のよる検証が必要という意見が出されている(11)。

日本の企業においても、サプライチェーンを通じた熱帯林への負荷を評価し、消費者や投資家にその情報を公開する努力が求められている。この記事が、その方向での努力を促す一助となれば幸いである。インターネットの普及による、市民・企業・投資家の知識と想像力の拡大こそが、熱帯林というファンタージエンを復活させる決め手になるかもしれない。

さらに学びたい人のために

フォトジャーナリスト内田道雄氏による『燃える森に生きる(4)』は、スマトラ島における熱帯天然林減少の実態に肉迫した渾身の一冊。5年間、約200日をかけた取材にもとづいて、森の減少とともに変わりゆく村人たちの生活がレポートされている。彼らの生活は、自給自足的な森に依存した暮らしから、貨幣経済を受け入れてさまざまな商品を消費する暮らしへと急速に変化している。一方で、アブラヤシ農園開発や植林地開発にともなう土地紛争がいたるところで起きている。このような土地紛争もまた、私たち日本人によるパーム油や紙の輸入・消費と関係している。

5.2 屋久島の森が危ない！ ヤクシカ被害の深刻な事態
シカの増殖を抑えていたのはオオカミではなく人間だった

天然スギが優占する屋久島の原生林は、世界でも屋久島にしかない美しい森である。その屋久島で、増えすぎたヤクシカの食害により、希少植物や、地表近くに植生する林床植物が失われている。[(1)] ヤクシカは、もともと屋久島に棲んでいた動物なので、捕獲しなくても、いずれヤクシカと屋久島の森のバランスが回復するのではないかという見方もある。しかし、ヤクシカが屋久島に生育するようになったのは、人間の移住とほぼ同時期であり、その当時から人間によって狩られていた可能性が高い。[(2)] 屋久島だけでなく、日本各地のシカの個体数を抑えてきたのは、オオカミよりもむしろ人間だったようだ。屋久島を題材にして、獣害問題について考えてみよう。

屋久島の森は世界に誇れる自然遺産

まず、屋久島の森が世界的に素晴らしい森である四つの理由を紹介しよう。第一に、私たちにとっては見慣れたスギ林自体が、世界的に見て極めて貴重な森なのだ。スギ科スギ属に属する植物は世界で2種しかない。日本固有種のスギ*Cryptomeria japonica*と、中国浙江省天目山に自生する*C. fortunei*の2種だ。いずれも巨木に成長し、景観的にすばらしい森林を形成するが、大規模な原生林が残されているのは、今や屋久島だけである。これら2種に近縁で、巨木に成長する針葉樹には、スギ科

図18　屋久島の渓流。雨が降ると瞬く間に増水する（ヤクスギランドで筆者撮影）

セコイア属のセコイアスギと、ナンヨウスギ科のナンヨウスギがある。セコイアスギの原生林は合衆国カリフォルニア州に、ナンヨウスギの原生林はタスマニアにあり、いずれも世界自然遺産に指定されている。

第二は、カリフォルニアやタスマニアに比べ、圧倒的に多い雨量だ。屋久島東部の低地で年間5000ミリ、山間部では年間8000ミリを超える。この雨量は、カリフォルニア州のセコイアスギの原生林での2500ミリ、タスマニア島山間部の3500ミリと比べてはるかに多い。これらも世界的に見れば多雨地域なのだが、屋久島の雨の多さは突出している。この豊富な雨と、急峻な地形（直径わずか30キロメートルの島の頂上部は1936メートルに達する）のおかげで、屋久島には数多くの渓流があり、渓流にはいつも清冽な水が流れ落ちている（図18）。その渓流の美しさは、やはり世界トップクラスだ。ただし、雨が降ると、渓流は瞬く間に増水し、荒ぶる流れへと姿を変える。

第三は、屋久島の西部では、原生林が海岸から山頂まで連続していることだ。このため、常緑広葉樹林（照葉樹林）、針葉樹（スギ・モミ・ツガ）の原生林、さらに、ヤクザサ草地への植生変化が自然な状態で保たれている。人間活動がさまざまな場所に及んだ現代では、この連続性はとても貴重であり、世界自然遺産の登録理由に特記されている。島の最南端に位置する尾の間から、最高峰宮之浦岳に至る「尾の間歩道」でも、同様な自然植生の変化を観察することができる。

第四は、世界でも屋久島にしか生育しない固有植物や固有動物が多いことだ。固有植物は、山頂部の低木林を彩るヤクシマシャクナゲ、中国雲南省に近縁種が分布するヤクシマリンドウなど、約40種にのぼる。[3][4]ヤクシカは屋久島に固有のニホンジカの亜種（生物分類上で、種の下の階級）であり、ヤクザルは、やはり屋久島に固有のニホンザルの亜種である。その豊かな生物相を反映して、明治以後、生物学者によって繰り返し調査が行われてきた島であるが、今なお新種の発見が続いている。[5]

ニホンジカはなぜ増えたのか？　3万7000年来の「天敵」が消えた今

このように豊かな生物相を持つ屋久島の生態系で、いま大きな異変が生じている。ヤクシカ（図19）が急激に増え、希少植物を含む林床植生を食べ続けた結果、林床には植物がほとんど生えていない状態が生まれているのだ。[1]そこで、希少植物や林床植生を守るための柵が島内各地に設置されている。図20は、ハイキングコースがある「ヤクスギランド」に設置された柵の内外の様子である。柵外では林床植生はほぼ消失している。その結果、いくつかの絶滅危惧植物は、絶滅寸前の状態に至って

図19　屋久島に生息するヤクシカ　（著者撮影、以下同）

図20　ヤクシカから希少植物や林床植生を守るため、屋久島に設置された柵

おり、例えば屋久島固有種であるヤクシマタニイヌワラビは、柵内の個体を除いてほぼ絶滅した。ヤクシカは屋久島固有亜種であり、古くから屋久島の森で暮らしてきた動物である。そのため、放置しても、いずれは森とヤクシカのバランスが回復するのではないかという意見がある。両者のバランスについて考えるには、そもそも「古く」とはいつ頃かをはっきりさせる必要がある。

ＤＮＡ配列を用いた研究から、ニホンジカはアジア大陸において北方系統と南方系統に分かれ、北方系統はシベリアから北海道へ、南方系統は朝鮮半島から九州へと移住したと推定されている。[(6)] この二つのルートは、最後の氷河時代（約7万年前から1万年前まで）の最寒冷期には陸橋でつながっており、中国北部起源のオオツノジカやナウマンゾウ、シベリア起源のマンモスなど多くの絶滅ほ乳類の移住ルートだった。一方、この時代には、ヒトもまた大陸から九州に移住した。ヒトが移住した証拠である旧石器時代の遺跡は、九州各地から見つかっている。このうち、大分県豊後大野市の代ノ原遺跡（約3万7000年前）からナウマンゾウの牙や骨が発見されている。また、約2万年前の阿蘇外輪山の遺跡から、ニホンジカ、イノシシ、ノウサギなどの骨が発見されている。[(7)]

この事実から考えて、日本人の祖先は、日本に初めて移住した頃から、ほ乳類を狩っていたと言える。約2万年前に起きたオオツノジカやナウマンゾウなどの絶滅は、ヒトによる狩猟が原因である可能性が高い。[(8)] ニホンジカもまた、約3万7000年前から、ヒトによる狩猟圧に晒されてきたが、小型で敏捷な性質のおかげで今日まで生き延びてきたのだろう。

要するに、約3万7000年の歴史を通じて、ヒトはニホンジカ（および、その他の多くのほ乳類）の天敵だった。私たちは、ヒトと自然の生態系を切り離して考えがちだが、実はヒトは氷河時代とその後の温暖化の歴史を通じて、多くのほ乳類の天敵だったのだ。言い換えれば、ヒトによる狩猟がない生態系のほうが不自然なのだ。オオカミもニホンジカの天敵であったが、狩猟道具を使い、集団で狩りをする人間の狩猟圧はオオカミの捕食圧より強力だったと考えられる。

その狩猟圧は時代とともに変化した。明治時代から第2次世界大戦の頃にかけては、毛皮需要、銃の普及などを反映して狩猟圧が高まり、1970年代には、ニホンジカは各地で絶滅寸前の状態に至った。(9) このため、メスジカを保護する対策が開始された。この対策の一方で、狩猟者の減少と高齢化が進んだために、狩猟圧が減少した。その結果、各地で生き残ったニホンジカは増加に転じ、現在では各地で深刻な農業被害・生態系被害を出すに至っている。

生態系の一員としての人間の役割

以上のようなニホンジカ（および、その他のほ乳類）と人間の関係史を考えれば、獣害問題が生じた主要な理由は、生態系の中で人間がほ乳類の天敵としての役割を十分に果たさなくなったことにある。この状況が続けば、いずれは居住地の周囲にシカをはじめとする野生動物が闊歩する日がやってくるだろう。このような状況を防ぐには、人間がもう一度、ほ乳類の天敵としての役割をきちんと担い、適切な水準の狩猟圧を維持し続ける必要がある。シカは、良質のタンパク源でもある。その肉を利用することは、二酸化炭素排出などの環境負荷を減らすうえでも好ましい。私たちは毎日多くの肉を消費しているが、これらの肉の大部分は海外から輸入されている。輸送過程では、肉は冷凍され続ける。輸送に加え、この冷凍のために相当量の化石燃料が使用され、二酸化炭素が大気中に放出されている。国産の野生動物をタンパク源として利用すれば、この環境負荷を減らすことができる。屋久島では、２０１４年に鹿肉解体施設が作られ、鹿肉を販売する「ヤクニク屋」がオープンした。この店で販売される鹿肉を利用したメニュー開発が進み、島内外のレストランでヤクシカの料理を食べられるようになった。世界遺産の島の鹿肉を食べることは、世界遺産の自然を守ることにつながる。この新しいビジネスが成功し、全国に広がっていくことを期待したい。

さらに学びたい人のために

私たち日本人の祖先は約３万７０００年前に九州に渡来し、それ以後野生動物を狩り続けてきた。また、最終氷期が終わり、日本列島が温暖化に向かった約1万３０００年前から、日本各地に草原が広がり、最近まで人間活動とともに維持されてきた。おそらく私たちの祖先は、積極的に火入れをして、半自然草原を維持してきた。この歴史については、『野と原の環境史』(7)をぜひ参照されたい。獣害問題は、約３万７０００年間、生態系の食物連鎖の頂点に立つハンターであったヒトが、狩猟圧を大きく減少させたために発生している。それは、日本各地で草原が森林に遷移している問題と共通の背景を持つ問題だ。全国各地で増えいてるシカの問題については、高槻成紀著『シカ問題を考える　バランスを崩した自然の行方』(10)をまず読むのが良いだろう。長年にわたってシカと植生の関係を研究してきた著者による一般向けのわかりやすい解説書だ。『世界遺産をシカが喰う　シカと森の生態学』(1)はシカ問題を生態学者が体系的にとりあげたほぼ最初の本で、出版から約10年が経過したが、内容はまだ古びていない。

5.3 神話なき時代——近代の苦悩を私たちはどう乗り越えるか

アルプスの南麓、マッジョーレ湖畔にある南スイスの観光地アスコーナに、モンテ・ヴェリタ（真理の山）と名付けられた丘がある。ここはかつて、スイスの心理学者であるカール・ユングやドイツ文学の作家ヘルマン・ヘッセなどの個性的な人物が集い、近代が生み出した矛盾を乗り越えるために交流した場所である。私はこの歴史的な場所に招待され、「地球環境変動と生物多様性」についての国際会議に参加し、世界各国の研究者と議論を交わす機会を得た。この経験をもとに、モンテ・ヴェリタに集った先人たちの足跡をたどりながら、自由な近代社会を生きる意味と、そこで自然が果たす役割について考えてみたい。

はじまりは菜食主義者のコロニーだった
歴史上の偉人とも言える多彩な知識人はなぜモンテ・ヴェリタに集まったか？

モンテ・ヴェリタは、スイス・イタリアの国境に位置するマッジョーレ湖を南に見下ろす小高い丘にある。丘の上には、１９２７年に建設されたホテルがある。１９８９年にチューリッヒ工科大学（ＥＴＨ）が国際会議場としてこのホテルの使用権を獲得し、以後毎年多くの国際会議をこの場所で開催している。国際会議場としては、とても辺鄙な場所にある。何しろチューリッヒ駅でアルプスを

図21　マッジョーレ湖畔の美しい街並み（2016年8月 筆者撮影）

縦断する特急列車に乗り、３時間かけて南下し、さらに丘の上まで移動する必要があるのだ。しかし、モンテ・ヴェリタの自然と歴史は、確かにそれだけの時間をかけて訪問する価値を生み出している。

湖畔のアスコーナの街（図21）からモンテ・ヴェリタへと続く小道には、ツタが垂れた古い石塀の間に、曲がりくねった石段が続いている（図22）。登りに一息ついて坂道を振り返れば、マッジョーレ湖畔の美しい街並みを展望できる。まるでジブリの映画に登場しそうな風景である。

この美しい風景の中にあるモンテ・ヴェリタの歴史は、アンリー・エダンコヴァンというベルギー人と彼のパートナーが１９００年に土地を購入し、菜食主義者のコロニーを創設したことにはじまる。(1) 25歳の若者だったアンリーは、ビジネスマンとして成功した父を持ち、お金には困っていなかった。彼は贅沢三昧の暮らしの末に健康を害

図22　モンテ・ヴェリタへと続く小道の途中にある古い石段（2016年8月 筆者撮影）

し、医者にも見放されていた。彼はダーウィンの進化論をドイツに紹介した動物学者ヘッケルの著作に影響されて、「自然に還る生活」をめざした。エダンコヴァンがはじめたコロニーは、近代文明や合理主義に疑問を抱く多彩な知識人をモンテ・ヴェリタのあるアスコーナの地に呼び寄せる役割を果たした。その中に、カール・ユング（心理学者）、ヘルマン・ヘッセ（ノーベル文学賞受賞者）、ジョーゼフ・キャンベル（神話学者）らがいた。

私はまったく別の経緯から、この3名に関心を寄せていた。しかし、この3名に深い関係があることを、今回モンテ・ヴェリタを訪問するまで、不覚にも知らずにいた。しかも彼らが美しい自然に囲まれたアスコーナに引き寄せられた背景には、近代化や合理主義へのアンチテーゼとしての、自然と人間が共生する新しい社会への憧憬があったのだ。もしヨーロッパにおいて、自然共生社会という東洋的ビジョンも視野に入れて「地球環境変動と生物多様性」についての国際会議を開くとすれば、モンテ・ヴェリタはまさしく格好の場所だ。

アスコーナには、モンテ・ヴェリタに加えてもうひとつ、多彩な知識人が集った場所がある。アスコーナの中心街から湖畔に沿って約2キロ西にあるオルガ・フレーベ・カプタインの私邸である。オランダ系イギリス人の彼女もまた、近代合理主義に疑問を感じ、神秘主義に傾倒してアスコーナに移り住んだ。彼女はマッジョーレ湖畔の私邸にさまざまな思想家を招き、人間の精神について議論する「エラノス会議」を1933年に開始した。[(2)]「エラノス」とは古代ギリシャの晩さん会のことである。エラノス会議は8日間にわたって行われ、すべての参加者は食事と生活をともにし、相互理解を深めた。日本流にいえば「同じ釜の飯を食う」ことで絆を深めたのである。このスタイルはモンテ・ヴェリタのコロニーで実践されていたものであり、そして私が参加した国際会議でも継承されていた。

次に、私が関心を持つ3名の人物（カール・ユング、ヘルマン・ヘッセ、ジョーゼフ・キャンベル）をとりあげて、彼らにどんな接点があったのかを探ってみよう。

東洋思想に深い関心を寄せたカール・ユング

最初にとりあげるカール・ユングはエラノス会議の理論的支柱になった人物だ。言うまでもなくユングはジグムント・フロイトと同時代に活躍した心理学者であり、精神疾患を持つ患者への治療活動を通じて人間の精神に関する理解を深め、コンプレックス、ペルソナ（外界に適応するための社会的・表面的な人格のこと）、集合的無意識などの重要な心理学的概念を提唱した。[(3)] 私は植物学者だが、大学時代にユング心理学の本を読んだことがあり、それ以来心理学に興味を持ち続けてきた。「持続可能な社会を拓く決断科学プログラム」において心理学をひとつの柱に据えているのも、この経歴によるものだ。

今日では、心理学は大きな発展を遂げており、ユングが研究した人間の意識・無意識や自我について、私たちははるかに進んだ理解に至っている。私の率直な感想を言えば、ユング心理学は人間の精神についての概念的な理解にとどまっており、近代科学が重視する定量性や実証性に乏しい。とはいえ、多くの患者の治療経験をもとに、人間の精神について考え続けたユングの著作は、今日もなお示唆に富んでいる。

ユングは1951年までエラノス会議に参加を続け、多くの思想家と交友を結んだ。その中の一人に、禅の思想を欧米に広めた鈴木大拙がいる。鈴木大拙が1934年に英語で著した『An Introduction to Zen Buddhism』[4]は1939年にドイツ語に翻訳されたが、このドイツ語版にユングは30ページにおよぶ解説を書いている。ユングに限らず、アスコーナの地に集った思想家たちは、西欧の近代思想へのアンチテーゼとして、仏教・道教などの東洋思想に深い関心を寄せていた。今でもモンテ・ヴェリタ国際会議場の廊下には、東洋画が飾られている。

心のバランスを崩しながらも信念を貫いたヘルマン・ヘッセ

私が小学校時代に昆虫少年だったと言えば、私がなぜヘルマン・ヘッセに関心を持っているか、わかる人にはすぐにピンとくるだろう。かつて昆虫少年だった大人にとって、ヘルマン・ヘッセの『少年の日の思い出』[5]は忘れられない小説なのだ。ちなみに1931年に発表されたこの短編小説は、

１９４７年に高橋健二訳が国語の教科書に採用されて以来、現在まで70年にわたって教科書に採用され続けている。多くの日本国民が一度は読んでいるはずだ。それはこんな話だ。

この小説の主人公である「ぼく」は、美しい蝶や蛾の採集に夢中になっていた（この設定は、モンキアゲハやシンジュサンを採集し、展翅して標本にしていた私の少年時代と重なっている）。ある日「ぼく」は、珍品の美麗種コムラサキを採集し、見事な標本に仕上げたつもりで近所の友人に見せたが、あれこれと欠点を指摘され、屈辱を受けた。月日を経たある日、その友人がクジャクヤママユという美しい蛾をさなぎから孵化させたという噂が伝わってきた（さなぎから孵化させた蝶の翅にはいっさい傷がないので、美しい標本をつくることができる。小説にはそこまで説明されていなかったと思うが、さなぎから孵化させた、というヘッセの設定は、昆虫少年には心躍るものだ）。その標本が見たくて友人の家を訪ねたところ、友人が留守だったため、「ぼく」はつい標本を盗もうとして、あせって標本を壊してしまった。友人に軽蔑された「ぼく」は、長年あつめた標本をすべて壊す。この最後のシーンには、昆虫少年である私の心をグサリと刺す力があった。私ならきっと標本を壊さないと思うが、ではどうすれば罪をつぐなえるかと問われれば、答えはない。日頃倫理的なことなど考えない昆虫少年に、答えのない倫理的問題をつきつけたこの作品は、いまでも私の記憶にしっかりと残っている。

ヘッセの少年時代は、苦しいことが多かったようだ。詩人になりたかった彼は、神学校になじめずに半年で脱走し、挙句の果てに自殺未遂を図り、神経科病院に入院している。ヘッセの代表作のひとつ『車輪の下』は、このような彼の苦悩を小説化したものだ。成績が良いからといって、「周囲の期待に応える」ために生きることは、ヘッセにとって苦痛だったのだ。やがて彼は作家として成功し、1904年に結婚をして翌年には子供も授かり、幸せな人生を送ろうとしていた。しかし、幸せな暮らしは続かなかった。

ヘッセは1906年以来、たびたびモンテ・ヴェリタを訪問しているが、その目的はアルコール中毒の治療のためだったと伝えられている。ヘッセは1911年、34歳のときにインド旅行を敢行した。おそらく第一次大戦へと続く戦争の足音が、彼をインドに向かわせた一つの原因だろう。彼はある手紙に、「何年も前から私は、ヨーロッパの精神は没落しつつあり、その源であるアジアに帰ることが必要だと確信していました。私は何年にもわたって仏陀を崇拝し、インドの文学をもう少年時代のずっと初めから読んでいました。その後では、老子やその他の中国人が私にとってもっと近しいものになりました。」と書いている。[(6)] そして1912年には、ヴィルヘルム二世の専制に反発して故国ドイツを離れ、スイスのベルンに移住した。1914年に第一次世界大戦が勃発して以後は、戦争批判の記事を繰り返しドイツ語の新聞に寄稿した。

さらに、父の死や妻の病気などが重なり、ヘッセは再び心のバランスを崩してしまった。その結果出会ったのが、ユングの弟子ヨーゼフ・ベルンハルト・ラングだ。ヘッセはラングのカウンセリングを受けて精神的健康をある程度取り戻した。その後1919年に、ヘッセはアスコーナから約25キロ南西にあるモンタニョーラという小さな村に移住し、その後の生涯をこの南国の街で送った。アスコーナ同様に湖畔に位置するモンタニョーラでの暮らしはヘッセを精神的緊張から解放した。ヘッセは創作意欲を取り戻し、モンタニョーラの風景を水彩画に描きながら、『シッタールダ』などの小説を次々に発表した。南スイスの美しい自然が、ヘッセの心を癒やしたのだ。

神話研究から「現代病」を指摘したジョーゼフ・キャンベル

私がジョーゼフ・キャンベルに興味を持ったのは、スター・ウォーズがきっかけだ。ジョージ・ルーカス監督はスター・ウォーズの脚本を練る上で、神話学者のキャンベルから大きな影響を受けたという。私は神話や英雄物語に興味があったので、このエピソードを知ってキャンベルの著作『千の顔をもつ英雄(7)』にたどりついた。

キャンベルは本書の中で、多くの神話の比較研究を通じて、神話に共通する物語の構造があることを明らかにした。それは、主人公が自分の使命を知って日常の世界から旅立ち、メンター（師）の導きによって覚醒し、使命を果たし、やがて故郷に帰るという構造だ。キャンベルが発見したこの構造は、「ロード・オブ・ザ・リング」、「風の谷のナウシカ」、「スター・ウォーズ」など多くの物語に採用されている。

このキャンベルの研究が、ユングの影響を受けていたことを知ったのは、今回モンテ・ヴェリタを訪問したおかげである。ユングは患者が語るエピソードと神話の間に共通点があることに気付き、人間の無意識に共通する「元型（archetype）」があると考えるに至った。ここにユング心理学と神話学の接点が生まれた。そして、エラノス会議の中心人物となったユングは、神話を研究していたキャンベルをアスコーナの地に呼び寄せたのである。この事実を知った上でキャンベルの著作を読むと、確かに「元型」という概念が登場し、ユングの影響を受けていることが分かる。

キャンベルは、『千の顔をもつ英雄』のエピローグにおいて、近代以前の社会における神話の役割について以下のように述べている。

〈部族に固有の儀式は、個人が経験する人生の危機や判断を、個人を超えた普遍的なかたちに翻訳することに貢献している。（中略）過去から受け継がれてきた元型的段階の教えを、共同体に属する人々に伝えるのである。〉

誕生・結婚などの人生の節目に行われるこのような儀式や祝祭を通じて、かつては社会の構成員が神話を共有し、そのことによって個人は自分の存在意義を知り、自己を高める道を知ることができた。しかし、個人による決定という民主主義の理念が登場し、動力機械が発明され、科学が発達したことによって、個人と社会を結び付けるこの絆が消失したとキャンベルは指摘する。

〈現代に生きる人間の課題は、絶大な統合機能を持つ神話が語られていた、相対的に安定した時代を生きた人間の課題とは正反対なのである。かつて、意味はすべて集団の内部、巨大な無名のかたちの中にあり、自己表出する個人の中にはなかった。ところが現代社会では、意味は集団の内部にはなく、世界にもない。すべての意味は個人の中にある。しかし、その意味も完全に見失われている。そのため、現代人は、どこに向かって進めばよいのかわからない〉

キャンベルは、決して近代化の意義を否定してはいない。民主主義や科学・技術の価値を認めつつ、神話に代わる個人と社会の絆を回復させることが、現代の英雄の課題だと考えている。彼は、「かつて暗かった場所は、いまでは光がさして明るい。ところが、かつて明るかった場所は、いまでは暗い」という。その暗い場所にどうやって新たな光を灯すか、この問いは、アスコーナの地に集まった知識人たちが共通して考えた課題である。

「自己実現」という共通課題

モンテ・ヴェリタを訪れたことで、私の知識の中でまったく結び付いていなかったユング、ヘッセ、キャンベルの関係を知ることができた。ヘッセはキャンベルが言う「自己表出する個人」の典型だ。彼は「周囲の期待」を裏切って、自分が生きたいように生きようとして、心のバランスを何度も崩してしまった。ユングはヘッセのような患者と向き合い、自己実現を通じて精神的健康の回復をはかろうとした。そしてその治療活動を通じて、心理学の発展に大きな貢献をした。キャンベルはユングの心理学理論を援用しながら、比較神話学の研究を発展させた。

彼らの活動に共通する課題を一言で表現するなら、「自己実現」だろう。ヘッセは自分の内面から生まれる自由な創作への意欲と、周囲からの要請や社会からの圧力との間で苦しんだ。彼をこの苦しみから救ったのは、ユング心理学にもとづくカウンセリングと、南スイスの美しい自然の中での暮らし、そしてそこで得た新たな人間の絆だ。ヘッセはモンタニョーラの邸宅で毎日庭仕事を楽しんだ。ナチズムの時代には、トーマス・マン、ベルトルト・ブレヒトらが亡命し、ヘッセ邸に身を寄せた。そしてヘッセの良心に共感した読者から、大量の郵便物がヘッセ邸に届いた。ヘッセは、彼らの声に

応えることに人生の意義を見出し、3万5000通の手紙に返事を書いたと言われている。(6)

「意識の制御法」は自分でカスタマイズする時代

ユングの心理学理論をここで詳しく紹介する余裕はないが、その後の心理学の発展も考慮に入れて、「自己実現」についての私の理解を簡潔に紹介しよう（独自の解釈を加えていることをお断りしておく）。ユングは無意識の中に普遍的な構造があると考え、これを集合的無意識と呼んだ。これは進化の過程で獲得された、できるだけコストをかけずに瞬時に外界に反応するための「ソフトウェア」群であり、カーネマンがシステム1と呼んだものだ。それは多くのモジュールからなる複雑なシステムである。これらの脳内モジュール群は、外界の刺激に応じて自ら駆動すると同時に、理性的思考を担当するモジュール群（カーネマンの言うシステム2）を駆動するように意識にはたらきかける。「意識」とは、思考モジュールがいつもチェックする掲示板（共有メモリに書きこまれた作業項目リスト）のようなものだ。(8) この掲示板に書き込まれなければ、思考（システム2）が注意を振り向ける対象にならない。掲示板に書き込める情報には限りがあるので、新しい課題が上書きされると、古い課題は掲示板から消される。たくさんの脳内モジュールは、環境から受けた刺激に応じて、課題を掲示板に書き込むために競争している。たとえばしめきりが迫った課題は優先して書きこまれるが、一方で先送りを促すモジュールが、より楽しい課題を意識にのぼらせる。たくさんの脳内モジュールのうち、ある特定のものだけが意識の中で絶対的優位を占めると、葛藤が生じる。たとえば、不安を担当するモジュールが意識を占有してしまい、積極的に行動をおこすモジュールがうまく駆動しなくなると、神経症的な症状が生じる。このような「ソフトウェア」のアンバランスには、セロトニン・ドーパミンなどの神経伝達物質の代謝異常が関係していることがわかっている。

精神的安定を保つうえで重要なのは、「意識」（一種の共有メモリ）を制御する基本ソフトウェア（ＯＳ）をカスタマイズすることだ。ＯＳは共通でも、カスタマイズは個人の経験によって行われる。ユングはこの過程を「個性化」と呼び、それは「自己実現」と言い換えることもできると述べている。

キャンベルが指摘したように、神話が影響力を持っていた社会では、「個性化」は必要なかった。「インターフェース」が社会全体で共有されており、個人は儀式や祝祭を通じてそれを学べばよかった。しかし、近代社会においては、ひとりひとりが生き方を選び、同僚や社会とのかかわりを通じて、自分の意識を制御する方法を訓練する必要がある。しかし、それはすばらしいことだ。私たちは人類の歴史を通じて最も自由な社会に生きているのだ。幸いにして、神話に代わる個人と社会の絆は、ボランティアチーム、ファンクラブ、ソーシャルビジネスなどの形で、多様な発展を遂げている。そして現代では、新しい絆の可能性に接し、それを選ぶことができる機会が、かつてない規模で拡大している。

モンテ・ヴェリタで開催された「地球環境変動と生物多様性」に関するシンポジウムで、私は東南アジア熱帯林に見られる植物多様性の驚異的な高さと、その消失の危機について講演した。講演を聴いたスイスの若い研究者から共同研究の提案を受けた。彼は東南アジアの植物多様性とともに日本文化に興味があり、とくに杖道や茶道に深い関心を持っていた。私は彼の研究費申請への推薦状を書くことを快諾した。このような出会いは嬉しい。

人口わずか５０００人のアスコーナの街は、このような出会いの場として１００年以上にわたって活力を維持し、文化の発展に貢献してきた。アスコーナは、持続可能な地域社会のひとつのあり方を具現していると言えるだろう。

アスコーナと屋久島の類似性

アスコーナに集った個性的な人物の足跡をたどってみると、彼らがアスコーナという土地の自然を通じてつながったことがわかる。時代の背景には、近代化にともなう自然破壊があった。産業革命以後の近代化の過程で、木材への需要が減少し、森林が農地や市街地に変わっていった。イギリスよりも遅れて近代化をはじめたドイツやスイスにおいて、その変化が目立ったのが1900年当時だった。ちょうど第二次世界大戦後の日本が高度経済成長時代に経験した自然破壊と同じような変化を、当時の人たちは目にしたのだろう。その結果、美しい自然に囲まれたアスコーナの土地が注目を集めたのである。エダンコヴァンらの活動がきっかけとなってアスコーナが広く知られるようになり、1930年ころには資産家がマッジョーレ湖畔に土地を求めるようになった。エラノス会議を開始したカプタインは、このような資産家のひとりだった。

この歴史は、私が1980年代から関わっている屋久島に似ている。私はアスコーナの歴史をたどる中で、屋久島の自然に魅力を感じて移住した詩人、山尾三省に思いをはせた。東京に生まれた彼は、早稲田大学文学部西洋哲学科を中退したあと、1960年代後半にコミューン活動を始めた。彼は禅に興味を持ち、京都で修業中にアメリカの詩人ゲーリー・スナイダーと出会ったというエピソードがある。彼は1973年にインド・ネパールを旅行したあと、1977年に屋久島に移住し、白川山という場所で里づくりをはじめ、自然の中で自給自足の暮らしをしながら、詩作を中心に創作活動を行った。[9]白川山にはその後も移住者が続き、現在では屋久島を訪問するさまざまな研究者が交流する場となっている。

モンテ・ヴェリタの活動が展開された時代には、第一次世界大戦が勃発し、１９１４年から１９１８年にかけてヨーロッパは戦火に包まれた。山尾三省がコミューン活動を行った時代には、ベトナム戦争が泥沼化していた。このような時代背景の中で、近代化社会に疑問を抱いた知識人が、自然の中での暮らしを通じて、新しい共同体づくりの実験を行った場所が、アスコーナであり、屋久島だった。

彼らが直面した問題は、あまりにも大きかった。経済成長にともなう自然破壊、個人主義の拡大にともなう共同体意識の喪失、ストレスの多い生活からもたらされる精神的緊張、そして国家間の利害関係の衝突とその結果としての戦争。言うまでもなく、現代社会に生きる私たちが解決を迫られている課題ばかりである。

しかし、幸いにして、これらの課題を解決しようという努力は、確実に成長してきた。いままでは、失われた自然を再生する試みが各地で進められているし、個人の多様な生き方を許容したうえでの、新しい共同体づくりの試みが、少しずつ実を結び始めている。科学はユングやフロイトの時代よりも大きく進歩し、私たちは人間の精神についても、よりよい理解に到達している。

私たちは孤独では生きられないし、自然から離れて生きることもできない。それは神話の時代も今も変わらない。しかし現代は、神話を受け入れて生きる以外に選択肢がなかった時代とは違う。モンテ・

ヴェリタを訪問して、1900年以来の歴史につながる人たちと絆をむすぶことができる。これからの社会においては、人と人との出会いを通じて新しい絆を生み出す場が、ますます大きな価値を持つだろう。その場を提供するうえで、地域の自然と歴史が果たす役割がいかに大きいか。モンテ・ヴェリタへの旅を通じてそのことを痛感させられた。

さらに学びたい人のために

モンテ・ヴェリタとエラノス会議の歴史については、関根伸一郎著『アスコーナ 文明からの逃走』に紹介されている。著者独自の調査もふまえた力作だが、残念ながら現在絶版である。ユングが関心を寄せた禅の思想については、鈴木大拙著『禅と日本文化(10)』をまず読むと良いだろう。禅の思想が日本文化のさまざまな側面に影響を与えていることがわかる。

キャンベルの神話学については、『千の顔をもつ英雄(7)』とともに『神話の力(11)』の一読を勧める。名インタビュアーであるビル・モイヤーズが、キャンベルの知識と考えをうまく引き出している。このインタビューについては、ウェブ上で動画を観ることもできる。この動画では、神話的世界を描いた絵画や彫刻、神事の映像などを観ながら、アジア・アフリカ・アメリカ先住民などの神話的世界観と西欧的世界観の違いを学ぶことができる。たとえば『神話の力』の動画 Vol. 2「神と人間(12)」では、キリスト教が自然と人間を対立するものとみなし、自然は堕落であり正すべきものと考えるのに対して、アジアの神話では人間を自然の一部とみなし、人間と自然は調和できるものとみなすという違いが紹介されている。

キャンベルは、旅を通じて英雄が真の自分（自らに課せられた使命、生きる意味）を発見するという神話の物語に共通する構造を発見したが、この物語の構造についてさらに深めた著作がピアソン著『英雄の旅』[13]だ。人間が成長するとはどういうプロセスなのかを考えるうえで役だつ。神話は古代における個人と社会の絆だった。キャンベルが指摘するように、神話に代わる個人と社会の絆を回復させることが、現代の英雄の課題だ。幸い、人間についての科学はこの問題について新しい光を投げかけてくれる。

『人生の扉を開く最強のマジック』[14]は脳外科医が自分の人生を綴った現代の神話である。それは実話だが、貧しい家庭で育った著者が、マジシャンの導きによって医師をめざし、努力によって成功し、慢心によって挫折し、師の導きを思い出して再び人生の意味を見出し、母校に戻って医学部の新入生に感動的な講演をする物語は、神話に共通する「英雄の旅」そのものだ。有意義な人生を生き、よりよい社会を築くうえで、共感と科学がいかに大きな役割を果たせるかを私たちに教えてくれる。

5.4 地球の危機が生み出した国際協力

気候変動に関する政府間パネル（ＩＰＣＣ）に続く国際メカニズムとして生物多様性及び生態系サービスに関する政府間科学‐政策プラットフォーム（ＩＰＢＥＳ）が２０１２年４月に創設された。ＩＰＢＥＳはその後、精力的に活動を続け、２０１６年2月22〜28日にマレーシア・クアラルンプールで開かれた第４回本会議では「花粉を運ぶ昆虫の経済価値は約65兆円」という最初のアセスメント報告をまとめた。(1) このＩＰＢＥＳ本会議に政府代表団メンバーとして参加した経験にもとづいて、地球環境問題をめぐる科学外交における日本の役割について考えてみよう。

「人類共通の敵」としての地球環境問題

もし宇宙人が地球に攻めてきたら、今は対立している国々も互いに協力して「人類共通の敵」に立ち向かうのではないか？　読者の中には、子どもの頃にこんな空想をされた方がきっといらっしゃるだろう。私も、宇宙人が攻めてくればソ連や中国と、合衆国や日本が協力するに違いないと子ども心に考えていた。１９６０年代のことだ。だが意外にも「人類共通の敵」は、宇宙ではなく地球から現れた。地球温暖化などの地球環境の劣化が、我々人類の未来を脅かし始めたのだ。その結果、この「人類共通の敵」に立ち向かうために、かつてない規模で国際協力が始まった。

その歴史は１９９２年にさかのぼる。リオデジャネイロで地球サミットが開催され、地球温暖化に立ち向かうための「国連気候変動枠組条約」（ＵＮＦＣＣＣ）と生物多様性損失に立ち向かうための「生物多様性条約」（ＣＢＤ）が結ばれ、ほとんどの国連加盟国がこれらの条約に参加した（ＵＮＦＣＣＣには１９５カ国とＥＵが、ＣＢＤには１９４カ国とＥＵ及びパレスチナが参加している）。二つの条約はいずれも「枠組み条約」である。つまり、条約では国際協力の目的と一般的な原則だけを決め、この原則の下で実施する具体的な取り組みは、定期的に開催される「締約国会議」（Conference of the Parties; ＣＯＰと略される）で議論して決定される。

科学外交における日本の存在感

「国連気候変動枠組条約」（ＵＮＦＣＣＣ）の下で、日本は１９９７年に第3回締約国会議（ＣＯＰ３）を京都に招致し、「京都議定書」と呼ばれる国際的な合意をとりまとめることに大きく貢献した。京都議定書では、２００８年から２０１２年までの期間中に、先進国全体の温室効果ガス６種の合計排出量を１９９０年に比べて少なくとも５％削減するという目標を設定した。だが、ご存じのとおり、この目標は達成されなかった。

その後の粘り強い国際的な合意形成の努力によって、２０１５年にパリで開催されたＣＯＰ21で、京都議定書に代わる新たな国際的目標が合意された。残念ながら日本は、この国際交渉の過程で存在感を発揮したとは言い難い。

一方、生物多様性条約の下では、日本は２０１０年にＣＯＰ10を名古屋に招致し、「愛知目標」（Aichi Targets）についての国際的な合意形成に大きく貢献した。「愛知目標」は、２０２０年までに達成すべき20の数値目標からなる。(2) 日本はまた、COP10において「自然共生社会」(Society in harmony with nature) という社会目標を提案し、人間による生産活動と生物多様性・生態系の保全の調和の具体例として「里山」(Satoyama) を国際社会に紹介した。生物多様性条約の下での国際交渉では、日本の存在感は十分に大きい。

その後、生物多様性・生態系サービスに関する国際アセスメントメカニズムとして、IPBES (Intergovermental Platform on Biodiversity and Ecosystem Services) を組織する努力が続けられ、2012年4月にパナマにおいて正式に設立が決まり、翌2013年1月にIPBES第1回本会議がドイツのボンで開催された。私は第2回(2013年12月 アンタルヤ)、第3回(2015年1月 ボン)、第4回(2016年2月22~28日 クアラルンプール)の本会議に政府代表団メンバーとして参加し、IPBESアセスメントの概念枠組みや計画の策定にささやかながら貢献してきた。また、現在進行中のIPBES地域アセスメントの執筆者・コーディネータとして、2018年に発表される予定のアセスメントに関わっている。

花粉を運ぶ昆虫の経済価値は約65兆円

IPBES第4回本会議では、2月22日からの議論を経て、2月26日にポリネータ(花粉を運ぶ動物)に関するアセスメントの要約を公表した。(1) このアセスメント結果は、国内外のメディアですぐに報道された。とくに注目されたのは、ポリネータが花粉を運ぶ作物の世界全体での生産額は、年5770億ドル(約65兆円)にのぼるという推定だ。

日本では、風で花粉が運ばれる（しかも自家受粉率が高い）イネが主要作物であること、多くの果樹や野菜では受粉が不要な品種や人工授粉技術が採用されていることから、ポリネータへの関心は必ずしも高くない。しかし日本でも、ソバ、カボチャ、ウメ、クリ、カキなど、昆虫の受粉が必要な作物は多数ある。世界的に見れば、アーモンド、コーヒー、チェリー、マンゴーなど多くの作物（とくに果樹）は、野生のポリネータ（主に昆虫）が花粉を運んで初めて、果実が実る。(3) その生産額を見積もると、年間約65兆円にものぼるのだ。もし野生のポリネータがいなければ、人工授粉をするか、あるいは巣箱で飼育されたミツバチなどを使って授粉する必要がある。いずれにせよ、お金がかかる。私たちは、野生のポリネータという自然の恵みのおかげで、この費用を払わずに、アーモンドやコーヒー豆などの収穫ができるのだ。

これらのポリネータは、作物だけでなく、多くの野生植物の花を授粉している。この事実を私は、勤務先の九州大学の移転事業に関わる中で思い知らされた。移転先の伊都キャンパスでは造成にあたって99ヘクタールの保全緑地を残し、森を減らさずにキャンパスづくりを進めている。(4) 保全緑地のコアエリアである生物多様性保全ゾーンの森では、３月末にはヤマザクラが咲きはじめ、同時にコマルハナバチをはじめ多くのポリネータが活動を始める。そして4月から7月にかけて、クサイチゴ、オドリコソウ、フジ、ネズミモチ、サンゴジュ、タラノキなどが次々に花を咲かせ、森を彩る。これらの多くの植物が種子を結び、次の世代を残していけるのは、ポリネータのおかげだ。ポリネータとして働く小さな虫たちが、森という大きな生態系の存続を支えているのだ。

忍び寄る「実りなき秋」

もしポリネータがいなくなったら、森には「実りなき秋」が訪れるだろう。こう予言したのは、『沈黙の春』[(5)]を著して、化学物質の生態系への影響に警鐘を鳴らしたレイチェル・カーソンだ。この予言は、残念ながら現実のものとなりつつある。世界各地でポリネータが減少を続けているのだ。日本を含む世界各地で、マルハナバチ類が顕著に減少している。合衆国ではミツバチが大量失踪する事件が相次ぎ、リンゴなどの生産に影響が出ている。この大量失踪の原因として、ネオニコチノイド系の農薬が影響しているのではないかと疑われている。[(6)]

2月26日に発表されたIPBESポリネータアセスメントの報告書では、ネオニコチノイド系の農薬の影響については、一部の証拠の問題点を記述し、断定を避けてはいるが、一方でポリネータに影響があることを示す有力な証拠があると指摘している。ネオニコチノイド系の農薬の生態系影響については信頼できる科学的知見が蓄積されており、日本でも対策を真剣に考えるべき段階に来ている。ただし、ポリネータの減少には、森林の減少や外来種の影響など、農薬以外の多くの要因が影響していると考えられる。たとえば、マルハナバチ類の減少には、森林性のアカネズミなどの減少が関係している可能性がある。マルハナバチ類はアカネズミなどの古巣を利用して巣づくりするからだ。「実りなき秋」へと向う生態系の危機を正確に把握するためには、このような生物どうしの共生関係をもっとよく理解する必要がある。

自然共生社会とマザーアース

「共生」という概念は、生態系を理解する上での鍵を握るだけでなく、生物多様性条約の下で日本が提案した「自然共生社会」（Society in harmony with nature）という目標の基礎としても重要だ。欧米のキリスト教社会において、自然は人間の外にあって、人間が利用するものと考えられているのに対して、アジア社会では人間は自然の一部であり、自然と共生していくことを当然と考える伝統がある。(7)「自然共生社会」はこのアジア的自然観を表現したものだが、当然のことながら、欧米社会に生きる研究者の中にはこの考えに違和感を抱く人もいる。

ＩＰＢＥＳアセスメントの概念枠組みについて議論するワークショップが南アフリカのケープタウンで開かれたときのことだ。参加者の一人から、Society in harmony with natureで使われている「harmony」という表現は科学的ではないから削除すべきだという提案があった。私はすぐに手をあげて発言し、以下のような説明をした。日本語での「共生」は生物学的な意味での「symbiosis」を指し、「寄生」、すなわち他の生物の資源を奪う関係を含む。他の生物を利用しながらも、利用しすぎずに一緒に生きていくという関係が「共生」だ。この概念を英語に意訳した「harmony」という表現には「持続可能な利用」という意味が含まれている。このような意見を述べた結果、上記の表現は削除されずに残された。この考えは、ＩＰＢＥＳの概念枠組みについて述べた論文（私を含む84名の連名で２０１５年に発表された）にも以下のように書きこんだ。(8)

〈The original Japanese term (shizen kyosei shakai) literally means society in symbiosis — or living together — with nature, not only with mutual benefit but also with relationships which are necessarily detrimental for one of the parties, but which should be made sustainable[41].〉

41番の文献は、『環境史とは何か』(7)の第４章に私が書いた「人類五万年の環境利用史と自然共生社会への教訓」という総説である。こうして、「自然共生社会」は、生物多様性条約だけでなくＩＰＢＥＳの概念枠組みにおいても国際的に合意された目標となった。

この日本からの提案が国際的合意となった背景には、発展途上国、とくにラテンアメリカ諸国の発言力が強まったという事情がある。１９９２年にブラジル・リオデジャネイロで開かれた地球サミット以後、国際社会における発展途上国の発言力は格段に高まった。とくに、科学技術と経済の両面で力をつけてきたラテンアメリカ諸国の発言力の向上はめざましい。そしてこのラテンアメリカ諸国の先住民社会には、人間は自然の一部であるという自然観にもとづく「マザーアース」という概念がある。この考え方を尊重し、ＩＰＢＥＳの概念枠組みに関する文書では、Human well-being（欧米的概念）、Living in harmony with nature（アジア的概念）、Living-well in balance and harmony with Mother Earth（ラテンアメリカ的概念）の三つを併記した。

日本人はともすれば西洋対東洋の二元論を展開しがちだが、これからの国際社会ではラテンアメリカやアフリカなどの自然観、世界観に敬意を払い、多元的でより普遍的なビジョンを提示する必要がある。

日本らしい国際貢献のあり方

以上のような科学外交の場での日本の国際的プレゼンスは、日本の生物多様性・生態系研究の発展に支えられている。私は２０１１年以来5年間、１００名を超える研究者が参加した大型プロジェクト「アジア規模での生物多様性の観測・評価・予測」（環境省環境研究総合推進費による研究）のリーダーを務めてきたが、この5年間の研究成果は国際的に見て先端的なものであり、一方でＩＰＢＥＳアセスメントや環境省の政策ニーズに応えるものだった。今後の課題は、ＩＰＢＥＳアセスメントに貢献すると同時に、２０２０年までの愛知目標の達成に向けて、国際的なリーダーシップを発揮することだ。

このような日本の生物多様性・生態系研究の源流は、江戸時代の本草学の伝統を受け継いだ日本の博物学研究だ。江戸時代以来、日本には山野を歩きまわり、あるいは海に潜って、さまざまな生物の多様性や生態を探る研究の伝統がある。昭和天皇による生物学の御研究を記念した「国際生物学賞」はこの伝統を象徴する賞である。この伝統は、戦前・戦後を通じて、探検という形で地球全体にひろがった。京大総長である山極寿一さんは、京大探検部の流れを汲む方であり、アフリカのゴリラの研究で功績をあげられた。私も京大の海外調査の伝統を受け継いだ一人であり、大学院時代に滞在したタイを最初として、世界各地の植物を調査してきたので、今では5大陸のフィールド経験を持っている。その経験が国際的な科学外交の場でも役立っている。このような伝統を生かしながら、「自然共生社会」という目標の達成に貢献していくことは、日本らしい国際貢献のあり方である。

さらに学びたい人のために

生物多様性の重要性について学ぶうえでは、『保全生態学入門』[9]を薦める。1996年出版だが、本書で述べた考え方は今でも古びていない。本書以後、生物多様性に関して多くの書籍が出版されたが、そのなかで『環境史とは何か』[7]は、日本列島における人と自然のかかわりの歴史をとりあげている。昔の人間はもっと賢明に自然を利用していたという主張があるが、それは必ずしも正しくない。本書は、人間と自然の関わりの歴史を客観的に理解し、そこから今後の社会への教訓を得ようという意図で編集されている。私たちが暮らす日本における生物多様性の現状については、『生物多様性総合評価』[10]および『生物多様性及び生態系サービスの総合評価』[11]を参照されたい。

『沈黙の春』[5]は大きな影響力を持った本であり、一度は読んでおきたい。ただし、『沈黙の春』を契機とするDDT使用禁止の結果、蚊によって媒介されるマラリアによる死者が急増した。[12]これを受けてWHOは2006年に、マラリア感染が恒常的に見られる地域におけるDDTの室内使用を推奨する見解を発表した。[13][14]DDTに限らず、環境に影響するあらゆる対策には、便益とともにリスクが伴う。この点について学ぶうえでは、『環境リスク学』[15]をぜひ一読されたい。

5.5 地球の未来をかけた科学者たちの挑戦

かつて地球は、人類の力がとても及ばない巨大な存在だった。しかし現代では、人類の活動が地球全体の環境を変え、気温や雨量などを変化させるに至っている。このため、地球の歴史が新たな時代に突入したと考える科学者から、「人新世」（Anthropocene）という名称が提案されている。私たちはこの「人新世」において、地球環境と人間活動の調和を実現する必要に迫られている。[1] この調和の実現に向けて、世界の科学者がアクションを起こし、フューチャー・アース（Future Earth）という新しい科学を作るための壮大なプロジェクトが開始された。本節では、このフューチャー・アースの背景とビジョンについて紹介し、科学と社会の新しい連携のあり方について考えてみたい。

人類が地球を変えた四つの転換点

まず、「人新世」に至る歴史をふりかえってみよう。環境への影響という視点で人類の歴史を振り返ると、大きな転換点が４回あったことが分かる。

１回目は人類がアフリカからの移住を開始した約６万年前である。言語による高度なコミュニケーション能力を身に付けた私たちの祖先は、狩猟採集を行いながら世界各地に広がり、マンモス、巨大カンガルーなどの大型草食動物を次々に滅ぼし、生態系の食物連鎖を大きく変えた（4.1）。以来、人類は地球の食物連鎖の頂点に立つ捕食者として、野生動物を狩り続けている。しかし狩猟採集社会の人類は、森林を伐採するような技術は持たず、その環境影響は、食物連鎖を変えるに留まった。

2回目は約1万年前から5000年前にかけての農業の開始である。農業生産に支えられた定住生活の下で人口が増え、統治機構を備えた国家が成立し、国家事業として農地開発が進められ、森林が各地で伐採された（4.3）。しかし、家・船・荷車などを作るために木材が利用されたし、食用・薬用などに多くの動植物が利用されたので、森林や生物多様性を維持する必要性も高く、長期にわたって農業が維持された地域では、農地と森林のバランスに配慮するような経験的判断もしばしばなされた。

3回目の転換点は、15世紀半ばから17世紀半ばまで続いた、大航海時代である。キャラック船やキャラベル船と呼ばれる帆船の開発と、羅針盤による外洋航海法の確立が、この時代の転換をもたらした。この時代の帆船は、主としてカシ（どんぐりの仲間）の木材によって造られていた[(2)]。キャラベル船（Caravel）の名は、ポルトガル語のCarvalho（カシの材）に由来すると言われている。造船用のカシの材を得るために、森林を維持する必要性は依然として高かったのだ。ヨーロッパにおける良好なカシ林の存在が、大航海時代の到来を支えたと言っても過言ではないだろう。一方、羅針盤は中国で発明され、イスラム圏を経由してヨーロッパにもたらされた。11世紀から13世紀まで続いた十字軍の遠征を通じてヨーロッパにはアジアからさまざまな商品・技術がもたらされたが、羅針盤はその中の一つに数えられる。

このような商品・技術の渡来に加え、インドや中国を旅行したマルコポーロの口述をもとに1300年ころに書かれた『東方見聞録』は、当時のヨーロッパの人たちの、アジアの富への関心を高めた。しかし、1453年にオスマン朝トルコが東ローマ帝国を滅ぼし、地中海の制海権を握った結果、ヨーロッパでは、アフリカまわりでインドを目指す航路開拓の必要性が高まり、冒険的な航海が繰り返された。その結果、１４９２年にコロンブスが「西インド」すなわち新大陸を発見し、１４９７年にヴァスコ・ダ・ガマは喜望峰まわりでインドに到達し、１５００年にペドロ・カフラルはブラジルを発見し、ここに大航海時代の幕が上がった。その結果、さまざまな食料・薬・酒・茶・香辛料・繊維・染料などの生物由来の商品（有用な生物多様性）が、新大陸やインドなどからヨーロッパにもたらされた。人類の歴史を通じて、生物多様性への生活上の依存度が最も高かったのが、大航海時代である。

産業革命がもたらした三つの変化

そして4回目の転換点は18世紀から19世紀にかけての産業革命だ。産業革命は三つの大きな変化をもたらした。一つはエネルギー革命であり、燃料源の主力が木材から石炭（続いて石油）に変わり、やがて地球温暖化を招くことになる、化石燃料からの二酸化炭素の放出がはじまった。さらに、効率の高いエネルギーを利用した製鉄技術の発達とともに、商船や軍艦が鉄で作られるようになった。木材需要が減少したことで、森林を維持する必要性が低下した。そして今日につながる森林の大規模な減少が始まった。

第二の変化は市場革命、つまり本格的な市場経済の開始である。大航海時代は、東インド会社に代表される、継続的な資本を持つ株式会社を生み出したが、当時の会社設立は許可制であり、設立に大きな障壁があった。しかし、産業革命がもたらした技術革新によって、新たな事業のニーズが急速に増加した。このニーズに応える形で利子率が低下し、資本が集めやすくなり、株式会社が許可制から登録制になり、事業の自由化が進んだ。その結果、土地や労働力を含むあらゆる商品が市場で取引されるようになり、市場価格がつかない「コモンズ」(共有財)への収奪が促進される条件が生まれた。言うまでもなく、自然環境とそこから得られる恵み(生態系サービス)は、典型的なコモンズである。誰でも自由に利用できるコモンズは、過剰利用によって劣化する。この現象は「コモンズの悲劇」[(3)]と呼ばれているが、市場経済の下での自然環境の劣化は、その代表的な例である。

第三の変化は、教育・科学革命である。識字率や計算能力の向上が産業革命を支えたが[(4)]、産業革命後の社会ではさらに高度な知的労働力が必要とされ、教育・科学への投資が拡大した。その後この傾向は拡大を続け、教育による知的生産力の向上が科学・技術を大きく発展させ、新しい産業を支えるより高度な労働力を生み出した。科学・技術の発展は、さまざまな汚染や公害、環境破壊を生み出す一方で、それを解決する技術の開発にも貢献した。環境と人間の関わりという点では、科学・技術はまさに両刃の剣である。

論文を出すだけでは解決しない

いずれの転換点においても、ヒトは環境を大きく変えたが、その影響は歴史を通じて広域化を続け、今や人類の活動は、地球という巨大なシステム全体に、大きな影響を及ぼすに至っている。[(5)]大気の温暖化や海水温の増加、台風の大規模化などはその代表例だ。また、世界中で雨水・河川水・地下水などに含まれる窒素の量が増え、多くの水系で富栄養化と呼ばれる栄養過多状態が生じ、水質汚濁・アオコや赤潮などの原因となっている。(6) また、グローバルな貿易を通じた負荷が拡大し、たとえば日本におけるパーム油やコピー用紙の消費が、熱帯林の減少に拍車をかける役割を果たしている（5.1）。

このような地球規模の問題の解決には、言うまでもなく地球規模での協力が必要だ。１９９２年には、リオデジャネイロで開催された地球サミットにおいて、気候変動と生物多様性損失に対する対策の強化に向けて、気候変動枠組み条約と生物多様性条約という二つの国際的な枠組みが設けられた。

この枠組みの下で、締約国の政府が定期的に協議を重ね、問題解決に向けた努力を続けて今日に至っているが、残念ながら気候変動についても、生物多様性損失についても、事態が好転しているとは言い難いのが実情だ。この実情に対して、科学者の間で危機感が高まった結果として、フューチャー・アースが組織された。科学者はこれまで、現状を分析し、将来を予測し、その結果を論文として公表してきた。そのために、巨額の研究費も使ってきた。しかし、事態は一向に好転しない。このまま研究を続け、論文を書くだけでは、国際社会に対して、そして何よりも地球というかけがえのないシステムに対して、責任が果たせないのではないか？　フューチャー・アースが組織された背景には、科学者のこのような危機感がある。(7)

フューチャー・アースへの長い道のり

科学者が環境問題に気づき始めたのは１９６０年代のことだ。１９６２年に出版されたレイチェル・カーソン著『沈黙の春』(8) は、ＤＤＴをはじめとする農薬が自然環境に負の影響を与えていることを訴え、環境問題が社会的に注目されるきっかけを作った。

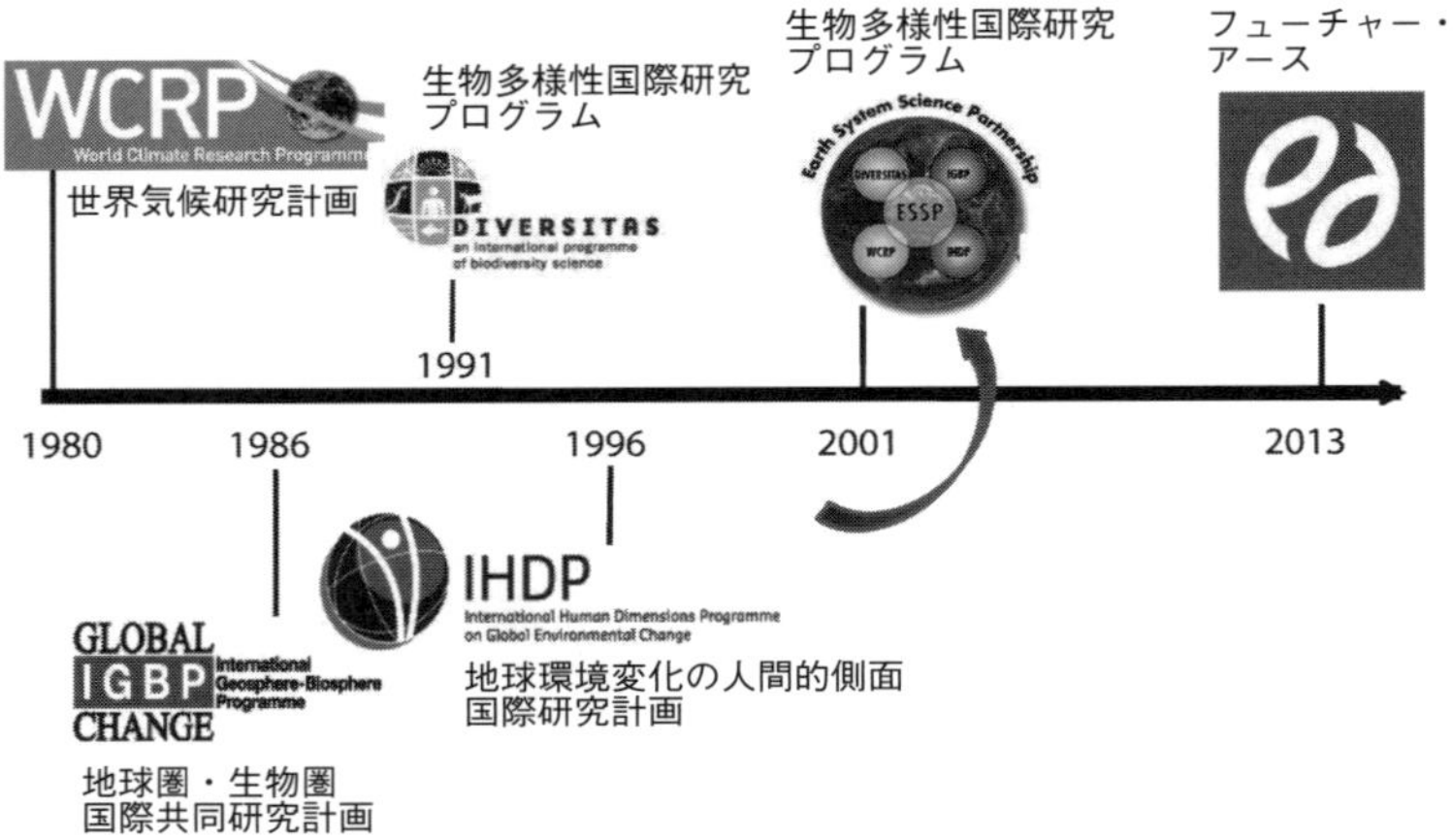

図23　フューチャー・アースの歴史（筆者作成）

一方で、チャールズ・キーリング博士がハワイのマウナロア観測所で１９５８年に開始した観測によって、大気中の二酸化炭素濃度が継続的に増加していることが１９６０年代に立証された。１９７０年には地球寒冷化説が主張されていたが、アメリカ気象局に勤務していた真鍋淑郎博士は大気循環モデルを構築して数値シミュレーションを行い、１９７５年および１９８０年に発表した論文[9][10]で、二酸化炭素濃度が倍増した場合の大気の温度の変化を予測し、温暖化の可能性に警鐘を鳴らした。

　このような研究を背景として、国際科学会議（ＩＣＳＵ）の下で、四つの地球環境プログラムが組織され、地球環境に関するさまざまな研究プロジェクトが推進されてきた(図23)。国際科学会議(ＩＣＳＵ)とは、科学の推進を目的として１９３１年に組織された非政府組織であり、各国の科学アカデミー（日本の場合には日本学術会議）が会員となり、会員機関からの拠出金と、国連からの助成金によって運営されている。ＩＣＳＵの下で最初に組織されたのは、「世界気候研究計画」（ＷＣＲＰ、１９８０年設立）である。続いて、「地球圏・生物圏国際協同研究計画」（ＩＧＢＰ）が１９８６年に組織され、気候という物理現象と、二酸化炭素の固定など、生態系において生物がひき起こす諸現象の関係についての国際共同研究が推進された。さらに、１９９１年には「生物多様性国際研究プログラム」（ＤＩＶＥＲＳＩＴＡＳ）が組織され、生物の多様性が生態系や人間社会に及ぼす影響についての国際共同研究が推進された。また、１９９６年に組織された「地球環境変化の人間的側面国際研究計画」（ＩＨＤＰ）では、地球環境変化の背景に人間活動があるという認識にもとづいて、人間活動に注目した地球環境研究が推進された。

このように、ＩＣＳＵ傘下の地球環境プログラムは、気候という物理現象からスタートし、生態系や生物多様性に活動を拡大し、最終的に人間的側面の科学へと発展してきた。２００１年にはこれら四つのプログラムの連携強化を目標とする地球システム科学パートナーシップ（ＥＳＳＰ）が組織された。しかし、四つの地球環境プログラムが独自に科学計画をたて、研究を推進する中で、ＥＳＳＰは四つのプログラムを連携させることに十分な力を発揮できなかった。そこで、フューチャー・アース構想が提案され、結果として、四つのプログラムが一つに統合された。これは画期的なことだが、関係する科学者には大きなとまどいをもたらした。

私は２００６年から生物多様性国際研究プログラム科学委員会に加わり、バイオジェネシス（bio-GENESIS）という、進化生物学を軸とする新しいコアプロジェクトの共同議長の一人として、科学計画立案をリードする役割を担った。[11] もう一人の共同議長であるイェール大学のマイケル・ドノヒュー博士と協力して、第1回 バイオジェネシス科学委員会を九州大学で開催し、その後の国際討議を通じて、バイオジェネシスの科学計画を起草した。[12] その作業が終わり、２０１０年に名古屋で開催された生物多様性条約第10回締約国会議を経て、いよいよ科学計画の実行を本格化させようとした段階で、フューチャー・アース構想が提案されたのである。その結果、生物多様性国際研究プログラムはフューチャー・アースに統合されて消滅することになり、フューチャー・アースというより大きな構想の中で、新たな科学計画を考える必要に迫られた。

目指すは超学際科学と社会のトランスフォーメーション

フューチャー・アースが掲げる構想は、壮大だ。第一にそれは、地球環境に関係するあらゆる自然科学・社会科学の統合を目指している。[13] 前述の「人新世」に至る歴史からお分かりいただけるように、地球環境問題は人類史と深く関わっているので、歴史学的アプローチは欠かせないし、その解決のためには、経済学や政治学、法学などの社会科学分野との連携が欠かせない。しかし、個々の科学分野の研究が高度に専門化し、一人の研究者が一つの専門分野を俯瞰することすら容易ではなくなっている時代に、地球環境問題に関わるあらゆる科学を俯瞰し、統合するという壮大な目標を、いったいどうすれば達成できるだろうか？

第二に、フューチャー・アースは科学の統合だけでなく、transdiscipline（超学際）を目標にしている。transdisciplineは、統域とも訳されるように、さまざまなステークホルダー（企業、市民、行政官、政治家など）と科学者の連携による実践的な知の統合を意味する。従来の学際（interdiscipline, multidiscipline）が、専門分野が異なる科学者の間での知の統合であったのに対して、超学際は実際に問題解決に科学を役立てるために、あらゆる関係者と連携することを目指しているのだ。商品開発に例えれば、従来の科学が商品化に必要な知識の提供に留まっていたのに対して、超学際科学は実際の商品化に至る家庭で必要とされる実践的な知にまで、科学者の努力の範囲を拡大することを求めている。この超学際という理念をどう実現するかをめぐって、科学者の間で熱心な議論と検討が始まっているが、明快な答えはまだ出ていない。

第三に、フューチャー・アースは超学際科学を通じて、社会の改革（transformation）に貢献するという目標を掲げている。[13] しかしこれもまた、難しい目標だ。確かに、地球環境問題の解決には、社会の改革が必要だ。「人新世」に至る歴史の紹介で俯瞰したとおり、地球環境問題は人類が生み出したエネルギー革命・市場革命・科学技術革命の産物である。エネルギー利用のあり方、市場のあり方、そして科学技術のあり方自体を改革（transform）する努力ぬきに、地球環境問題の最終的な解決はないだろう。しかし、どうすれば社会をより良い方向に改革できるのか？　それが問題だ。

超学際科学を考える土台

私は生物多様性国際研究プログラム科学委員会メンバーの一人として、フューチャー・アース構想についての国際討議の荒波にもまれることになったのだが、自然科学と社会科学の統合、科学者とステークホルダーの連携、社会の改革というフューチャー・アース構想が掲げる目標について、幸いにも私には考える土台があった。自然科学と社会科学を統合する上で、私の専門分野である進化生物学は、非常に有利な位置にある。社会科学が対象とするあらゆる社会現象は人間の行動によって引き起こされたものであり、したがって人間の行動習性がどのようにして進化したかについての理解は、社会科学と自然科学を統合する上での重要な鍵となる（第2章）。

科学者とステークホルダーの連携に関しては、生物多様性保全の現場でさまざまなステークホルダーと合意形成の経験を積んできた。その経験をもとに、日本生態学会生態系管理専門委員会で策定した「自然再生事業指針」[14]は、超学際科学の先駆的試みに数えても良いだろう。

そして、社会の改革に関しては、学生時代にマルクス、エンゲルスの著作を読んで以来、彼らの理論の問題点を私なりに考え続けきた。私は中学3年生のときに安田講堂事件、高校2年生のときにあさま山荘事件をテレビで見たポスト紛争世代であり、学生運動に何ら幻想を抱くことがなかった。大学に入学した頃には、社会主義国での人権侵害や公害問題も明らかになっており、社会主義に対する幻想もなかった。しかし、大学入学後に読んだマルクス、エンゲルスの著作はとても興味深かった。『資本論』第1巻[15]における、物々交換の時代から貨幣が発生し、資本主義の発展に至る経済史の分析や、『家族、私有財産・国家の起源』[16]における古代社会の発展過程の分析は、進化生物学に興味を持つ私にとって、とりわけ興味深い論考だった。

その後、進化生物学の理論を本格的に学ぶ過程で、マルクス、エンゲルスの社会変革理論の誤りに気付かされた。この気付きを研究として深めるつもりはなかったが、フューチャー・アース構想にかかわったおかげで、この問題について改めて深く考えるきっかけを得た。社会主義という実験が失敗に終わったことは明らかだが、「コモンズの悲劇」をはじめとして、資本主義がさまざまな問題を抱えているのも事実だ。このような社会をどう改革するかについて、進化生物学や他の科学諸分野の到達点を総合して、現時点で最善の答えを追及することは、やりがいのある研究課題である。フューチャー・アースが目指す社会の改革を実現するには、この課題に正面から取り組む必要がある。

人間の理解を中心に据えた新たな科学観

私は理学部で自然科学者としてのトレーニングを受けたので、自然の理解の基礎には物理法則があり、その上に化学の法則があり、大気などの地球システムや、人間を含む生命システムは、物理・化学法則に基づいてはじめて理解できると考えてきた。そして、科学において最も重要なことは、できるだけ一般的な法則の解明だと考えてきた。今でも私はこの理学的科学観が好きである。

しかし、今日私たちが直面する多くの問題の解決にあたっては、この科学観は必ずしも有効ではない。私たちが直面する問題のほとんどは、私たち人間自らが引き起こしている。したがって、その解決にあたっては、人間の理解を中心に据えた新たな科学観が必要なのだ。人間、すなわちヒト（*Homo sapiens*）は、おそらく５００万種を超える多様な生物の1種に過ぎない。この多様な生物の中で、高度な言語能力を持つのはヒトだけだ。したがって、言語能力に支えられた人間の特質には、生物学上の一般性はない。

しかし、科学を含む私たちの世界認識は、実はこの言語能力と、それを可能にする高度な脳の働きによって成り立っている。私たちの行動もまた、脳が司る認知システムに依存しており、道徳も、愛情も、怒りも、幸福感も、すべて脳が生み出す心理現象だ。そしてこれらの心理現象を行動に結び付ける行為が、意思決定（decision making、広い意味での決断）だ。私は、さまざまな心理現象や、人間の意思決定についての科学的理解をひろげ、それを市民の常識にすることによって、多くの社会問題の解決がより円滑に進む条件が生まれると考えている。その方向へのささやかな努力として、本書を書いた。

これまでの5章を通じて、人間の意思決定や行動に関するかなり広範な分野の知識を関連づけ、環境との関わりを含む人類史について展望してきた。この理解のうえに立って、次の第6章では、フューチャー・アースがめざす「社会変革」というテーマをとりあげる。

さらに学びたい人のために

ジャレド・ダイアモンド『文明崩壊(5)』は人類史的な視点で地球環境問題を扱った名著だ。いたずらに危機をあおらず、どうすれば危機を回避できるかについての建設的な主張が書かれている。企業の役割をポジティブに評価している点も建設的だ。地球環境問題と関係が深い科学技術史については、同じ著者の『銃・病原菌・鉄(17)』の中で触れられている。『ドングリと文明(2)』は、ブナ科カシ属の樹木（オーク）がいかに人間の文明の発達に貢献したかという視点で人類史を展望したユニークな著作だ。産業革命以前の文明がいかに森林の生物資源に依存していたかがよく理解できる好著。

『資本論』第1巻(15)は、物々交換から貨幣経済への移行と、その後の資本主義の発達を考察し、「剰余価値」や「搾取」という概念を確立した歴史的著作だ。資本主義の問題点を考えるうえでは、今なお必読書である。一方、『家族私有財産および国家の起源(16)』は、出版当時の限られた知識にもとづいて書かれた本であり、今となっては古すぎる。このテーマに関心がある方は、第4章で紹介した本を読むことで、エンゲルスの時代よりもはるかに進んだ知識を学べるはずだ。

コラム5

日本とメキシコが歩んだ正反対の150年

東洋でも西洋でもない国から学べること

日本人は世界を西洋と東洋に分けて考えがちだ。実際には、西洋でも東洋でもない国が世界の大半を占めているし、また西洋、東洋それぞれの中に大きな多様性がある。しかし、明治維新以来西欧文明に追いつくことを目標に近代化を進めてきた日本では、西洋と東洋の二分法で世界を見る発想がいつのまにか社会に根を張ってしまった。この発想から脱却するうえで、メキシコはとても良いきっかけを与えてくれる。

メキシコは東洋でも西洋でもない国である（図24、25）。東洋の文明は、稲作に支えられて発展した。西洋の文明は小麦を主食とし、さらに牧畜に支えられて発展した。一方メキシコでは、トウモロコシを主食とする文明が発展した。メキシコのアステカ帝国は１５２１年にスペインによって滅ぼされたが、多くの先住民文化はその後も存続し、ギターなどの西洋文明の産物を取り入れながら新たな発展を遂げた。現在のメキシコは、メスティーソ（スペイン人と先住民の混血）が国民の60％、先住民が25％を占める多文化共生社会であり、日本からの移民の子孫も暮らしている。

日本とメキシコ、悲劇的だった最初の邂逅

そのメキシコと日本との最初の接触は、豊臣秀吉の時代にさかのぼる。フィリピンのマニラを出港

図24　メキシコシティ国際空港の通関フロアの壁画。東洋でも西洋でもない独特の雰囲気に満ちている

し、メキシコのアカプルコに向かったガレオン船（貿易用の大型帆船）が、台風によって甚大な被害を蒙り、土佐に漂着した。時は１５９６年、豊臣秀吉がバテレン追放令を発布した11年後のことだ。この船には、メキシコ出身の宣教師サン・フェリペ・ヘススが乗っていた。彼は捕えられ、故郷に帰る夢を断たれ、異国の地で殉教した。国内で活動していたキリスト教徒とともに長崎で処刑されたのだ。彼の処刑の様子は、出身地であるクエルナバーカ（メキシコシティの南にある地方都市）の大教会に、壁画で描かれている。

　この事件は悲劇であるがゆえに人々の記憶に長く残り、日本とメキシコの友好を促すきっかけとなった。処刑された26人は１８６２年にカトリック教会によって聖人の列に加えられ、この列聖を記念して、１８６４年には長崎に「大浦天主堂」が建てられた。また殉教地である西坂公園にはブロンズの26聖人像をはめ込んだ記念碑が建てられ

図25　メキシコの文化遺産を展示するメキシコ国立人類学博物館

た。[1] 大浦天主堂は長崎市を訪れる観光客の半数以上が立ち寄る人気スポットだが、同時に日本とメキシコの友好の象徴でもある。

２回目の接触は、１６０９年、徳川家康が江戸幕府を開いた６年後のことである。やはり、マニラからアカプルコへと向かう船が台風に襲われ、上総（現在の千葉県御宿）に漂着した。この船には、メキシコ生まれのロドリゴ・デ・ビベーロ元フィリピン総督が乗っていた。彼は総督在任中、マニラで起こった日本人暴動に際し暴徒を日本に送還し、家康に友好的な書簡を送った経歴の持ち主だった。徳川家康は彼と駿府城で会見し、安針丸を用意して一行がアカプルコに戻ることを助けた。[2]

この事件のあと、１６１３年には伊達正宗が支倉《はせくら》常長《つねなが》を正使とする遣欧使節を送り出した。一行は、現在の石巻市からアカプルコ港に渡り、さらにメキシコを横断してベラクルス港からスペインのセビリア港に渡り、陸路でローマに至り、ローマ法王パウロ5世と謁見した。しかしながら、6年ぶりに戻った日本で彼らを待ち受けたのは、西洋文明の知恵を否定し、キリスト教への取り締まりを強化する幕府の方針だった。(3)

移民を受け入れたメキシコ、海外への移民を奨励した日本

この2回の事件から分かるとおり、フィリピン〜メキシコ〜スペインを結ぶ航路は、ヒスパニック世界（スペインが統治した世界）の交易における動脈であり、フィリピンは、スペインのアジア進出の拠点だった。ガレオン船（帆船の一種）による、フィリピン・マニラとメキシコ・アカプルコを結ぶ交易は、16世紀半ばから19世紀初頭まで、約250年間続いた。この間、メキシコからチリに至る新大陸は、ブラジルを除いてスペインの統治下にあった。残念ながら、江戸幕府の鎖国政策によって、ヒスパニック世界と日本とのチャンネルは閉ざされた。このチャンネルが再び開かれたのは明治維新以後のことである。

1821年にスペインから独立したメキシコは、アメリカ合衆国やフランスによる干渉との戦いを経て、1866年に主権を回復した。明治維新の2年前であり、メキシコ合衆国と日本はほぼ同時期に近代化を開始したのだ。メキシコは近代化を進めるための労働力を必要とし、日本を含むさまざまな国から移民を積極的に受け入れた。一方の日本は、明治維新後の市場経済の導入によって生じた余剰労働力のはけ口として、海外への移民を奨励した。最初は出稼ぎ移民だったが、1892年に外務大臣に就任した榎本武揚《えのもとたけあき》は、メキシコの土地を買い上げ、定住型の組織的殖民事業を開始した。1897年には、メキシコ南部のチアパス州エスクイントゥラに「榎本殖民団」が入植した。しかし、

この殖民事業に対する政府の支援は資金不足によって打ち切られ、殖民団は大変な苦労を強いられた。この苦労を乗り切って事業に成功した日本人たちが、その後の日本とメキシコの友好の礎を築いた。(4)(5)彼らの物語はドラマチックであり、ぜひテレビドラマか映画を製作して、国民に広く伝えたいものだ。

メキシコで尊敬を集める日本人

「榎本殖民団」のあとにエスクイントゥラに入植した日本人の中に、植物学者である松田英二博士（1894～1978年）の名がある。内村鑑三の門下生だった彼は、キリスト教精神に基づく理想郷を建設するという使命を帯びてメキシコに渡り、「希望農場」の経営を成功させた。そして農場経営の収益を使ってアメリカ合衆国から研究者を呼び寄せ、エスクイントゥラ周辺の動植物を研究する機会を与えた。(6)

しかし、高い志を持ったこのプロジェクトは、第二次世界大戦の開戦によってついえた。メキシコは連合国に参加し、松田博士は農場経営と動植物研究を断念せざるを得なくなった。松田博士はその後、学問的な貢献を評価され、メキシコ国立自治大学に教授として迎えられた。そこで松田博士は、大学に植物園を開設するという大事業を成し遂げた。植物園の入り口に立つ植物標本館には、今でも松田博士の写真が飾られている。私が後進の植物学者としてこの標本館を初めて訪れたのは、松田博士が他界されてから16年後のことだった。

松田博士は、「希望農場」で働くメキシコ人への識字教育の点でもすばらしい功績を残した。彼は自宅を開放し、聖書を使って村人に文字を教えた。彼の聖書学校の卒業生は2000人を超え、その中には議員などの要職を得て活躍した者もいた。[4][5] その功績を大統領に評価され、日米開戦後も彼はチアパス州にとどまり、識字教育を続けることができた。

メキシコで尊敬を集めているもう一人の日本人に、国際的バイオリニストである黒沼ユリ子（１９４０～）がいる。黒沼は、松田博士が他界した2年後の１９８０年にメキシコシティ・コヨアカン地区に「アカデミア・ユリコ・クロヌマ」を開校し、貧しい子供たちにバイオリンを教え始めた。[7] 32年間続いたこの学校の生徒の中から、メキシコ音楽界を支える音楽家が育った。

日本とメキシコの近代化の違い

このように、メキシコとの交流史は、ヘススの悲劇を除けば心温まるエピソードに彩られている。メキシコは、近代化の速度という点では日本よりも遅かったが、多くの先住民文化を維持しながら、多文化共生社会としての近代化を進めてきた。一方の日本は、西洋文明を積極的に導入して急速に近代化したが、文化的には極めて同質性が高く、多文化共生社会の経験が浅い。その日本にとって、メキシコとの交流から得るものはとても大きいと感じる。

黒沼ユリ子は長年暮らしたメキシコを離れて２０１４年に千葉県に移住し、メキシコと日本の友好のために引き続き活動を続けている。移住先は、御宿町。４０５年前に、ビベーロ元フィリピン総督を乗せたガレオン船が漂着した場所である。この土地から始まる新しい交流史が、さらに多くの善意を集めて発展し、日本の多文化共生社会への歩みを先導していくことを願いたい。

第6章　社会をどうすれば変えられるか

6.1 どうすれば対立を乗り越えられるか？　理性の限界と格闘した天才たち

私たちには高度な理性と判断力が備わっているが、しかし古典的な市場経済モデルが仮定する〝完全な合理性〟を持ち合わせてはいない。この不完全な合理性の下で、私たちはどうすれば、よりよい社会を築くことができるだろうか。本節では、この難問に挑んだ二人の天才の考えを紹介しよう。

二人の天才　サイモンとハイト

一人目は、「経済組織内における意思決定過程に関する一連の研究」によって1978年にノーベル経済学賞を受賞したハーバート・サイモン（1916〜2001年）だ。彼は、組織・市場などの社会システムを動かす人間の意思決定について考え続け、三つの点で時代に先駆けた結論に到達した。第一に、私たちの理性は不完全なものであり、古典的な市場経済モデルが仮定するような全知全能性を持ち合わせていない。第二に、理性を補う直観は合理的な意思決定に役立つものである。そして第三に、私たちには利他性があり、市場経済モデルが仮定するように利己的な利益ばかり追求しているわけではない。しかしサイモンの聡明な頭脳をもってしても、理性と直観、利己性と利他性の関係は、未解決の問題として残された。

二人目は、道徳基盤理論によって道徳についての理解を刷新した社会心理学者、ジョナサン・ハイト（１９６３年～）だ。彼は理性と直観について「象と象使い」という巧みな比喩を考案し、理性と直観による意思決定の関係を極めて明快に説明してみせた。さらに、聖書、コーラン、仏典、論語など、東西の「偉大なる思想」を比較し、道徳的判断という一見非合理的な意思決定の背後にある心の基盤について、合理的な説明の体系を築いた。サイモンが、「社会システムをいかに合理的に機能させるか」に関心を抱いたのに対して、ハイトの関心は、「社会的対立や人間の不安をいかに緩和し、人々の協力や幸福感をいかに引き出すか」という点にある。しかしハイトの研究成果は、社会システムをうまく機能させる上でも、重要な手がかりを与えてくれる。

組織論の大家、ハーバート・サイモン

サイモンは企業などの組織を研究対象に選び、組織がその目標達成のために必要な意思決定を効率よく行うには、どうすれば良いかという問題に挑んだ。１９４７年に出版された『Administrative Behavior』（邦訳：『経営行動─経営組織における意思決定過程の研究』(1)）は、組織論の名著として版を重ね、現在もなお企業人を中心に広く読まれている。

組織について研究する中でサイモンが直面したのが、人間の不合理性という問題だ。人間の情報処理能力には限りがあり、しばしば限られた情報にもとづいて、主観的な判断をしがちだ（この制約を

サイモンは「限定された理性」と呼んだ）。しかし組織がその目標を達成するためには、可能な限り合理的な意思決定を行う必要がある。この視点から、サイモンは組織における意思決定・実行過程全般の体系化を試みた。そして水平分業（専門化）、垂直分業（階層化）などの古典的組織論における原則に加えて、組織への一体化やコミュニケーションの改善などによって理性の限界を克服する必要があると考えた。

今日では、組織が対応しなければならない問題が複雑化し、構成員のより主体的・創造的関与が求められているので、サイモンの組織論はやや時代遅れとなった感がある。しかし、完全な合理性を備えた市場を仮定した古典的経済学の枠組みに対して、「限定された理性」という視点を提示したサイモンの研究は当時としては画期的だった。ノーベル経済学賞は、この革新性を評価したものだ。

サイモンが心を砕いた「利己と利他」の壁

サイモンは『経営行動』を１９４７年に出版した後、心理学を学んで人間の認知過程を研究し、さらにコンピュータを学んで人工知能を研究した。１９６９年には『The Sciences of the Artificial』（邦訳：『システムの科学[2]』）というユニークな著作を出版し、コンピュータや組織など、あらゆる人工物の性質を、システムの挙動として統一的に体系化しようとした。

その後もサイモンは旺盛な知識欲と体系化への意欲に基づいてさまざまな本を出版したが、私にとって特に興味深いのは、ノーベル賞受賞の５年後に出版された『意思決定と合理性[3]』（原書１９８３年、邦訳１９８７年）である。本書の中でサイモンは、人間の利他行動や「限定された理性」

を進化論的に考え、その考察に基づいて、市場・組織・公共情報などの社会システムを合理化することの困難さについて述べている。

私は進化の研究からスタートして、人間の意思決定や社会的問題解決について考えるに至ったが、サイモンは間逆のルートをたどって私の専門分野、進化生物学にたどりついたのだ。サイモンは、自然選択による進化のプロセスによって協力行動（利他性）が進化する条件について考察した。これは、進化生物学の中で中心的なテーマの一つだ。サイモンは、人間の利他行動の進化を可能にした条件として以下の三つをあげているが、この理解はかなり正確だ。

⑴ 他者の利他行動を承認し、利己的行動を非難する行動
⑵ その承認・非難への情動（罪の意識など）
⑶ 利他行動に返報する行動

その上でサイモンは、「従順さ」が人間の利他行動を進化させたと主張した（この「従順さ」は、主要性格因子ビッグファイブのうち「良心性」に相当する）。彼は「従順さ」を「社会的に承認されている方法で行動し、承認されていない方法で行動するのを控える傾向」と定義し、このような個体は自然選択の上で有利だったと考えた[4]。

上記の⑴、つまり従順でない個体に対する非難（より厳密には、生存力や繁殖力に影響する「処罰」）があり、そのコストが利己的にふるまう場合の利益を上回れば、確かに利他的な個体が有利になる。ヒトの狩猟採集社会においては、ルールを守らない者への厳しい処罰があることが分かっており、お

そらくこのような処罰が集団への忠誠心を進化させ、人間を極めて利他的な生物へと進化させたと考えられる。

サイモンはこのように、人間の利他行動が進化した条件についてかなり正確な理解に到達した。にもかかわらず、本書の結びでは以下のように述べた。

〈われわれ自身の私的な意思決定において、第一次的な近似としては、人々が利己心から行為するだろうと仮定するのは、おそらく的を得ている。〉

〈それゆえ、どのような社会においても、主要な課題は、利己心が啓発されるのは当然であるとする社会的な環境を創り出すことである。〉

サイモンはこのように、人間の利他性についてよく理解しながらも、市場においては人間の利己性を一次近似とみなし、利己性に基づく市場原理への支持を捨てなかった。この利己的市場で解決できない問題は、組織や制度が解決するしかない。しかし、組織や制度を動かす人間の意思決定にも、非合理性がある。サイモンは、自ら「限定された理性」と名付けたこの非合理性の問題を解決する方法として、可能な限り理性の力を強化することに、希望をつないだ。そして『意思決定と合理性』の最後を、以下の見解で結んだ。

〈成功は、人々が自分たちの利益のために何を決定するかに際して、もっと広範囲な結果を考慮に入れるように人間の視野をひろげるわれわれの能力にかかっている。〉

〈われわれの運命は全体世界の運命と密接に結ばれているということを認識するようになるかどうかにかかっている。〉

次に紹介するハイトの比喩を借りれば、サイモンは最後まで「象使い」による合理的な判断能力を高める道を追求した。しかし、私たちの意思決定を大きく左右しているのは実は「象」、すなわち直観だ。したがって、「象に語りかける」努力抜きには、社会システムはうまく働かないのだ。

象使いの名手、ジョナサン・ハイト

『しあわせ仮説[(5)]』は、人間の心の成り立ちについて、理性だけでなく直観に語りかける本だ。ジョナサン・ハイトは、まず子どもの頃の乗馬体験について語り始める。彼が国立公園で乗った馬は、崖に向かう道を駆け下りた。道は崖の前で左に曲がっていたが、馬上のハイトは恐怖に固まってしまい、馬に「左に曲がれ」と指示を出したいのだが、それができずにいた。あわや崖に転落かと思ったとき、馬は勝手に左に曲がり、何事もなく道を駆け続けた。

ハイトによれば、直観と理性の関係は、このときの馬とハイトの関係に似ている。理性は時間をかけて正確な判断しようとするので、馬上のハイトのように、とっさの判断を下せない。一方で直観には、馬と同様に、さまざまな状況において瞬時に的確な判断を下す力が備わっている。この直観の力は巨大だ。したがって、例えるならば馬よりも象がふさわしい。直観は、ダニエル・カーネマンが「システム１」と呼ぶ認知システムだ。直観は自動運転している認知システムであり、感情や道徳などを使ってさまざまな問題に瞬時の判断を下す（2.1）。

私たちは日常生活の中で、多くの意思決定を直観によって無意識のうちに行っている。一方で理性（システム2）は、注意を払うことによって初めて駆動できる認知システムだ。本を読んだり、文章を書いたり、議論をしたり、物事を計画したり、長期的・総合的な判断をするときには、理性を使う。理性には、一度に一つのことしか考えられないという欠点がある。また考えるときには、言語・数式などのツールを使う。これらのツールを使って考えるのは、脳内で多くのブドウ糖を消費する点で、コストのかかるプロセスだ。脳はこのコストをかけることに抵抗するので、理性を使う作業をわれわれはしばしば面倒くさいと感じる。

直観を「象」に、理性を「象使い」に例えることで、私たちは理性の限界をよく理解できる。もし象（直観）が何かをしたいと思ったら、象使い（理性）がそれを止めることは難しいのだ。それでも多くの場合、象は物事をうまく判断できる。直観は生物進化の長い歴史を通じて自然選択によって洗練されたシステムなので、私たちの祖先が繰り返し直面した問題については、即座に的確な判断を下してくれる。

ハイトの比喩は、象使いではなく、象に語りかけることを意識したものだ。ハイトの本にはこのような比喩や、冒頭の乗馬体験のようなエピソードが多用されているので、とても分かりやすい。一方、サイモンの本は難解だ。企業人の間では、「何回読んでも難解」という評判があるそうだ。サイモンの本は、かなり知性の高い象使いを読者に想定している。これに対してハイトは、象に語りかける名手だ。

ハイトは理性と直観に関係する脳の領域についても、比喩を使って分かりやすい説明をしている。

脳は、部屋の建て増しを重ねた家のようなものだ。動物の脳には、最初は後脳(脊椎につながっている)・中脳・前脳という三つの部屋しかなかったが、身体と行動がさらに複雑に進化すると、新しい部屋が前方に継ぎ足されてきた。その結果、ほ乳類の脳には、視床下部、海馬、扁桃体などからなる「大脳辺縁系」ができた。霊長類ではさらに前方に「新皮質」が建て増しされた。理性的判断はこの新皮質によって実行されているが、実は新皮質の一部（目のすぐ上に位置する前頭前皮質腹内側部）は情動的な反応の際にも強く活性化する。4.5で紹介したように、この領域に損傷を持つ患者は、思考力や知能は正常なのだが、喜びや恐怖を感じることができない。そのため、あらゆる可能性を考えようとして混乱し、何も決められない。私たちの理性的判断は、実は情動が生み出す直観的判断に支えられているのだ。

象に語りかける必要性

このことにサイモンは『経営行動』初版の時点で気づいていたが、理性的判断と直観的判断は、「合理的な決定」を導く限り、本質的に同じものだと考えた。同著の新版では、第５章のコメンタリーとして「直観の役割」が加筆され、その後の研究の進展が要約されている。この中でサイモンは、直観がもたらす「非合理的な決定」については、ストレスがかかった感情が作り出すものであり、直観の合理的な側面と混同してはならないと述べている。ハイトの例えを使えば、サイモンは象使いの目標に象が従う限りにおいて、象の役割を認めているのだ。しかし実際には、象が担っている役割はもっと大きなものである。その中には、倫理的・道徳的判断も含まれる。

サイモンは、意思決定における「事実的命題」と「価値的（倫理的）命題」を区別し、後者の正しさを経験的あるいは合理的にテストする方法はないと考えた。では、私たちは倫理や道徳にもとづく価値判断の是非を、どうやって決めれば良いのか？　この難問に答えるヒントを与えてくれるのが、ハイトの道徳基盤理論だ。

4.5で紹介したように、ハイトの理論では道徳基盤はケア、公正、自由、忠誠、権威、神聖の六つから成る。この六つの道徳基盤はヒトに至る進化の過程で形作られたものであり、私たちが社会の中で協力する上での倫理的判断を支えるものだ。ただし、どの道徳基盤をどの程度重視するかについては文化的な違いがあり、さらに同じ文化の中でも個人差がある。その結果、ケア・公正・自由を重視する「リベラル派」と、忠誠・権威・神聖を重視する「保守派」の対立が生じたりする。この対立は「象」の判断に根差しているので、「象使い」どうしによる議論で解決することは容易ではない。対立を乗り越えるには、「象に語りかける」スキルを磨く必要がある。ではどうすればうまく「象に語りかける」ことができるのだろうか。「象に語りかける」には、「象」が「しあわせ」を感じる方法を工夫する必要がある。その具体的方法については、6.2でとりあげる。

ハイトは彼の著作に『しあわせ仮説』というタイトルをつけた。東西を問わず、「古代の知恵」には人間の徳や幸福についての指針がある。例えば仏陀は、精神的に鍛錬された人になるための「八正道」を説いた。ギリシャの哲学者プラトンもアリストテレスも、徳とその育成についての本を書いた。ところが18世紀ヨーロッパにおいて啓蒙主義が広がり、科学・技術と商業が発展し、社会的・政治的計画を合理的なものにしようとする人たちが活躍した結果、西洋文明は道徳性を弱体化させるという誤りを犯した、とハイトは述べている。例えば、功利主義の創始者として知られるジェレミ・ベンサムとその後継者たちは、他の倫理的原則を侵してでも最大利益をもたらす規則や政策を作り出そうとしてきた。サイモンがこの流れをくむ人物であることは言うまでもない。

科学・技術・市場が私たちにもたらした貢献を考えれば、啓蒙主義・合理主義はたしかに社会の進歩に貢献した。それを否定すべきではない。しかし、合理主義の追求だけでは、私たちは幸せにはなれない。すでに多くの企業や組織がこのことに気づき、新たな努力を開始している。(6) サイモンが『経営行動』の第10章で「忠誠心と組織への一体化」をとりあげ、一体化の心理学的根拠を考えたのはもっともなことだ。彼は「象使い」だけでなく「象」に語りかける必要性を、まさしく直観的に理解していたのだろう。

今はまだ、サイモンの『経営行動』が企業人のバイブルと言われているが、これからの時代の組織経営には、ハイトの『しあわせ仮説』に書かれた知恵が必要だ。その知恵は、ちっぽけな「象使い」である私たちの理性に、「象」というとても強力な味方がいることを教えてくれる。「象」は時として感情に流されるが、「象使い」がしっかりと「象」に語りかけることができれば、冷静さを取り戻し、その大きな力で私たちを助けてくれる。

さらに学びたい人のために

ハイトの言う「象」(直観)と「象使い」(理性)の関係についてさらに理解を深めるには、ジョシュア・グリーン著『モラル・トライブズ』[7]が必読書だ。グリーンは、直観にもとづく「速い道徳」と、理性にもとづく「遅い道徳」を区別し、これらをカメラの「オートモード」と「マニュアルモード」にたとえた（ハイトのたとえに比べ、直観と理性の関係をより対等に扱っている）。前者は小規模な狩猟採集社会における協力行動の進化にともなって発達したものであり、この性質のおかげで私たちはルールを破る行為に罪の意識を感じ、ルールを守って協力行動を維持できる。「コモンズの悲劇」（5.5）のようなコミュニティ内のコンフリクトを解決するうえで、この「オートモード」は有効に働く（つまり、ハイトの言う「象」を信用してよい）。しかし、私たちの社会が直面している多くの問題は、コミュニティ内ではなくコミュニティ間（リベラル対保守、あるいは国の間など）で生じている。そしてロバーズケイブ実験（4.5）で示されたように、私たちは対立するチームに敵愾心を持つ習性があり、ここに道徳観の違いが加わると、深刻な政治的対立が発生するのだ（この状況では「象」を制御する必要がある）。グリーンはこれを「コモンセンスモラルの悲劇」（常識的道徳の悲劇）と名付けた。現代に暮らす私たちは、異なる常識や道徳規範を持つ複数の集団（モラル・トライブズ）からなる社会に生きており、道徳規範の違いゆえに対立するのだ。この道徳規範の違いは、「オートモード」の違いなので、そこから生まれる対立を解決するには「マニュアルモード」（つまり理性）に切り替えるしかない。そこでグリーンは、いつ「マニュアルモード」に切り替えるかについての世界共通の新たなルール（メタ道徳）を粘り強く作り上げようと提案している。この方向性自体は納得がいく。

このメタ道徳構築のうえで、グリーンは功利主義に大きな希望を見出している。しかし、功利主義は「オートモード」が反発を感じる考え方だ。たとえば一人を殺せば5人が助かるというような功利主義的議論に、私たちの直観は反発する。遺伝子組み換え食品がいかに安全かという科学的証拠を見せられても、「嫌だ」という結論が先にあれば、私たちの理性はなかなか直観にあらがえない。ハイトが提起したこの問題に答えるうえで、グリーンの功利主義擁護論は十分な説得力を持ってはいないように思う。

スティーブン・ピンカーは名著『暴力の人類史』(8)の中で、人間の理性には異なる道徳感覚に対応する4つの推論様式があると指摘した。その4つとは、名義尺度（善か悪かの二項的判断）、順位尺度（階層の序列にもとづく判断）、間隔尺度（大小の比較にもとづく判断）、定量尺度（市場における価値づけに代表される数字による判断）であり、それぞれ「共同体的分かち合い」「権威序列」「平等対等」「合理合法」という4つの人間関係モデルに対応しているという（これらの人間関係モデルは、ハイトの道徳基盤で言えば「神聖＋忠誠」、「権威」、「ケア」、「公正＋自由」におよそ対応する）。そしてピンカーは、社会制度全体が次第に「合理合法」を重視するように変化してきたと指摘している。

ピンカーの4区分は「速い道徳」「遅い道徳」というグリーンの区分よりも複雑だが、こちらの方が私たちの道徳判断の実態をうまく整理できていると思う。ピンカーは社会全体が賢くなり、「集合的理性」が磨かれることで、対立から生じる暴力が減らせると主張している。

道徳判断の違いから生じる対立の緩和・解消は、より平和な未来を築くうえでとても大事な課題だ。私たちはまだ、この問題を解決するための最終的な答えを得てはいないが、ハイト、グリーン、ピンカーらの知的努力は、私たちが進むべき方向を指し示している。私たちは、直観・理性・道徳に関する私たち自身の性質をより正確に理解することで、より賢明な選択肢を考えることができるはずだ。残る4つの節では、この問題についてさらに理解を深めよう。

6.2 どうすればリーダーはメンバーを幸せにできるか？

チームワークのパフォーマンスをいかに上げるか、これはあらゆる組織が直面している課題だろう。組織には水平分業（業務の役割分担）と垂直分業（指揮系統の階層化）が必要だが、これらの分業は一方で「縦割り」や「集団浅慮」などの弊害を生む原因となる。その結果、組織のパフォーマンスは低下し、しばしば想定できた危機を回避できずに大失敗を招く。どうすれば「縦割り」や「集団浅慮」などの組織運営不良を乗り越えて、チームのパフォーマンスをあげることができるのだろうか。

ダメ軍艦を最優秀艦に変えたキャプテン

マイケル・アブラショフは、合衆国海軍の「お荷物」と呼ばれていた誘導ミサイル駆逐艦「ベンフォルド」をわずか2年間で最優秀艦に変えた伝説の指揮官だ。彼の著作『It's your ship』（邦訳『アメリカ海軍に学ぶ「最強のチーム」のつくり方[(1)]』）には、あらゆる組織の改革に役立つ知恵が詰まっている。

アブラショフが採用した基本方針はきわめて簡単なものだ。「部下の身になって、何がいちばん大事かを考えてみる」。そして彼はクルーに対して繰り返し次の言葉を投げかけた。It's your ship!（君が艦長だ）。彼はベンフォルドに１９９７年に着任した後、３１０名のクルー全員と面接し、みんなの力でこの艦を変えたいという思いを直接伝えた。さらに一人ひとりのこれまでの人生の歩みや今後の目標に耳を傾けた。部下の多くは大学に行ける経済的余裕がなかったために入隊していたが、みな善良で、正直で、勤勉な若者だった。面接の結果、「私の中で何かが変わった。部下たちをとても尊敬するようになり、もはや彼らは、私が命令で怒鳴りつけるだけの名もなき連中ではなくなった。私は彼らの最強の応援団長になろうと思った」と、アブラショフは書いている。

彼は艦長室ではなく下甲板でクルーと一緒に食事をとり、クルーの提案に耳を傾け、艦を改善することに役立つならどんな提案も実行に移した。ときには上官と言い争うこともいとわなかった。そんなとき、彼は艦内放送のマイクをオンにし、上官との会話をクルー全員に聞かせた。結果として艦長の（実際にはクルーの誰かの）提案が却下されたときにも、彼がクルーのために行動していることが、クルー全員に伝わった。その結果、クルーの姿勢が変わった。「全員の力でベンフォルドを海軍最高の艦に育てる」という目標がクルー全員に共有され、ベンフォルドは半年ほどの間に、見違えるほど能力の高い駆逐艦に生まれ変わった。

ペルシャ湾艦隊の危機を救う要に

アブラショフ艦長の方針が功を奏した一例を紹介しておこう。ベンフォルドがペルシャ湾艦隊の一員として現地での任務に就いていたとき、深刻な通信トラブルが発生した。ペルシャ湾艦隊が連絡用に使っていた無線システムは通信能力の点で時代遅れになっており、その通信障害によって艦隊全体に危機が迫っていた。戦場での通信障害は死活問題だ。そこでベンフォルドの出番である。ベンフォルドの無線技士ラファルコは、ミサイル発射時の緊急通信用に各艦に搭載されている衛星システムに目をつけた。彼は、何時間もかけて技術マニュアルを読み込み、この衛星通信システムを使えば、ペルシャ湾艦隊が直面している通信トラブルを解決できるとアブラショフ艦長に提案した。

しかし、各艦の無線技士はこのシステムを使う訓練を受けていないので、衛星通信システムを活用するには各艦の無線技士を訓練する必要があった。そこでアブラショフ艦長は上官を口説き、ラファルコを他の艦に派遣して衛星システムの使い方を訓練させた。その結果、通信トラブルは解消され、ペルシャ湾艦隊は大容量通信を24時間正確に行えるようになったのだ。これはベンフォルドが達成した成功のほんの一例だ。ベンフォルドでは、クルー全員による改善のサイクルが回り続け、数々の新しい成功が生まれた。

「辞めたい」と告げた部下にアブラショフは

アブラショフ艦長が一人ひとりをいかに大切にしたかを示す別のエピソードがある。艦の活力が目に見えて高まり、アブラショフが手ごたえを実感し始めていた時のことだ。面接した19歳の部下は、艦が好きになれず、早く海軍を辞めたいとアブラショフに告げた。

その部下に、「君は優秀な電子技術者だから、海軍を辞めても電子工学の分野で仕事がみつかるように協力しよう」と提案したところ、電子工学の仕事に就く気はない、将来は社会福祉に携わりたいと彼は答えた。「それじゃお金にもならんだろう。技術者としてなら年収6万ドルから8万ドルの仕事を見つけてやることもできる」と言うアブラショフに対して、彼は孤児院で育った経験を語り、自分が体験した辛い思いを他の子どもたちに味わわせたくない、だから福祉の仕事がしたいのだと切り返した。アブラショフは「愚かな自分をどこまでも恥じた。自分の年齢の半分にも満たない人間に、基本的な価値観を正されたのだ」と述懐している。

そのあと、1週間ほど考え続けてアブラショフが出した結論がすばらしい。「彼の希望は、将来ではなく今すぐ叶えられるべきだ」と考えたアブラショフは、彼にサンディエゴ基地の近くで援助を希望する学校を探させた。そして彼を中心とするボランティアチームを組織し、本の読み聞かせなどの奉仕活動を開始した。この活動はその後海外にも拡大し、外国の港に立ち寄るときにはいつも、孤児院や病院を見つけて奉仕活動を行うようになった。社会福祉に携わりたいという彼の夢は、寄港する先々で叶ったのだ。

「幸せの3要素」を感じられるか

ベンフォルドを変えたアブラショフの運営方針は、組織を改革し、そのパフォーマンスを高める上での普遍的な真理をすべて兼ね備えている。

第一に、彼は部下の主体性・自主性を徹底して引き出した。人間は、命令されてばかりだと命令以外のことを考えなくなる。しかし、責任を任され、自分の創意工夫が生かせる立場に立てば、自分で考え、創意性を発揮する。組織の活力を高めるには、メンバー一人ひとりの主体性を尊重し、創意性を引きだすことが重要だ。

第二に、アブラショフは自分が信頼できる人間であることを示す「正直なシグナル」を送り続け、その結果、部下の信頼を勝ちとった。彼は奉仕型リーダーの理想形を体現している。もしリーダーに心の余裕と実力があれば、部下に機会を与えたり、スキルを教えたりする奉仕行動を続けることが可能だ。そしてこの方法こそが組織のパフォーマンスを高める理想的な方法であることを、アブラショフは身をもって示した。

第三に、アブラショフはクルーに、幸福の3要素をすべて与えた。マーティン・セリグマンの著作『ポジティブ心理学の挑戦』(2)によれば、幸福には「ポジティブ感情」「エンゲージメント」「意味・意義」という三つの要素がある。

「ポジティブ感情」とは喜び、楽しみなどの感情であり、このような感情を感じる時、人間は幸せである。このような幸せを感じる人生を、セリグマンは「快の人生」と呼んでいる。アブラショフは、ベンフォルドでのクルーの毎日が「快の人生」となるよう、あらゆる努力をしている。

「エンゲージメント」とは、自分の強みを見つけてそれを伸ばすことだ。自分の強みが日々向上していることを感じながら生きる人生を、セリグマンは「充実した人生」と呼んでいる。アブラショフは、クルー一人ひとりの強みを見つけ、それを伸ばすことに援助を惜しまなかった。

「意味・意義」とは生きる目的を与えてくれるものだ。目的を持った人生を、セリグマンは「有意義な人生」と呼んでいる。アブラショフはクルーに「全員の力でベンフォルドを海軍最高の艦に育てる」という目標を与え、さらに奉仕活動を通じてより高い目標に仕える機会を与えた。ベンフォルドのクルーは、日々生きがいを感じながら艦上での生活を送ったに違いない。

アブラショフはまた、「縦割り」「上下関係の壁」「集団浅慮」などの、組織が陥りがちな運営不良を見事に回避した。彼は「クロストレーニング」を重視し、本業のチーム以外にそれをこなせる第2

のチームを育て、さらに第３、第４、第５のチームの訓練まで行った。これにより、互いの業務を理解し、いざという時には代理を果たすことができる。そして下甲板でクルーと一緒に食事をとることで「上下関係の壁」を崩し、艦長の失敗や欠点を部下が指摘できる自由な雰囲気を作り出した。このような批判の自由は「集団浅慮」を回避する上でとても大事なのだが、しばしばリーダーは批判の声を聞けなくなって失敗する。

スクラム——日本発の全員参加型チームワーク

軍艦のクルーは長期間船上で生活を共にし、戦場では生死の運命を共にする。互いに協力しなければ、自分の命が危険にさらされる。アブラショフの手法は、このような軍艦だから成功できたのではないか？　ジェフ・サザーランド著『スクラム(3)』は、この疑問に明快に答えてくれる。アブラショフの手法は、組織一般に通用するものだ。

ジェフ・サザーランドは、２００１年に「アジャイルソフトウェア開発宣言」を発表した21名のソフトウェア・エンジニアの一人だ。「アジャイル開発」とは、後述する「適応学習」（adaptive learning）とアブラショフ流のチームワークを合体させて、少人数チームで効率良くプログラム開発を行う手法だ。そして、サザーランドが１９９５年に発表した「スクラム」という方法は、「アジャイル開発」の元祖と言えるものである。

サザーランドは、パイロットとしてベトナム戦争に加わり、九死に一生を得た後、スタンフォード大学で統計学を学び、細胞のがん化に関する生物統計学的研究で博士を取得した。この研究を通じて、人体という複雑な適応システムについての理解を深めたことが、その後に「適応学習」を取り入れたソフトウェア開発手法を生み出す上で役だったたという。

がん研究の予算が削減されたことがきっかけで、彼はＡＴＭ（現金自動預け払い機）の開発のプロジェクトに加わることになった。その現場を見ると、マネージャー陣は開発スタッフにプレッシャーをかけ、細かな点まで口を出して管理し、長時間労働を迫っていた。しかしそれでもプロジェクトは慢性的に遅れたままで、予算は超過し続け、システムはいつ完成するか分からない状態だった。そこでサザーランドは、社内に別の会社を立ち上げて、開発のやり方自体を根本的に変える提案をした。この提案がＣＥＯに受け入れられ、彼は新しい開発手法を考える立場に立った。

革新的な企業に共通する四つのこと

サザーランドは工程表をきっちりと作り、その計画に沿ってプログラム開発を進める従来の方法に疑問を抱いた。計画どおりに進むことなどまずない。そして出来上がったとしても、システムを動かしてみるとさまざまな障害が発生するのだ。もっと効率良く、ちゃんと動くシステムを作るにはどうすれば良いだろうか。

この疑問に答えるために、彼はチームの組織づくりと製品開発に関する論文や本を読み漁った。そして目にとまったのが、二人の日本人経営学者、野中郁次郎と竹内弘高が「ハーバード・ビジネス・レビュー」誌に１９８６年に発表した、「The new new product development game（新たな新製品開発競争）」という論文[4]だった。この論文の中で両氏は、ホンダ、ヒューレット・パッカードなどの革新的な企業の分析から、工程表に基づく計画重視の開発手法に疑問を投げかけ、優れた成績をあげている企業には以下の共通点があることを指摘した。

(1) 開発プロセスは工程表の段階ごとに進むのではなく、相互に重なり合っている
(2) 開発チームは機能横断的で、自ら決定する権限を持っている
(3) 管理職は奉仕型リーダーであり、チームが仕事を進める上での障害を取り除くことに徹し、開発の中身や進め方に介入しない
(4) 開発チームは自分たちの枠を超えた大きな目標の下で協力している

そして、優れた開発チームは、スクラムを組んだラグビーのチームのように、「チーム内でボールをパスしながら、チームは一団となってフィールドを進む」と指摘していた。

サザーランドはこのマネジメント手法こそが彼が求めていたものだと考え、この手法をATM開発に応用して成功させた。その後、この手法の改良を重ね、実践法を体系化し、1995年のアメリカ計算機学会で発表した。[(5)] この手法はグーグルやアマゾンなど多くの企業で取り入れられているほか、途上国支援や教育の現場でも使われている（上掲書[(3)]にさまざまな事例が紹介されている）。

PDCAは「適応進化」プロセス

企業のマネジメントについて少し知識がある方ならすぐに気付かれるように、「障害を取り除く」という視点は、「トヨタ生産方式」が採用しているものだ。[(6)]「トヨタ生産方式」は改善活動により障害

を取り除く上で、作業者の知恵を取り入れることに大きな特色がある。サザーランドは『スクラム』の中で「スクラムの原点は日本の考え方とやり方にある」と述べ、「守・破・離」という考え方や「トヨタ生産方式」を参考にしたことを紹介している。

サザーランドは、日本の製造業が広く取り入れている「改善活動」のルーツをたどり、エドワーズ・デミングにたどりついた。彼はマッカーサーの顧問として日本経済再建に関わり、PDCAサイクルを考案して「継続的改善」を日本企業に教えた。[7] この提案は、もともと集団主義的であり、地域での出方などを通じてお互いに協力し合うことが日常である日本人にうまく合った。日本企業が世界で最もPDCAサイクルの実行に熱心な背景には、この歴史がある。

PDCAサイクルは、「適応学習」と呼ばれる学習プロセスを4段階の枠組みとして表現したものだ。「適応学習」とは、「適応進化」をまねた学習法である。生物の「適応進化」においてはさまざまな突然変異の中から、自然選択がその環境に適したものを選び出す。突然変異が生じた時点では、それが生存力や繁殖力を高めるものかどうかは分からない。実際に生育環境の下でその効果が生物の性質に現れてはじめて、有利か不利かが決まる。

同様に、適応学習のプロセスでは、改善に関するアイデアが実際にうまくいくかどうかは、多くの場合実行してみなければ確認できない。そこで「適応学習」では、計画・実行し、その結果を点検することで、アイデアを採用するかどうかを決める。このため「適応学習」は、「なすことによって学ぶ」とも表現される。「適応進化」が環境に適応するように生物の性質を絶えず改良するのと同様に、「適応学習」は目標に適応するように私たちの知識を絶えず改善する。「適応学習」がうまく進むには、少しでも良い方法がないかと絶えず考え続ける努力と、少しでも良くなる可能性があれば新しい方法を採用する意思決定が必要だ。この二つの条件を支えるのは、チームのメンバーの主体性と、それを尊重するリーダーの姿勢だ。

「適応学習」も「適応進化」も、トップダウン型の計画過程ではなく、ボトムアップ型の継続改良過程だ。複雑な問題をトップによる計画によって解決することはほぼ不可能である。もちろん、科学者を含む専門家による判断はとても重要だが、多くの社会的問題について専門家ができるのは、仮説としての対策案とそれに関連する判断材料を提示することだけだ。対策案は決して科学的に解明された答えではなく、あくまでも仮説である。対策を実行しながら、そこで得られた新たな知識をもとに、より良い対策を探し続ける努力が必要であり、このプロセスには市民・企業・行政など、関係者の共同参加が必須である。[8] 一人ひとりの知恵を集め、全員の協力で少しでも良い方法を見つけ、改善を続けることによってはじめて、問題を解決できるのだ。

部下をヒーローにできる奉仕型リーダーになろう

アブラショフとサザーランドがともに指摘しているのは、このような「適応学習」の過程が、実は人間を幸せにするということだ。「適応学習」の過程で目に見えて改良が進めば、それは喜びにつながる。また自分の知識やスキルが向上すれば、充実感を味わえる。さらに、チームのメンバーとともに大きな目標に向かって進むことで、人は生きがいを感じる。サザーランドは、「主体性」「スキルアップ」「目標」が幸福感を生むと書いている。この三つの要素は、「友情・努力・勝利」と表現するほうが、日本人にはピンとくるだろう。

「全員の力でベンフォルドを海軍最高の艦に育てる」という目標の達成や、「スクラム」によってシステム開発を行うプロセスでは、参加するメンバー一人ひとりがヒーローになれる。これからの時代に求められるのは、このように一人ひとりをヒーローに育てることができる、奉仕型のリーダーだ。

もしあなたが部下を持つ立場なら、部下をどうすればヒーローにすることができるかを考えてみよう。それが、あなたのチームを成功させる王道であり、幸せな人生を送る秘訣でもある。

さらに学びたい人のために

この節で紹介した内容は、「象に語りかけるスキル」に関係している。その結論をひとことで言えば、メンバーに幸福感をもたらすリーダーの奉仕行動こそが、チームのパーフォーマンスを高める。言うまでもなく幸福感を感じるのは「象」（直観）だ。

組織のリーダーは知能（ＩＱ）が高い人である場合が多く、知能が高い人はしばしば理性によってチームを動かそうとしがちだ。しかし、理性的説明はしばしば直観的反発を招く（6.1）。3.5でも述べたように、人は必ずしも理性では動かない。

経営破綻したＪＡＬの経営をまかされた稲盛和夫氏は、幹部に対して奉仕の精神にもとづく経営哲学を熱く語り続け、ＪＡＬの企業再生を成功させた。(9) 稲盛氏は「象」に繰り返し語りかけたのだ。2.1で述べたように、チームを動かすにはリーダーが情熱をもってビジョンを語り、スタッフの「動機」（ポジティブな感情）を高めることがとても重要なのだ。このようなポジティブ感情や道徳的直観に訴えるリーダーシップについては、ゴールマンらによる『EQリーダーシップ』[10]を一読されたい。心理学の研究成果にもとづいて、人の心を動かすリーダーシップのあり方が解説されている。このような「EQリーダーシップ」は、アブラショフが率いたクルーのように、毎日顔をあわせられる小規模のチームには有効だが、組織の規模が大きくなると、組織全体に共感をひろげることはより困難になる。大きな組織では、稲盛氏がJAL再生において実施したように、組織のあらゆるレベルに新しい規範を浸透させることが重要だ。[10]さらに、組織の活力を維持するには「進化しつづける」（適応学習を持続する）仕組みが必要となる。[10]国家やそれを超える規模になれば、この仕組みを作ることはとても困難な課題だ。次の節では、この困難な課題について考える。

6.3　EU分裂の危機は、人間の生物学的宿命なのか？

国民投票の結果、英国の国民はEU離脱という道を選んだ。第2次大戦後、ヨーロッパに再び戦争を起こさないために各国が協力して築き上げた協力体制が、大きな転換点を迎えている。この出来事は、国を越えた協力がいかに困難かを示すものだ。私たちはさまざまな組織を通じて互いに協力するが、この社会的協力にただ乗りする者（フリーライダー）や、協力の足をひっぱる者が必ず現れる。私たちは、協力へのさまざまな妨害をどうすれば乗り越えることができるのだろうか。この節では、人間の協力行動に隠された謎を進化の観点から考えた上で、社会における協力の未来について考えてみよう。

働き蜂はなぜ自分を犠牲にできるのか？

社会をつくって協力し合うのは、人間だけではない。ミツバチやアリなども、同じ巣で暮らす個体同士が協力し合う。その協力のレベルは極めて高いため、しばしば人間と比較される。ミツバチやアリなどの社会は「真社会性」と呼ばれ、同じ巣で暮らす雌個体の間に、子どもを産む「女王」と、子どもを産まずに女王を助ける「ワーカー」（働き蜂、働き蟻など）という、「繁殖分業」がある。「ワーカー」は子どもを産まないだけでなく、ときには自らの命を犠牲にして、巣を守る。

このような不妊や自己犠牲は、自然選択による進化理論を築いたダーウィンを悩ませたテーマだ。

ダーウィンの自然選択理論によれば、生物個体の間には適応度（生存力と繁殖力）の違いがあり、適応度の高い個体の性質がより頻繁に子孫に伝わるために、進化が起きる。この理論では、子どもを産まない（繁殖力がゼロの）個体や、他者のために自らの命を断つ個体が進化するはずがない。

ダーウィンは、子どもを産まないワーカーがどうやって進化したかという難問を解決するために、「家族選択」というアイデアを提唱した。(1) 育種家が肉に霜降りの多い良質の牛を育種する過程を考えてみよう。肉の品質をチェックするには、牛を殺す必要がある。殺した牛を使って肉の品質を比べ、霜降りが多い個体を選んだら、育種家はその個体の家族を使って次世代を育てる。家族には同じ遺伝的性質が共有されているので、この方法で育種家は牛の肉の品質を改良できる。同じことがミツバチでも起きたのだろうとダーウィンは考えた。女王とワーカーは親子であり、したがって同じ遺伝的性質を共有しているはずだ。このため、ワーカー自身が子どもを産まなくても、女王を助けることで女王の子どもの数が増えれば、結果として「家族全体」で残す子どもの数が増えるだろう。こう考えれば、子どもを産まないワーカーの進化が説明できる。遺伝の法則が解明される前に、ほぼ正解に近い結論にたどりついたダーウィンの洞察力にはおそれいる。

利他行動が進化する条件

子どもを産まないワーカーの進化を説明する正確な理論は、１９６０年代になって、ウィリアム・ハミルトン（１９３６年～２０００年）によって確立された。ハミルトンは「現在のダーウィン」とも呼ばれるイギリスの進化生物学者、理論生物学者で、１９９３年には「包括適応度の提唱及び生物の社会性と協力の進化理論の確立」の功績で京都賞を受賞した人物だ。ハミルトンはメンデル遺伝学の成果をもとに数学的な理論を組み立て、以下の条件があてはまれば自分の適応度を下げる利他行動が進化することを明らかにした(2)。

$$br-c>0$$

ここで b は利他行動によって相手が得る利益（benefit：相手の適応度の増加を意味する）、r は相手との血縁度（relatedness：遺伝子の共有確率）、c は利他行動のコスト（cost：自らの適応度の低下を意味する）である。遺伝子の伝達確率に関する複雑な数学的計算から導かれたこの式はきわめてシンプルで美しく、しかも深い真理を表現している。利他行動による血縁個体の適応度の増加（br）が自らの適応度の低下（c）を上回れば、利他行動は進化できるのだ。

この理論は、ミツバチのような真社会性の進化だけでなく、親が自らの命を犠牲にして子どもを助けるような利他行動の進化を一般的に説明する。この理論の登場によって、親が子どもを助けるのは「種族維持」のためだという説明の誤りが明確になった。

「種族維持」という考え方では、親が子どもを助ける「種族」（集団）と、助けない「種族」（集団）を比べ、前者が優れているために残り、後者が滅ぶことで進化が起きると考える（このような考えを「集団選択」という）。しかしよく考えてみよう。生物の性質を変化させる突然変異は個体に生じるものであり、「種族」を構成する個体の性質が同時に変化することはない。親が子どもを助ける「種族」が生じるには、親が子どもを助けるという性質をもつ個体が現れ、それが「種族」の中にひろがっていくプロセスが欠かせないのだ。「集団選択」ではこのプロセスを説明できない。一方で、ハミルトンの「血縁選択」理論は、このプロセスを明快に説明する。

人間は非血縁者になぜ協力するか？

狩猟採集社会の人間は、少数の家族が連合した社会で生活していた。したがって、家族同士が協力し合う行動は、血縁選択によって強化されただろう。しかし、人間社会における協力は、血縁選択だけでは説明がつかない。血縁のない相手に対しても、人間は高い協力性を示すからだ。このような非血縁者への協力行動は、「互恵的利他行動」として進化したと考えられている。

互恵的利他行動とは、要するにウィン・ウィンの関係のことだ。互いに一緒に暮らす機会が多い相手なら、相手に協力することによって、相手からも協力を得ることが期待できる。このような互恵的利他行動は、１５０人程度からなる初期の狩猟採集社会において、自然選択によって強化されたと考えられる。しかし、社会の生産力が高まり、人口が数百人を超える規模になると、協力した相手ともう一度顔を合わせる機会が大きく減る。このような状況では、協力の恩恵は受けるが自分では協力しない者（いわゆるフリーライダー）が得をするようになる。このため、社会の構成員が増えるほど、社会全体での協力は困難になる。人間は、この困難を言語によって乗り越えてきた。言語によるコミュニケーション能力を獲得したことで、人間は評判によって人物を判断できるようになった。すなわち、「あいつは協力的で良いやつだ」という評判のある人間を信用し、「あいつは卑怯なやつだ」という評判のある人間を警戒することで、協力の見返りが期待できる相手とだけ協力行動をとることができるようになった。

このようなコミュニケーションの有用性から、人間にはゴシップを好む性質が進化した。誰かの行動に腹をたてれば、あなたは友人や同僚相手に悪口を言うだろう。また親切な行為を受ければ、「あいつは良いやつだ」と誰かに話すだろう。このような評判は、個人の成功を大きく左右し、進化的な観点では、適応度に影響する（評判が良いことは、結婚してより多くの子孫を残す上でも有利に働くだろう）。

狩猟採集社会では、評判に加えて、利他行動を有利にする要因がもう一つあった。それは、ルールを守らない者への処罰だ。[3] 狩猟採集社会は平等を重視する社会だった。狩りによって得た大型ほ乳類の肉は、血縁者だけでなく非血縁者にも平等に分配された。大型ほ乳類の肉は一家族だけでは食べきれない量である。それを互いに分け合うことで、自分の家族の狩りが失敗したときにも、肉を得ることができた。そしてこの分配のプロセスで、ずるが発覚すれば、処罰を受けた。

「評判」と「処罰」、この二つの仕組みが、狩猟採集社会において利他行動を進化させた主要因だったと考えられる。いずれも、人間が言語を獲得したことによって可能になったものだ。「処罰」は、言語によるルールが構成員間で共有されてはじめて成り立つ制度だ。

人間の性格因子に結びつく「評判」と「処罰」

この二つの仕組みに対応して、私たちの脳には、高度な報酬感受性と罰感受性が進化した。報酬感受性と罰感受性は多くの動物にみられるが、人間のそれは言語によるコミュニケーションと深く結び付いている点に特色がある。人間の報酬感受性は主要な五つの性格因子（ビッグファイブ）のうち「外向性」に対応するものであり、褒められると嬉しいという感情や、褒められたい、認められたいという要求（承認要求）と結びついている（2.1）。

一方で人間の罰感受性はビッグファイブのうち「情緒安定性」に対応し、ルールに違反して罰を受けることを恐れる感情や、失敗を恥かしく思う気持ちと結びついている。罰感受性が高いと情緒不安定、つまり神経質になる。

さらに、良い評判を獲得し、失敗をしないように、自分の行動を律する性質が進化した。この性質はビッグファイブのうち「良心性」に対応し、社会への忠誠心と結びついている。

また、血縁選択によって進化した家族への愛情は、友人や同僚という非血縁者への友情や信頼を抱く性質へと拡張された。この性質は、ビッグファイブのうち「協調性」に対応し、奉仕の精神やヒューマニズムと結びついている。

このように、私たち人間の主要な五つの性格因子（ビッグファイブ）のうち四つまでが、互恵的利他行動をより大きな社会で可能にする「評判」と「処罰」という仕組みによって進化したと考えられる。

人間社会とミツバチ社会の違い

これら四つの因子に支えられた人間の利他行動は、血縁選択によって進化したミツバチなどの利他行動とは大きく異なる。ミツバチなどの社会は、繁殖分業によって成り立っている大きな家族だ。家族の構成員は平等ではない。繁殖するのは1〜数個体の女王だけであり、他の個体（ワーカー）は、女王を助けるために生きている。それは社会というよりもむしろ「超個体」だ。ワーカーは、個体を構成する個々の細胞と同様に、強く統合された組織体の一部であり、「巣を維持する」という全体の目的にしたがって生きているだけだ。

これに対して人間の社会は、労働分業によって成り立っている、たくさんの家族の集合体だ。その初期状態である狩猟採集社会では、構成員は、どの女性も子孫を残すことができ、どのメンバーにも食料が分配されるという点で、平等だった。社会における協力行動は、報酬感受性（外向性）・罰感受性（情緒安定性、または神経質）・良心性・協調性という四つの性質に支えられた各個体の意志決定によって成り立つものだ。各個体は、「評判」と「処罰」を気にして社会のルールに従うが、一方で自分自身の子孫を残すという利己的な目的をもって生きている。

ミツバチなどと違って、人間の狩猟採集社会は複数の家族が連合した社会であり、同じ部族の中には女性だけでなく男性も暮らしていた。そして、女性をめぐって、男性どうしは激しく競争する関係にあった。近親交配を避けるために、女性は同じ家族の男性との結婚を禁じられていたので、他の部族の女性は男性にとって魅力的な存在だった。一方で、他の部族の男性は、女性をめぐる強力なライバルだった。おそらくこの事情のために、他の部族の男性を襲って殺すという血なまぐさい習慣（首狩り）が発達した。狩猟採集社会に関する研究から、他の部族男性の「首狩り」に成功した男性ほど女性に配偶者として選ばれやすいという、あまり信じたくない事実が報告されている。[4]「首狩り」への成功は、多くの動物に見られるオス間の闘争と同様に、男性の能力を女性に誇示するシグナルとしての意味を持っていたと考えられる。こうして、狩猟採集時代の人間社会においては、「評判」と「処罰」の下で協力し合う高度な協調性と、他の部族の男性を襲う暴力性の両方が進化した。私たちの心の中にはこのように、進化の結果として生まれた善と悪がひそんでいる。

交易を通じた協力行動の発達

狩猟採集社会における人間行動の進化を考える上で、もう一つ重要な要因がある。それは労働分業と交換・交易だ。最初の労働分業は、男女の間で行われただろう。男性は狩りなどの力を要する仕事を担当し、女性は種子採集などのさほど力の要らない仕事を担当し、互いの成果を共有した。このような分業は、やがて部族間の交易に発展した。

言語を獲得した人間は、さまざまなイノベーションを生み出す能力を身につけ、その結果、部族によって異なる「商品」（グッズ）を手にした。ある部族は黒曜石を発見して矢尻を作り、他の部族は貝殻から釣り針を作った。そして、このような商品を交換するようになった。このような「交易」は協力行動だが、利他行動ではない。利他行動とは、自分を犠牲にして（自分の適応度を下げて）相手に協力する行動だが、交易の過程では自分を犠牲にする必要はない。自分たちの部族で必要とされる以上の矢尻や釣り針を生産できれば、それらを他部族が開発したグッズと交換することで、自分の適応度を下げることなく、生存や繁殖に役立つ利益を得ることができる。利他行動の進化が難しいのは、自分の適応度を下げてしまうからだ。自己犠牲的な行動は、それを上回る何らかの利益（血縁者の利益や互恵的利益）がない限り、進化できないのだ。しかし、交易を通じた協力行動には、自己犠牲は必要ない。したがって、交易は部族間の協力行動を発展させる大きな駆動因になったはずだ。

遺跡に証拠が残っている矢尻や釣り針などに加えて、おそらく「知識」は交易上の価値を持っていたに違いない。例えば、食べられる植物と有毒植物の見分け方、ヒョウタンの果実から果肉を抜いて水筒を作る方法、効率の良い火のおこし方、などの知識は、知らない者にとっては大きな価値がある。これらの知識の交換は、部族内の協力行動として頻繁に行われたはずだ。さらに、有用な知識を教える代わりに、黒曜石の矢尻をもらうというような部族間の交易もあったに違いない。

このような交易においては、うそをつかないことが重要だ。うそを教えたり、役に立たない商品を誇大宣伝して売りつけたりすれば、恨みを買って襲われたり、二度と交易の相手にされないという「処罰」がなされたはずだ。このようなプロセスは「商道徳」の発展を通じて、人間の良心性（ルールを守ろうとする性質）の強化に役立っただろう。

優れた科学ジャーナリストであるマット・リドレーは『繁栄』(5)で人間の協力行動の発達における交易の重要性を強調しているが、彼の主張はとても納得がいくものである。このような交易の有用性はあまりにも自明なので、進化生物学者の間ではあまり研究されていない。進化生物学者の主要な関心は、より説明が困難な自己犠牲的な利他行動にある。しかし、言語を使える人間が物品や知識の交換を行うプロセスは、人間の高い協力性を進化させた背景として、とても重要なものだ。

大規模集団における協力の難しさ

人間の協力性は、報酬感受性（外向性）・罰感受性（情緒安定性、または神経質）・良心性・協調性・開放性という五つの性格因子に支えられている(2.1)。5番目の因子「開放性」は、外の世界に関心を持って知識を得ようとする性質であり、知識と創造性の源泉である。これらの性質は、平均して１５０人程度の少人数で暮らす狩猟採集社会で進化したものだ。

ロビン・ダンバーは、集団生活を営むさまざまな霊長類の種において、集団の大きさが大きいほど、脳の大きさ（正確には、新皮質の比率）も大きいという関係を発見した。さらにこの関係をあらわす式を用いて、ヒトが進化的に適応している集団の大きさは約１５０人であり、この集団サイズは狩猟採集社会の平均人数に一致すると主張した。[6] この１５０人という数字は、ダンバー数と呼ばれている。[7] ダンバー数は、日常的に交流することで協力しあえる人数の上限と考えられている。

１５０人規模の協力ですら、他の霊長類では難しい。ヒトが１５０人規模で協力できるのは言語のおかげだ。ダンバーによれば、集団生活をする霊長類では、個体間の協調関係を維持するために、互いに毛づくろいをする。集団サイズが大きくなると、毛づくろい行動に費やす時間が長くなり、採餌など他の行動が制限されてしまう。一方、言語によるヒトのコミュニケーションは、毛づくろいよりもはるかに短い時間で、個体間の協調関係を維持することを可能にした。この言語のおかげで、ヒトは１５０人程度の集団サイズで協力して暮らせるようになったとダンバーは考えている。

このように、人間の脳が適応しているのは１５０人程度の集団による社会生活なのだが、人間集団が特定の場所に定住して農業による生活を始め、人口が増加すると、さらに大規模な集団での協力が必要となった。しかし五つの性格因子と「評判」「報酬」に支えられた協力行動は、せいぜい１５０人程度の小集団でしか機能しない。より大きな集団における協力を維持するには、盗み・不正などの反社会的行動を抑制し、社会における協力を安定させるためのより複雑なルールと、そのルールの実行を監視する仕組みが必要だ。

そこで生まれたのが、警察・軍隊による治安活動を伴う法治国家だ。国家を作るという協力行動によって、人間は国家内での裏切りや暴力を減らすことに成功した。しかし一方で、人間（とくに男性）には「首狩り」に象徴される暴力性が備わっている。ひとたび軍事力を持つ国家が成立すると、他の部族や国家の有用な技術や資源を軍事力によって奪うという戦争行為が発生した。

その後の人類が、領土や資源をめぐる戦争を繰り返してきたことは、説明の必要がないだろう。次第に国家の規模が拡大し、いくつかの帝国が生まれたが、大きな帝国を維持することは容易ではなく、大きな帝国が滅び、より小さな国家に分裂するという歴史を繰り返してきた。

いま、ＥＵという大きな国家連合体に分裂の危機が訪れている。アメリカ合衆国の世界支配力にも陰りが見え、孤立主義を主張するトランプ氏が支持を集めている。これらの現象は、生物学的な視点で見れば、私たち人間の協力性がそもそも大規模な国家を維持するようにはできていないことに起因している。それでも私たち人類は、多くの試行錯誤を重ねながら、より協力的でより平和な社会を築いてきた。

スティーブン・ピンカーが名著『暴力の人類史』(8)で喝破したように、この歴史的な成功を支えているのは、共感、自制心、道徳的感情、理性という四つの善性（天使：angel）であり、中でも理性の役割が大きい。ビッグファイブの用語を用いれば、共感は協調性、自制心は良心性、道徳的感情は報酬感受性と罰感受性に対応し、そして理性を支えるのは開放性によってもたらされる知識だ。共感、自制心、道徳的感情が及ぶ範囲はほとんど小集団に限られているが、理性は国家を越えた強い影響力を持ち得る。共感、自制心、道徳的感情の助けは必要だが、最終的には理性だけが、国家間の難問を解決できる可能性を持っている。

ＥＵにはさまざまな課題があるが、二度と戦争を起こさないという大きな目標の下でヨーロッパ諸国が国家を越えた協力行動を積み重ねてきた歴史は、人類全体にとって希望が持てるチャレンジだ。英国の国民投票の結果を受けて、これからＥＵ関係者の間で、より良い未来に向かってさまざまな理性的努力が続けられるだろう。

英国の失敗は、国民投票という1回だけの意思決定行為で、大きな歴史的選択をしてしまったことにある。理性的判断には時間がかかるので、時間をかけてスロー・ポリティクス（3.2）を行うべきだという哲学者ジョセフ・ヒースの主張(9)に、私たちは真剣に耳を傾ける必要がある。

さらに学びたい人のために

社会的対立を乗り越える道について学ぶには、スティーブン・ピンカー『暴力の人類史』(8)とジョシュア・グリーン『モラル・トライブス』(10)が必読書だ。道徳心理学者ジョナサン・ハイトや哲学者ジョセフ・ヒースが指摘するように、個人の理性には直観に大きく左右されるという弱点がある（3.2）。しかし、スティーブン・ピンカーが強調するように、人類史全体を振り返れば、社会全体の理性の力が強まり、暴力が減少している。この変化に大きく貢献しているのは、科学の発展にともなう正確な知識の集積と、それを社会全体にひろげる教育の力だ。ひとりひとりの「象使い」の力は小さくても、知識を蓄積することで、社会全体ではより賢くなれるのだ。ピンカーの言う「集合的理性」の発達によって、グリーンの言う「メタ道徳」が次第に形成されつつあると言えるだろう。ただし、EU離脱をめぐるイギリスの国民投票が象徴するように、投票制度のような社会の仕組みが、私たちの社会のあり方を大きく決めている。このような社会制度をより良いものに改良していく努力が重要である。次の節では、この社会制度の問題について考えてみよう。

人間の協力性の進化には、本文で紹介したように、言語によるコミュニケーションが大きく影響している。言語は知識を生みだし、文化を発達させる。文化進化においては、文化伝達における個体間の選択に加えて、集団間の文化的な違い（例えば文化的な協力性の違い）への選択（一種の集団選択）が作用した可能性がある。この点も含め、文化進化については『文化進化論[11]』がすぐれた解説書である。

6.4 社会主義はなぜ失敗したか？　日本国憲法のルーツをたどる

２０１６年7月10日に投開票が行われた参議院選挙の結果、憲法改正に前向きな党派の議員が３分の２を占めるに至り、憲法改正の発議が可能な条件が生まれた。一方で、ＳＥＡＬＤｓなどの市民団体の呼びかけに応えて日本共産党が民進党など他の野党と共闘するという大きな変化が生まれ、野党統一候補が接戦区の多くで与党候補に競り勝った。今後はこの選挙で生まれた政治的力関係の下で、憲法改正についての議論が開始されるだろう。今回は、この選挙結果を念頭に置きながら、社会をより良い方向に変えるにはどのような方法が適切か、という問題について考えてみたい。

生物の進化と社会の進歩

私がこの問題を考える手がかりは、生物の進化と社会の進歩の類似性だ。どちらも、誰かがデザインしたものではない。生物の進化の場合、さまざまな突然変異が特定の環境の下で試され、生存率や繁殖力を高める効果を持ったものが集団中に広がることで、環境への適応が進む。この単純な手順が、人間の知能を含む、生物界に見られる多種多様な機能を生み出したのは驚くべきことだ。

社会の進歩の場合にも、さまざまな制度や商品が歴史や市場の中で試され、社会や消費者に支持されたものが普及していくことで、制度や商品が改良されてきた。そして私たちの社会はより安全になり、物質的に豊かになってきた。ただし、社会の場合にはときどき激変が起きて、社会を混乱に陥れてきた。革命や戦争などの社会的激変の背景には、ほとんどの場合にイデオロギーの対立があった。経済的な利害対立だけで激変が起きたケースは少ない。

このような生物進化と社会進歩の比較から、激変を避けて少しずつ改良を重ねることが、社会を進歩させる王道だと考えられる。これは、フランス革命の急進主義を批判したエドマンド・バークの結論であり、社会主義による計画経済を批判したフリードリッヒ・ハイエクの結論であり、そしてジョセフ・ヒースによる「スロー・ポリティクス」の提案とも調和するものだ。

この結論を導くために、まずは保守主義とリベラリズムのルーツをたどり、そこから日本国憲法への歴史の道のりをたどってみよう。進化を理解する場合と同様に、社会を理解する上でも、歴史をたどることでさまざまな事柄を関連づけ、全体を俯瞰して見ることができる。

日本国憲法の土台となった〝物語〟

『社会はなぜ右と左にわかれるのか』[1]においてジョナサン・ハイトは保守主義とリベラリズムの典型的な主張を、「物語」として紹介している。この紹介法は、私たちの脳（認知システム）にとって、論理よりも物語のほうが分かりやすいことを考慮したものだ。

保守主義の物語として紹介されているのは、１９８０年に民主党のジミー・カーターに勝利してアメリカ合衆国の大統領となったレーガンの主張だ。

〈昔々、アメリカは輝きを放っていました。そこへリベラルがやって来て、自由市場の見えざる手に手錠をかける巨大な連邦行政機関を打ち立てました。そしてアメリカの伝統的な価値観を破壊し、あらゆる方法で神と信仰に反対しました。

国民に自ら生計を立てるように求めるのではなく、額に汗して働くアメリカ人の手から収入をもぎとって、福祉にばらまいたのです。伝統的な家族の価値観、忠誠、自己責任を尊重せずに、フェミニストの主張を称賛しました。

そして世界中の悪漢どもの成敗に軍事力を行使するのではなく、軍事予算を切り詰め、軍服を軽蔑し、国旗を燃やし、交渉と多国間主義を選択しました。その後アメリカは、自国を崩壊に導こうとするそんな輩から国を奪い返すことにしたのです。〉

（注：一部を省略し、文章を短縮した）

これは一種の英雄物語だが、防衛のヒロイズムだとハイトは書いている。

一方で、リベラリズムの物語としては、社会学者のクリスチャン・スミスの主張が紹介されている。

〈昔々、大多数の人々は、不公正で抑圧的、かつ不衛生な社会や制度に苦しめられていました。これらの伝統的な社会は、根深い不平等、搾取、そして不合理な伝統主義を非難されてしかるべきものでした。しかし自立、平等、繁栄を切望する人類は、貧窮や抑圧と果敢に戦い、やがて現代の民主的、資本主義的でリベラルな福祉社会を築き上げることに成功したの

です。〉

日本国憲法はこのリベラリズムの物語を土台にして作られている。敗戦後の日本において、日本に民主主義を根付かせようと考え、日本国憲法を起草した人たちが依拠したのは、この物語だ。この物語のルーツをたどれば、フランス革命にたどりつく。

近代民主社会の原点

フランス革命の精神を盛り込んだ「フランス人権宣言」（人間と市民の権利の宣言）17条から最初の3条を紹介しよう。

第1条（自由・権利の平等） 人は、自由、かつ、権利において平等なものとして生まれ、生存する。社会的差別は、共同の利益に基づくものでなければ、設けられない。

第2条（政治的結合の目的と権利の種類） すべての政治的結合の目的は、人の、時効によって消滅することのない自然的な諸権利の保全にある。これらの諸権利とは、自由、所有、安全および圧制への抵抗である。

第3条（国民主権） すべての主権の淵源は、本質的に国民にある。いかなる団体も、いかなる個人も、国民から明示的に発しない権威を行使することはできない。

この「フランス人権宣言」（1789年）にまとめられた近代民主社会の基本原理は、フランスだけの力で確立されたものではない。その背景には、アメリカ独立宣言（1776年）があり、イギリスで起きた産業革命（１７６０年代〜）があった。さらに歴史をさかのぼれば、立憲君主制を築いたイギリスの名誉革命や権利章典（１６８９年）に行きつく。

近代民主社会は、国民投票による代議制、政党政治、三権分立、個人の権利と自由の法的保護、集会の自由、報道の自由などの多くの要素から成り立っており、それは長い歴史を通じて少しずつ改善を加えられた結果として成立したのだ。

「急激で荒っぽい抜本的改革」という悪行

フランス革命が勃発したとき、イギリス国内にもフランス革命を称賛する急進的な政治主張が現れた。これに対して、イギリスの伝統的な立憲政治を守る立場から、フランス革命を激しく批判したのがエドマンド・バークだ。彼は「世界史に革命は数あれど、フランス革命ほどメチャメチャなものはかつてない」と断言し、その急進的改革を以下のように批判した。(2)

〈経験に学ぶなど、パリではおよそはやらないようだが、あえて言わせてもらおう。私は数多くの優れた政治家を知る機会があったし、彼らの仕事に協力もしてきた。ここから学んだのだが、いかに立派なリーダーであれ、完璧な計画をひとりでつくることはできない。見識の点ではずっと劣る人々の意見を取り入れることが、しばしば計画を改善するうえで役にたつのである。

ゆっくりと、しかし着実に進んでいけば、一つひとつの段階において物事がうまくいっているかどうかを確認できる。それにより、変化のプロセス全体が安全になるのだ。システムの内部に矛盾や破綻が生じることはない。またどんな計画にも、何らかの弊害がひそんでいるものながら、これらとて表面化した段階できっちり対処できる。〉

（『新訳フランス革命の省察「保守主義の父」かく語りき』(2)）

要するにバークは、適応学習によって経験に学び、小さな改善を積み重ねることによってこそ、社会をうまく変えることができると主張している。そして、そこで必要なのが「熟慮」だと強調している。〈利害対立のもとでは、どんな決定も熟慮に基づいてなされなければならない。したがって、物事を変える際にも妥協がつきまとうことになり、変化は穏やかなものにとどまる。こうやって生じるバランスこそ、「急激で荒っぽい抜本的改革」という悪行を防ぐのだ〉

「保守主義の父」と呼ばれるバークの主張は、生物進化を学んだものとして、とても納得がいく。多くの生物は環境によく適応しているので、その状態を大きく変える突然変異は、ほぼ例外なく生存力や繁殖力を下げてしまう。驚くべき適応の数々を生み出した生物進化は、微小な効果しか持たない突然変異を素材にして、生物の性質の小さな改善を積み重ねることによって成し遂げられた。この原理は社会の進歩にもあてはまるだろう。重要なポイントは、「完璧な計画をひとりで（あるいは中央政府で）つくることはできない」という点にある。社会は生態系と同様に複雑であり、常に変化している。しかも、生態系と違って社会には価値観の多様性がある。このような複雑な社会を変えるには、多くの人の意見を取り入れながら漸進的に改善を積み重ねるのが最も良い方法だ。

世界共通の価値観を受け入れた日本国憲法

フランス革命が採用した〝急進的・暴力的な革命〟という社会変革の方法は、ロシア革命などの社会主義革命に継承され、多くの人命を奪い、社会を混乱させた。この暴力革命という社会変革の方法を支持するわけにはいかない。しかし、「フランス人権宣言」にまとめられた近代民主社会の基本原理が、その後多くの国に広がり、国際社会の発展を支えてきたことも事実だ。フランス革命については、その社会変革の方法と、そこで提唱された基本原理を区別して評価する必要がある。

その基本原理は１００年の時を経て明治初期の自由民権運動に引き継がれ、フランス人権宣言の思想を軸とする自由党（党首・板垣退助）やイギリスの立憲政治を軸とする立憲改進党（党首・大隈重信）の結成へとつながった。その後の明治政府による弾圧と、弾圧への抵抗運動の歴史を経て、１８８９（明治22）年2月11日に、明治憲法と衆議院議員選挙法及び貴族院令が発布され、日本における立憲民主政治の基礎が敷かれた。

その後の国際社会は、ファシズムという大きな脅威に直面した。言うまでもなく日本はドイツ・イタリアと同盟を結んでその脅威に加担し、第2次世界大戦が開戦した。戦後敗戦国となった日本は、GHQ占領下で日本国憲法を制定した。それは確かに外圧によって制定されたものだが、過去の失敗に学びより良い社会をめざす、国内外の理性的な努力の結果として生まれた。具体的には、主権を天皇から国民に移し、内閣と内閣総理大臣（首相）に行政権を預け、言論・宗教・思想の自由や基本的人権などの、明治憲法に欠けていた近代民主社会の基本原理を補うことによって、世界の民主主義社会と共通する価値観を受け入れたものである。

社会主義はなぜ失敗したか

フランス革命は個人に基礎を置く近代民主社会の基本原理を確立する一方で、個人よりも社会や政府の役割を重視する思想を生み出し、社会主義という怪物を育てることにもつながった。アメリカ独立戦争に従軍し、フランス革命に賛同して爵位を放棄したサン=シモンは、産業こそが社会発展の原動力であると考え、政府による計画的な産業振興を重視した。経済学者のフリードリヒ・ハイエクは『隷属への道』[3]においてサン=シモンを「計画主義者の先駆的存在」と呼び、計画委員会の命令に従わない個人の権利を奪ってもよいとする彼の主張を批判している。カール・マルクスとフリードリヒ・エンゲルスはのちにサン=シモンの思想を「空想的社会主義」と批判したが、個人よりも社会を重視し、経済成長を政府が計画できるとする考えの点で、彼の思想は社会主義・共産主義のルーツとみなせる。

マルクスとエンゲルスは、経済成長における市場の役割を的確に理解していた。彼らは『共産党宣言』[4]においてこう述べている。

〈大工業は世界市場をつくりだした。これは、アメリカの発見によってすでに準備されていたのである。世界市場は、商業に、航海に、陸上交通に、はかりしれない発展をもたらし、その発展がまた、工業の拡大に作用した。そして、工業、商業、航海、鉄道の拡大に比例して、ブルジョアジーは発展し、その資本をふやし、中世からうけつがれたすべての階級を背後におしやった。これで知られるように、近代ブルジョアジー自身が、長い発展行程の産物、生産と交通との様式におけるかずかずの変革の産物なのである〉

これほど的確に市場と交易の役割を理解していながら、市場を廃止すれば経済が停滞することをなぜ予見できなかったのか、不思議だ。

ハイエクは『隷属への道』(3)において、政府が社会を計画し、個人の権利を制約する点で、ファシズムと社会主義は同根のイデオロギーだと批判した。彼の見解は、フランス革命を批判したエドマンド・バークの主張を継承し、深めたものだ。

ハイエクは、「どんな単一のセンターも、様々な商品の需要・供給状態に常に影響を与える諸々の変化を、細部に到るまですべて把握」することは不可能であり、市場における価格という情報だけが需要・供給関係を調整できると考えた。また、「人間の想像力には限界があり、自身の価値尺度に収めうるのは社会の多様なニーズ全体の一部にすぎない」と指摘し、国家による市場の統制は個人の自由を制約すると考えた。

生物進化と社会の進歩の比較という観点から見ても、このハイエクの考えは納得がいく。複雑な生態系の中でどのような変化がより有利かを予測し、変化をデザインするのは不可能だ。さまざまな突然変異が環境の中で試され、自然選択という「見えざる手」による微小な改良が積み重ねられることによってはじめて、適応進化は進む。同様に、複雑な需給関係と多様な価値観の下で、経済の変化をデザインするのは不可能だ。個人の自由な意思決定と競争に委ねてはじめて、需要・供給のバランスをとることが可能である。

もちろん、このような自由な個人による競争を促し、一方でその弊害を最小化する社会制度は必要だ。ハイエクはこのような、市場を適切に機能させるための制度的制約を置くことに反対しているわけではない。市場自体をコントロールすることは不可能であり、もし政府による統制を行えば必ず非効率が生じることを指摘しているのだ。この指摘はきわめて妥当であり、この理解を誤ったことが、社会主義の失敗の大きな原因だ。

二つの失敗からの教訓

「市場経済をデザインすることはできない」というほぼ自明の理を、マルクスをはじめとする知性のある学者や思想家たちがなぜ理解できなかったのだろうか。おそらくそれは、17世紀から18世紀にかけての啓蒙主義（世界には基本法則があり、それは理性によって解明できるとする考え方）が産業革命の成功を通じて知識人の間で支配的な思想となったことに関係しているだろう。(5) マルクスは、原始共産制から資本主義を経て再び共産制に至るという図式を基本法則とみなした。今日の時点で見れば、社会の歴史には生物の歴史と同様に基本法則などなく、そのときどきの環境や社会状況の下で、ある制度や商品が選ばれてひろがっていくという一種のアルゴリズムがあるだけだ。

未来を決めるのはそのときどきの国民（個人）や政府の意思決定だ。そして個人の自由を制約することによって政府が未来をデザインする試みは、社会主義とファシズムという二つの社会的失敗を生み出した。この失敗から学ぶべき教訓は、個人の自由を最大限に尊重し、その創造性を最大限に生かしてはじめて、私たちは社会を少しずつより良い方向に変えていくことができるということだ。ハイエクが指摘しているように、「公共の福祉」の名のもとに政府が個人の自由を制限すれば、結局は経済的自由を損ない、社会が停滞するのだ。しかしながら、自民党の「日本国憲法改正草案(6)」では、第３章「国民の権利及び義務」の第12条に「自由及び権利には責任及び義務が伴うことを自覚し、常に公益及び公の秩序に反してはならない」と加筆されるなど、全体として「公益及び公の秩序」を強調する内容となっており、個人の自由よりも国家の秩序を優先する方向に踏み出していないか、やや気がかりだ。

緊急事態における個人の自由

自民党の憲法草案でもっと気がかりなのは、新たに設けられた第９章「緊急事態」だ。Ｑ＆Ａによれば、「国民の生命、身体及び財産という大きな人権を守るために、そのため必要な範囲でより小さな人権がやむなく制限されることもあり得る」としており、緊急事態において個人の自由の一部を制約する意図があることが明らかにされている。制約される対象に、個人が自由に意見や情報を発信する権利が含まれていないか、気がかりだ。

よく考えてみよう。平常時ですら、複雑な社会状況を正確に把握し、的確な判断を下すことは難しいのだ。緊急時の、さらに予測が難しい状況においては、国家の権限を強化したところで、現場の状況がより正確に把握でき、より的確な対策がとれるわけではない。むしろ、個人の自由な判断を信じて、個人の創意性に委ねるほうが、良い結果が期待できるだろう。

もちろん、大規模災害などの緊急時には、緊急車両通行のための移動制限や、安全性と緊急避難を目的とした家屋の取り壊し（財産権の制限）などが必要になる。しかしこのような緊急対応については、災害対策基本法などがすでに整備されている。[7] 熊本地震などの経験をもとにさらにこれらの法整備を進めることは必要だ。緊急事態への備えとして必要なのは、徹底した実務的準備と訓練だ。一方で、このような準備が想定していない緊急事態に対しては、現場を知る人物の創意性と現実的判断に委ねるのが最も良い結果を生むはずだ。

緊急時には「現場判断」を優先すべき

ティム・ハーフォード著『アダプト思考[8]』には、イラク侵攻後に米軍がどうやって治安回復をある程度成功させたかについての興味深いエピソードが紹介されている。ここで取り上げられている事例は、国家と個人の関係とは異なるが、緊急時にはトップの判断ではなく現場の判断を優先することが良い結果を生むことを示す良い例である。

イラク戦争は失敗の連続だった。そもそも大量破壊兵器は存在しなかった。フセイン拘束後は、フセインが率いたバース党の党員を階級に関係なくすべて排除する「非バース化」という方針によってイラクの社会秩序を破壊し、混乱を拡大させた。バクダッドに駐留した米軍は、自爆テロなどによる過激派の抵抗にあい、多くの住民は報復をおそれて米軍に協力しなかった。

この状況を変える糸口を作ったのは、マクマスター大佐である。彼は、ベトナム戦争介入時の意思決定に関する研究によって博士号を取得した人物であり、現場の状況を無視した意思決定がいかに大きな失敗を招くかを熟知していた。彼は上官から指示された戦略が間違っていると感じれば、それを無視した。階層組織が圧力をかけてきたら、ジャーナリストを通じて自分の意見を伝えた。「大局」情報には頼らず、任地の状況を重視し、都市部の前哨地を指揮する下級士官に権限を委譲した。彼は「上官よりも前線の兵士のほうが、よい助言を見つけ出すのがずっと早く、状況に適応しようとする意欲がずっと強い」ことをよく理解していた。マクマスター大佐のように、現場を見ようとしない上官の命令を無視し、徹底して現場での最適解を追求した何人かの人物によって、イラクにおける治安は好転し、やがてこのような批判的人物から教訓を引きだしたペトレイアス大将が、司令官としてイラク駐留米軍の指揮をとるに至った。

ハーフォードは、マクマスター大佐が採用した徹底して現場に根差した考え方を「アダプト思考」(adapt) と呼んでいるが、これは生物の適応進化に学んで「なすことによって学ぶ」方法、すなわち適応学習 (adaptive learning) のことだ。戦時下のような緊急事態において、トップがすべての状況を把握し、的確な判断を下すことなど不可能だ。現場に判断を委ね、現場から常に学ぶことによって初めて、よりよい解決策が導かれるのだ。

理性的な判断に時間を惜しまない

今後、憲法改正に向けての議論が進むと予想されるが、個人の自由への制約を強化するようなトップダウンの発想は時代遅れだ。おそらく、自民党の憲法草案がそのまま議論に乗せられることはないだろう。自民党はいまや野党ではなく、与党として政権に責任を負っているので、そこまで非現実的な判断はしないものと思う。

国民にとっては、フランス革命以後の近代民主主義社会の歩みをふりかえり、これからの社会のあり方について考える良い機会だ。国民投票が行われるとすれば、その結果を決めるのは国民だ。過去に学び、理性的に考え、冷静な議論をしたい。

社会主義とファシズムの失敗を理由に啓蒙主義を批判し、理性の限界を強調する立場があるが、ジョセフ・ヒースが『啓蒙思想2.0』[(5)]で述べているように（3.2）、私たちは時間をかけさえすれば理性的に考えて、より良い結論を下すことができる。そしてスティーブン・ピンカーが『暴力の人類史』[(9)]で立証したように（1.2）、理性は暴力を減らし、より民主的な社会を築く原動力なのだ。

さらに学びたい人のために

社会の変化が適応学習による一種の進化的プロセスであるという点についてさらに理解を深めるうえでは、マット・リドレー著『進化は万能である』[(10)]が必読書だ。とくに第6章「経済の進化」と第13章「政府の進化」では、適応学習機能を持つ市場の効率性と、計画機能を持つ政府の非効率性について、より詳細な証拠があげられている。ただし、リドレーは市場の効率性を強調するあまり、政府が果たすべき役割についてはほとんど述べていない。政府には、治安と公正さを維持する機能に加えて、市場が効率良く作用するように制度を改善する役割があり、その役割においてこれからの政府は「サーバント型リーダーシップ」を採用するのが望ましいだろう。

6.5 どうすれば社会的ジレンマを克服できるか？

社会は災害を超えて逞しくなる

私たちの社会はいま、気候変動、生物多様性の消失、大規模災害など、数多くの困難な課題に直面している。これらの課題の解決には、社会全体での協力が不可欠だ。幸いにして私たちには、社会的協力を可能にする献身性が備わっている。この献身性は、災害と関係して進化した可能性がある。

私たちヒトが進化した第４紀という地質時代は、気候変動や火山活動が活発に起きた時代だ。このためヒトは、過去約10万年の進化の歴史を通じて、多くの災害を経験してきた。おそらくその結果、災害のあとに絆を強め、困難に対して協力して立ち向かう性質を身につけてきた。災害は確かに不幸なできごとではあるが、災害を通じて社会の絆が強まる面がある。災害の経験から学ぶことを通じて、私たちはよりよい社会を築くうえでとても重要なヒントを得ることができる。

この節の前半では、東日本大震災被災地での復興支援の取り組みを例に、私たちに備わっている献身性のすばらしさを確認しよう。そして後半では、私たちの献身性・リーダーシップや知識の進化について考えた上で、社会的ジレンマを乗り越えてよりよい未来を開く道を展望したい。

教室から災害の現場へ　ハーバードビジネススクールの試み

『ハーバードはなぜ日本の東北で学ぶのか』[(1)]——成田空港の書店で本書を見つけ、読んでみて驚いた。私たち九州大学「持続可能な社会を拓く決断科学大学院プログラム」が行っているリーダー養成のための現場教育とよく似たフィールドコースを、ハーバードビジネススクール（ＨＢＳ）が実施しているのだ。しかも、私たちも実習で訪問している東日本大震災の被災地で。

ＨＢＳの東北訪問は２０１２年以来すでに5回を数えているので、２０１４年にスタートした私たちよりも2年先輩である。上記の本には、ＨＢＳの学生たちによる東北での取り組みの経過と成果が生き生きと描かれている。ビジネスとは何か、リーダーはどうあるべきか、社会をどう変えていけばよいか、これらの問いに興味がある方には、必読の一冊だ。

ＨＢＳは、世界でトップクラスの経営大学院（2年制修士課程）だ。大学卒業後にさまざまな企業や、軍隊、政府機関、ＮＰＯなどで実務経験を積んだ優秀な人材が、さらなる研鑽を積むために世界中から集まる。そのＨＢＳの人材育成は、教科書を使わない「ケース・メソッド」で行われてきた。

「ケース」とは、ある組織の具体的な課題について書かれた10数ページの教材である。ＨＢＳは世界中の組織を調べ、「ケース」という教材にまとめている。その中には、トヨタ・京セラなどの日本企業も数多く含まれている。上掲書の著者である山崎繭加氏は、ＨＢＳ日本リサーチセンターに所属するＨＢＳのグローバルスタッフとして、２００６年以来約30のケースを教授と共著で書いてきたという。ＨＢＳは彼女のようなグローバルスタッフ約60名を世界各地の13か所に配置している。この体制から生み出される「ケース」という教材がＨＢＳの教育を支えている。

学生は事前にケースを読んだうえで授業に出席し、その組織のメンバーであることを想定して、課題をいかに解決するかについて討論する。教授は講義をするのではなく、ファシリテータとして学生の議論をリードし、学生に徹底して考えさせる。著者によれば、「あまりにも多くのケースを読むため個別のケースの内容はほとんど忘れてしまうが、まるで筋力がトレーニングを通じて徐々に鍛えられていくかのように、不確実な状況の中での意思決定の力がついていく感覚がある」という。

経営者が直面する事態には、ひとつとして同じものはない。教科書で教えられるような一般則だけでは、問題は解決できないことが多いので、経営者はその局面に応じて知恵をしぼり、事態を打開しなければならない。この能力を磨くうえで、「ケース・メソッド」は確かに有効だ。この方法で、学生はさまざまな事態を仮想体験し、個別の困難に直面した経営者の「視点取得」を通じて、さまざまなノウハウを学ぶことができる。

仮想体験の限界を打破するには

とはいえ、あくまでも机上の仮想体験である。このような仮想体験だけで、現場での決断力や実行力を身につけることは難しい。私が「決断科学大学院プログラム」を立案したときにまず考えたのは、従来型の教育が抱えるこの限界である。そこで私は、「プロジェクトZ」と名付けた問題解決型研究の現場で、学生たちをトレーニングする計画を練った。

私自身は、屋久島世界自然遺産地域科学委員会委員長として、ヤクシカによる農業被害や生態系被害という社会的課題にかかわっている(5.2)。生態学的な基礎研究を行いながら、他方では行政機関(国・県・町)、猟友会、生物多様性保全団体などの関係者と議論を重ね、増えすぎたヤクシカの駆除を行い、ヤクシカの摂食によって減少を続けている絶滅危惧植物を保全するための対策に関わっている。この問題を解決するには、ヤクシカの駆除に批判的な意見をふくむさまざまな関係者の間での合意形成を進め、駆除したヤクシカの有効利用（食肉としての利用促進）をはかるなど、さまざまな課題に対応する必要がある。このような問題解決型研究の現場に継続的に関われば、学生たちは机の上では学べない現場での対応能力を身につけることができるだろう。

ＨＢＳが「ケース・メソッド」に加えて２０１１年に新たに取り入れた「フィールド」（ＦＩＥＬＤ：Field Immersion Experiences in Leadership Development リーダーシップ養成において現場にどっぷりつかる経験）のコンセプトは、私たちの「プロジェクトＺ」のそれと通じるものがある。「ケース・メソッド」がknowing（知識）に依拠した教育方法であるのに対して、「フィールド」はdoing（実践）およびbeing（価値観、信念）に依拠した教育方法と位置付けられている。上掲書には以下のように説明されている。

〈実践（doing）のスキルがなければ、いくら知識（knowing）があっても役立たない。また自己の存在（being）からくる価値観や信念を反映した自己認識がなければ、doingのスキルも方針も定まらない中で有効に使うことはできない。〉

ＨＢＳがこのコンセプトに基づくフィールドプログラムを開始しようとした２０１１年に、東日本大震災が起きた。その当時ＨＢＳに在学していた日本人学生数名が、ＨＢＳ唯一の日本人教員である竹内弘高教授に東北でのフィールドプログラムを提案した。この提案が採択され、２０１２年に東北での初のフィールドプログラムが実現した。その後6年間にわたって継続されているのは、世界各地のプログラムの中で、この東北だけだという。学生から最高ランクの評価を受け、評判が広まり、５

回目には30名の定員枠を超えて37名が参加した。

希望を生み出している被災地のリーダーの人間力

なぜ東北でのフィールドプログラムがこれほど高い評価を受けているのか。その理由は、上掲書を読めばすぐにわかる。プログラムでの経験が感動的であり、参加者の人生を左右する力を持っているからだ。その感動を生み出しているのは、東日本大震災という未曽有の災害に立ち向かい、新たな希望を生み出している被災地の人たちの人間力だ。

例えば仙台市郊外にある秋保温泉の耕作放棄地を開墾してワイナリーを開いた毛利親房さん。彼は仙台市の建設事務所のスタッフとして女川町の銭湯の設計に関わっていたときに、東日本大震災を経験した。女川の街が津波に流されたことに衝撃を受け、ボランティア活動に携わる中で、ワインづくりによる地域振興のアイデアを思いついた。ワイナリーが地域づくりに大きな波及効果を持つことに注目した毛利さんは、ワインづくりの経験がまったくないにもかかわらず、秋保ワイナリーの計画を立案し、三菱商事が開設した復興支援基金の支援を獲得し、ワインづくりから商品デザイン、マーケティングに至るまで一流のスタッフを集めた。著者は毛利さんについて「もの静かなたたずまいの裏に潜む本物の情熱と桁違いの実行力」を持つ人物だと紹介している。

秋保ワイナリーを訪問することになったＨＢＳの学生たちは、事前準備の過程で秋保ワインを国際的に販売する可能性を調べ、それは無理だという結論を下した。そして秋保ワイナリーを訪問した学生たちは、「秋保ワイナリーをどう成功させていくか」という問題設定がそもそも間違っていたことに気付かされた。毛利さんにとってワイナリーとは目的ではなく、あくまで地域振興のための手段なのだ。彼の目的は、ワインによって人と人、人と地域、地域と地域をつなぎ、東北を盛り上げていくことにある。彼のビジネスへの姿勢は、ノーベル平和賞を受賞したグラミン・グループの指導者、ムハマド・ユヌス博士が推進している「ソーシャル・ビジネス」(2)（社会的問題の解決を目標とするビジネス）に通じるものだ。

また、毛利さんが集めたスタッフは一流であり、ワイナリーの経営プランについて学生たちが入る隙間はなかった。そこで学生たちは考えを変え、「秋保ワイナリーはどうやったらもっと地域に貢献できるのか」について真剣に考えた。学生たちは、秋保ワイナリーに関わる10名をこえる各分野の専門家と議論を重ねただけでなく、秋保温泉郷を見て回り、秋保温泉郷の観光戦略についても考えた。

秋保温泉郷で開かれた最終発表会では、秋保ワイナリースタッフだけでなく、旅館組合のメンバー、仙台市職員、大学関係者、メディアなど総勢１００名をこえる参加者が彼らを待ち受けた。この参加者の前で、彼らは観光戦略の提案を行った。彼らの戦略は、「秋保ワイナリーを秋保温泉郷訪問者にとって欠かせない場所にする」――これが出発点だ。そのために、まずは地元での販売に集中し、そこでしか手に入らない「特別感」を醸成したうえで、他地域への流通を開始・拡大する10年計画を提案した。

このプログラムに参加したＨＢＳの学生はこう語っている。

〈教室の中で座って「社会的なミッションを持つリーダーとは何か」について議論することはすごく簡単です。でもこうやって実際に毛利さんという社会的ミッションを持つリーダー

と出会い学べたことは、教室の議論とは大違いでした。それこそが、どっぷり浸かって学ぶプログラムの醍醐味だと思います。〉

私たちの九州大学決断科学大学院プログラムでは、対馬市、長崎市、由布市、佐伯市、日南市と連携協定を結び、地域づくりの課題に取り組んでいる。例えば、カリキュラムのひとつに「組織研修ワークショップ」がある。このワークショップに参加した学生たちは、これらの自治体において地域づくりに情熱を傾け、独自の成果をあげられている行政・企業・NPOのスタッフや住民・高校生にインタビューし、提案をまとめる。最終発表会には市長も参加されるので、大きな責任がともなう。情熱・戦略・実績を兼ね備えた一流の人物に出会うこと、そして彼らの前で責任をもって提案を行うこと、このような経験こそが人を育てる。

「社会的ジレンマ」をどう乗り越えるか

決断科学大学院プログラムの学生はHBSの学生のように経営について学んではいないが、九大の大学院において自然科学・社会科学のいずれかの分野で博士課程の専門的研究に携わっている。専門分野が異なる意欲的な大学院生が真剣に討論して考え出す提案は、HBSの学生の提案と同様に、各自治体関係者に自信と指針、そして希望を与えていると思う。

上掲書には、「首長らしからぬ若きリーダーとの出会い」と題して、女川町の須田善明町長が紹介されている。須田さんは、20年後も現役の若い世代が復興の指揮をとるべきだという声に推されて39

歳で町長に選ばれた方だ。

私たちも決断科学プログラムで、須田町長のリーダーシップについて学ぶ機会をいただいている。女川町は、被災地の中で最も早く復興を進めている自治体だが、被災地として直面している困難は並大抵ではない。決断科学プログラムでも災害モジュールを設けて復興の問題に取り組んでいるが、復興にあたっては急いで解決しなければならない短期の課題と、長い将来を見据えた長期の課題を、両方解決しなければならない。しかも両者にはしばしばトレードオフ（一方を重視すれば他方が犠牲になるという関係）がある。女川町は、防潮堤を作らずに高台に移転する計画をいち早く決めた。この「決断」は、より長期の安定した町づくりを見据えたものだが、山を削って復興住宅を作るには時間がかかる。このため、町民はより長期に仮設住宅に住み続けなければならない。このように、長期的には利益があるが、短期的には住民に損を強いるという状況は、「社会的ジレンマ」の典型例だ。社会的ジレンマとは「個人の合理的な選択が社会としての最適な選択に一致しない状況[3]」を言う。社会的ジレンマをともなう課題では、長期的利益を優先した計画について合意形成を進め、それを実行するうえで、リーダーである首長の役割が大きい。

この点に関して、世界の沿岸漁業管理について調べた興味深い研究がある[4]。漁業資源は短期的利益を追求して乱獲すると、長期的には漁獲が減り、漁民全員が損をする。しかし、短期的利益が減る計画には、常に反対がつきまとう。世界の沿岸漁業管理の成功例（漁獲量制限によって長期的に漁獲が維持された例）と失敗例（漁獲量制限に合意できず長期的に漁獲を減らした例）を比較し、どのような要因が成功・失敗を決めたかを調べた研究によれば、最も共通性の高い要因はリーダーシップである。「社会的ジレンマ」を解決するには、長期的利益を優先した計画を採用するようにリーダーが地域社会の合意をまとめることが重要なのだ。

私は日南市・対馬市・佐伯市での組織研修ワークショップに参加し、これらの自治体の市長から直接お話しを伺う機会を得たが、いずれの市長も長期的な視点をもって、優れたリーダーシップを発揮されている。

人口減少に直面している地方自治体が抱える課題は深刻だが、ピンチは人を育て、社会を逞しくする。地方にはさまざまな新しい芽が伸びている。これらをさらに伸ばすことが大切だ。その努力を通じて、日本は新しい時代を迎えるに違いない。上掲書に紹介されている東日本大震災被災地でのさまざまな献身的取り組みは、日本社会の未来に大きな希望を抱かせるものだ。

リーダーシップと社会の絆の進化

災害対策に象徴されるように、社会的な問題解決にあたっては、長期的な視野で社会を導くリーダーシップと、リーダーの下で献身的にはたらくメンバーの存在が欠かせない。このようなリーダーシップや献身性がどのように進化したかについて、有力な仮説を紹介しよう。そして、どうすれば私たちは理性の不完全さをのりこえて、社会を変えることができるかについて考えてみよう。

道徳心理学者のジョナサン・ハイトは、その著作『しあわせ仮説[(5)]』や『社会はなぜ左と右にわかれるのか[(6)]』の中で、私たちには大きな目的のために献身する性質があり、そのスイッチが入ると社会のための自己犠牲を厭わなくなることを紹介している。ハイトはこのスイッチを「ミツバチスイッチ」

と名付けた。そして、この「ミツバチスイッチ」が集団選択（献身性が高い集団ほど生き残りやすいことによる集団レベルの選択）によって進化したという仮説を強く主張している。そして、集団選択を促した要因としては、狩猟採集社会における部族間の戦争をあげている。私はハイトの道徳心理学から多くのことを学んだが、私たちの献身性の進化についてのこの説明は、個体レベルの自然選択を考慮していない点で、適切とは言えない。

狩猟採集社会において部族間の争いが頻繁にあったことは確かだ。他の部族の男を襲って首を狩り、自分の力を誇示する行動は、配偶者を得るうえで有利だったことを示す研究がある。[7]また、部族が大きくなり、ドングリなどの貯蔵食糧や、石器などの道具の蓄積が増えると、他の部族からの略奪のリスクは増えただろう。このような資源の略奪に対抗するために群れのメンバーが協力することは、自然選択上有利だったはずだ。この有利さは、集団レベルだけでなく個体レベルでもあった。襲われたときに対抗する実力や、他個体と協力して資源を守る能力は、個体の適応度において有利である。また、部族の利益に献身する行動は、その個体の評判を高めることで、やはり個体の適応度を高めたと考えられる。献身性のような性質には、集団内の個体間で大きな変異があることが知られている。個体レベルの選択はこのような変異に作用するので、性質の進化に与える効果が大きい。これに対して、人間集団の間では、子孫を残す過程を通じて遺伝子の交流があるので、集団間の平均値の違いは小さい。[8]したがって、集団レベルでの選択の効果は、個体レベルの選択の効果にくらべ、無視できる場合が多い。そのため献身性の進化を説明するうえで、ハイトのように集団レベルの選択を持ち出す必要はないのである。ただし、文化については集団間の違いが生じやすいので、文化の進化においては集団選択が作用したと考えられる。[9]

自然の脅威という試練

狩猟採集社会においては、部族間の争いに加えて、災害が大きな選択圧になったと考えられる。ヒトの祖先がアフリカを出て世界に広がった６万年間に、地球には氷河期が訪れ、気候は大きく寒冷化した。約２万年前の最も寒かった時代には、日本では４つの島が陸橋でつながり、さらに九州が朝鮮半島とほぼ地続きになった。このような気候変動の下で、私たちの祖先は冷害や干ばつの脅威に頻繁にさらされ続けた。約２万年前以後に気候が温暖化に向かったあとも、冷害や干ばつの脅威は続いた。縄文時代には、ドングリの生産量によって人口が変動したことがわかっている。[10]

また、火山活動も大きな脅威だった。日本では、地層の年代を決めるのに、広域火山灰層（テフラ）が重要な手がかりになる。大きな火山の噴火によって広域に降り積もった火山灰は、噴火ごとに組成が違う。したがって、火山灰層の組成を調べることで、いつの時代のものかを特定できる。例えば約６０００年前に屋久島の西方にある鬼界カルデラの噴火で降り積もった火山灰層は、西日本全域で確認されている。当時九州南部に暮らしていた縄文人は、壊滅的な打撃を受けたに違いない。

このような災害を生きのびるうえでは、長期的な判断力があり、部族の意見をまとめられるリーダーの役割が大きかったはずだ。たとえば限られた保存食糧を短期間に食べつくさずに、さまざまな創意工夫をしながら寒い冬を乗り切るには、リーダーの力と、リーダーの下で結束して協力するメンバーの能力が重要だった。災害のような社会の危機において私たちの献身性が高まる背景には、このような進化の歴史があると考えられる。

遺伝子と言語の共進化

私たちの献身性を進化させたもう一つの要因に言語がある。集団における協力行動を営むうえで、文法をともなう言語は画期的な発明である。私たちは日常的に言語を使って生活しているので、その高度な機能を意識していないことが多いが、人間と他の動物との間の最も大きな違いは、文法を伴う言語を使えるかどうかという点にある。

言語は化石に残らないため、文法を伴う言語がいつ成立したかを決めることは難しいが、考古学や言語学の研究成果を総合すると、35〜15万年前（ほぼ中期旧石器時代の前半に相当）のアフリカで初歩的な言語が起源した可能性が有力である。[11] また、ヨーロッパ系の言語に関しては、アナトリア半島（現在のトルコ）のヒッタイト王国で発達したヒッタイト語と他の言語の分岐が最も古く、その分岐年代は約８７００年前である。[12] その後６０００年〜７０００年前にかけて、ヨーロッパや西アジア・インドで多くの言語が分かれた。農業技術を持った人たちがアナトリア半島から東西に広がり、その移動にともなって言語が多様化したと考えられる。この約８７００年前の時点で、ヨーロッパ系の言語で使われている語彙はほぼ作り出されていたと考えられる。なお、言語が文字として記録に残されるようになったのはもっと新しく、楔形文字が発明された紀元前３５００年ころのことだ。

文法を伴う複雑な言語によって、コミュニケーション能力が高まるとともに、社会の共有財産としての知識が増えた。そしてこれらの知識を次世代に伝える必要性が高まり、教育という高度な協力行動が発達した。文字がなく、紙という記録媒体もなかった狩猟採集時代には、すべての知識を誰かが記憶し、次世代へと伝達する必要があった。このような状況下では、増え続ける知識を覚え、次世代に伝達する能力が高い個体ほど、より多くの子孫を残せただろう。このような選択圧が、脳の進化を促した。そして、脳の進化によって記憶力や推論能力が高まり、より高度な言語や知識を共有・伝達する状況が生まれ、この状況がさらなる脳の機能に関わる遺伝子の進化を促したと考えられる。このような言語と遺伝子の共進化が、私たちの理性や直観を高度なものにし、より大きな規模での協力行動を可能にし、社会をより理性的な方向へと発展させ続けてきたと考えられる。[9]

ハーバード東北プログラムの学問的土台

東日本大震災被災地でのＨＢＳのフィールドプログラムは、現場経験を重視しているが、一方で言語によって蓄積された知識によって統合的思考の土台を築いている。東北でのフィールドプログラムの学問的土台になっているのは、ＨＢＳ唯一の日本人教員である竹内弘高教授が一橋大学名誉教授の野中郁次郎博士と協力して発展させた経営学理論だ。竹内教授は『ハーバードはなぜ日本の東北で学ぶのか[1]』の監修者あとがきで次のように書いている。

〈その土台は、次の3本の柱で構成されている。
・Inside-out approach to strategy（思いやミッションをベースに戦略を立案する考え方）
・Knowledge-Creating Company（知識創造企業）

・The Wise Leader（賢慮のリーダーシップ）

これらのテーマについて、日本を訪問する前の4カ月間、月1回・毎回2時間の講義中に小生が書いた著作や論文を読ませて議論する。学生が提出する最終レポートには、暗黙知、SECI（暗黙知と形式知のスパイラルによって知識が創造されるプロセス）、場、ミドル・アップ・ダウン、フロネシスなどの専門用語が数多く登場する。〉

私たちの九州大学決断科学プログラムでは、プロジェクトZでの学生の学びを支える学問的土台として、「決断科学」の体系化を進めてきた。本書では、その成果をできるだけわかりやすく紹介してきた。決断科学の体系は、人間の心理や行動についての生物学的・進化学的理解と、生態学的視点を加えた人類史の理解に依拠している。それは竹内教授や野中教授が構築された経営学の理論体系とは相補的だ。両者を関連づけることは、これからの私たちの重要な課題である。

竹内教授らは暗黙知（個人的経験にもとづく、言語による表現が難しい知識）と形式知（言語によって表現された、誰もが共有できる知識）の関係を重視し、「暗黙知と形式知のスパイラルによる知識創造」を、4つのモードに分類している。[13]

●共同化（経験を共有することによって、メンタルモデルや技能などの暗黙知を創造するプロセス）
●表出化（暗黙知を明確なコンセプトに表し、形式知へと変換するプロセス）
●連結化（コンセプトを組み合わせて1つの知識体系を創り出すプロセス）

●内面化（形式知をメンタルモデルや技能という暗黙知へ変換するプロセス）

そして、このスパイラルを促進するうえで、さまざまな知識・経験を持つ関係者が相互作用する「場」を重視し、また知識創造のマネジメント法として、トップダウンでもボトムアップでもない、ミドル・アップダウン（ミドル・マネージャーにトップと第一線社員を巻き込む要の役割を与える方法）を重視している。

進化学的観点からすると、暗黙知にも形式知にも伝達される知識と伝達されずに消えてしまう知識がある。知識の創造・活用を促すには、知識を伝達し、改良することが重要だ。災害に関して言えば、災害の教訓から学ぶためのテキストと、災害が起きたときに適切な決断・行動を可能にする防災訓練が決定的に重要だ。

津波から園児の命を救った「対応事例集」

東日本大震災において、宮城、岩手、福島の３県で被災した保育所は３１５に上り、このうち全壊や津波による流失など甚大な被害のあった保育所が28以上あった。一方で、保育中だった園児や職員で避難時に亡くなった例は山元町立東保育園だけだった。なぜ多くの保育所で、園児が助かったのか？その理由は、「東日本大震災被災保育園の対応に学ぶ〜子どもたちを災害から守るための対応事例集」(14)にまとめられている。保育所で連携して、保育中のさまざまな状況、場面を想定した地震対応マニュアルを作成していた。このマニュアルを分かりやすく、見やすいものとするため、フローチャートと文章を組み合わせてできるだけビジュアル化していた。また、さまざまな災害に備えて、第４次避難場所まで想定して対応マニュアルを作成していた。そしてこのマニュアルにもとづいて園児をよく訓練していた。このため、園児たちが現場の判断でより高い位置に避難した例が多かった。さらに、自治体によってあらかじめ保育所に整備されていた「防災無線」を使って、自治体と連絡をとった。このような事前の周到な準備と、繰り返し実施された訓練によって、多くの園児が自らの判断で津波から逃れ、生きのびることができた。

上記の「対応事例集」は、全国の保育関係者の間で共有されている。このようなテキストを通じて経験から学び、あらゆる事態を想定してよく訓練すること、これが防災の王道だ。経験から学び、事前によく準備しておけば、「想定外」の事態を減らすことができる。

知識とビジョンが社会を変える

私たちの理性は知識によって支えられている。理性には様々な不完全さがあるが、知識にはそれを補う力がある。20世紀後半における心理学の発展は、理性（システム2）の不完全さを次々に明らかにした。この点を考慮してジョナサン・ハイトは、「象使い」（理性）ではなく「象」（直観）に語りかけることが重要だと強調した。(5) 一方、哲学者のジョゼフ・ヒースは時間をかけて理性的判断を行うことを重視し、「スロー・ポリティクス」を提唱した。(15) 心理学者のスティーブン・ピンカーは、歴史を通じて暴力の減少に寄与した要因を調べ、理性こそが社会をより平和にする原動力だと主張した。(16)

生態学・進化学を専門とする私から見ると、これらの議論は実は重要な事実に注目していない。それは私たち（象と象使い）が知識の中で生きており、そして知識は遺伝子と同様に次世代に伝達され、変化するという事実だ。そして知識は、紙という記録媒体が発明されて以後、豊富化・精緻化・体系化を続けてきた。最近ではPCという新たな記録媒体の普及がこのプロセスを加速している。私たちの理性や直観は遺伝子進化（ヒトの遺伝的性質の変化）だけでなく、言語による知識の進化（非遺伝的な知識の蓄積）によって発達したのである。

この節を書いている過程で、阪神・淡路大震災におけるNPO・NGOの活躍についてまとめた二つの報告を読んだ。(17)(18) 1995年に都市型震災による被害を受けた神戸では、現場のリーダーに率いられた数多くの非営利法人が、後手にまわりがちな国や県の対応の穴を埋めた。彼らの活躍が、1998年にNPO法が施行されるきっかけとなった。私は阪神・淡路大震災後の復興に関わった経験がないが、このような報告を通じて、復興の経験を学ぶことができる。たとえば「発災直後のボランティアの場合、マニュアル化する必要はない。たくさんの人間がいて、たくさんの頭で考えたほうがいい」という指摘(17)から、6.4で述べた現場での適応学習が、被災地支援においても重要であることがわかる。このような学びは、私たちの理性を高めてくれる。

言語には、「象使い」（理性）ではなく「象」（直観）に語りかける力もある。私たちは知識を学ぶことによって理性的な判断能力を高めると同時に、知識にもとづくビジョンを直観に訴えて人の心を動かし、協力性・献身性を引きだすことができる。もちろん、そのビジョンを実行に移す誠実さと行動力がリーダーには必要だ。

いよいよ結論を述べるときがきた。「社会をどうすれば変えられるか？」この問いへの私の答えは、適応学習による小さな改善の積み重ねだ。ただし、目先の利益にとらわれずに、長い目でみて望ましい決断を下すには、リーダーのビジョンが果たす役割が大きい。

最後に、ビジョンと実行力を兼ね備えたリーダーであるムアハド・ユヌス博士の著作(2)から未来社会への彼のビジョンを引用して本書を終えよう。私たちは今、このようなビジョンが語られるすばらしい時代を生きている。そして1.1で述べたように、これからの社会は私たちがどんな夢を描くかによって変わるのだ。


〈一見すると、世界の切迫した問題はあまりに複雑で、解決不能にさえ見える。しかし、考えてみてほしい。恐ろしい伝染病、蔓延する栄養不足、汚染された飲み水、医療不足や教育不足といった問題は、すべて世界のどこかで解決されてきた。今から20年後や50年後の世界はどうなっているだろうか？ それを考えるのは確かに面白い。しかし、私はそれよりも大事な問いがあると思っている。今から20年後や50年後にどのようは世界を実現したいか？

私は、今こそ未来を受動的に受け入れるのをやめ、積極的に作り出していくべき時だと思っている。私たちは、実現したい未来を思い描くかわりに、未来予想にばかり時間や知恵を費やそうとする。……しかし、実世界の出来事は人々の空想によって突き動かされるものなのだ。したがって、2030年までに実現したい世界を「願い事リスト」に書きだせば、2030年の世界を描けるだろう。たとえば次のような世界だ。
・貧しい人がひとりもいない世界
・海、湖、河川、大気の汚染がない世界

・お腹を空かせたまま眠りにつく子どもがいない世界
・予防可能な病気で早く亡くなる人がいない世界
・戦争が過去の出来事になっている世界
・誰もが国境をこえて自由に移動できる世界
・誰もが奇跡の新技術を利用して教育を受けられ、読み書きができる世界
・世界の文化財を全員で共有できる世界

幸いにも。今ほど夢が実現しやすい時代はない。私たちに必要なのは、現在に未来の夢への入口を作ることだ。その入口を過去でふさいではいけない。……だから、この夢を信じよう。そして、不可能を可能にするために努力しよう。もし、あなたが私と同じ夢を抱いているなら……ぜひ一緒にこの胸躍る旅に出かけませんか。〉

さらに学びたい人のために

ムアハド・ユヌス博士の『ソーシャルビジネス革命(2)』は、社会的リーダーをめざすすべての人に読んでほしい本だ。従来のビジネスが人間の利己性に依拠してきたのに対して、ソーシャルビジネスは、人間の利他性に依拠したビジネスだ。ソーシャルビジネスの出資者は、利益を受け取る代わりに、社会的問題が解決していく喜びを受け取る。ソーシャルビジネスを通じて生まれた利益は、社会的問題解決に還元される。これはすばらしい可能性を秘めた事業の仕組みである。

ユヌス博士は学位取得後に母国バングラデシュに戻り、貧しい女性労働者の収入の大半が借金の利子

返済にあてられている事実を知り、少額の融資をして借金返済の肩代わりをした。借金さえ返せば、その後は収入がすべて本人のものになり、貧困から脱却できるのだ。ユヌス博士はこの少額融資の仕組み(マイクロファイナンス)をソーシャルビジネスとして成立させ、グラミン銀行を育てた。グラミン銀行は2006年にノーベル平和賞を受賞した。『ソーシャルビジネス革命』には、ソーシャルビジネスの発展の様子が紹介されている。本書を読めば、「一見解決不能にさえ見える社会問題は、すべて世界のどこかで解決されてきた」「今ほど夢が実現しやすい時代はない」という力強いメッセージの背景に、ユヌス博士とグラミングループが達成したすばらしい実績があることがわかる。確かに、私たちはまだ多くの困難な問題に直面している。しかし私たちは、これらの問題の解決に向けて、確かに前進しているのだ。

ユヌス博士による2030年までに実現したい「願い事リスト」は、2015年9月25日に第70回国連総会で採択された「持続可能な開発のための2030アジェンダ(19)」と重なっている。日本を含む150を超える国連加盟国首脳の参加のもとに採択されたこのアジェンダは、17の目標と169のターゲットからなる「持続可能な開発目標(20)(SDGs)」を提案している。この提案は、私たちがめざすべき社会とはどんな社会かという基本的な問いに答えるものだ。「より良い社会」とはどんな社会かついて、さまざまな意見がある。このような多様な意見の間で協議を重ね、国際的な合意として策定されたのが「持続可能な開発目標」だ。この目標をぜひ参照し、2030年までの目標達成に向けて、国内外の協力を発展させたい。

違いを認め合う社会へ

私たちは、長い旅をしてきた。

私たちの祖先はアフリカで次第に言語能力を発達させた。アフリカを旅立った約6万年前にはその能力がかなり高度化し、石器の高度化、針・舟・衣類の製作などの、さまざまな創意工夫を可能にしたと考えられる。一方で、言語は道徳を発達させ、社会のルールに従って暮らす良心性を発達させた。言語はまた、歌や物語を発達させ、人間の協調性を高めた。こうして、人間はビッグファイブと呼ばれる基本的な性格因子を発達させた。それは、良心性と協調性、創造性の基礎となる開放性、そして他者からの褒められることを望む外向性（報酬感受性）と、他者からとがめられることを嫌う神経質（罰感受性）の五つだ。

私たちは、これら五つの性格因子に関して、著しく多様である。ルールを守るのが得意な人と苦手な人、協調的な行動が得意な人と苦手な人など、性格は人それぞれ違うのだ。さらに、開放性の個人差は、リベラルか保守的かという政治的姿勢の違いにも関係している。ここに、政治的対立の生物学的背景がある。このような政治的対立を乗り越える第一歩は、政治的姿勢の違いを体型や性格のような個性の一部として了解しあうことだろう。国よりも個人が大事だと考えるか、個人よりも国が大事だと考えるかは、少なくともある部分は個性であって、どちらが正しいわけでもない。このように個性が異なる多くの人間が協力しあうには、互いの共通点を見つけることが重要だ。たとえば被災地の救援活動の現場で一緒に働けば、政治的見解が違っていても、共通の目標のための協力性を高めることができる。より大きな規模での協力を育てるのはより困難な課題だが、不可能ではない。スティーブン・ピンカーが強調するように、私たちの社会はより平和でより協力的な方向へと変化してきた。このような変化を支えた大きな力は理性であり、そして理性によって学ぶことができる知識だ。

「九州大学持続可能な社会を拓く決断科学大学院プログラム」の教育を3年前に開始したとき、私は大きな問いを二つ立てた。「人間はどんなときに対立し、どんなときに協力するのか?」、そして「社会をどうすれば変えられるか?」。これらは、人類社会が直面している課題の解決に向けて、「俯瞰力と独創力を備え広く産学官にわたりグローバルに活躍するリーダー」を育てる上で、避けては通れない問題だ。本書はこれらの問いに答えるための試みだ。まだ試論の段階ではあるが、3年前よりもずっと理解は深まった。

3年前に、私は決断科学プログラムの学生たちに2冊の本を読んでもらった。その2冊とは、ダニエル・カーネマン著『ファスト&スロー』とジャレド・ダイアモンド著『銃・病原菌・鉄』だ。これに加え、スティーブン・ピンカーの『暴力の人類史』のエッセンスを講義で紹介したが、当時はまだ翻訳が出ていなかったので、学生の必読書には指定できなかった(2015年1月に翻訳が出版された)。本書で繰り返し述べたように、これら3冊はこれからの時代を生きるリーダー全員が読んでおくべき本だ。

その後3年間に、本書をまとめる上でとても役立つ3冊の本が次々に出版された。ジョナサン・ハイト著『社会はなぜ左と右にわかれるのか』（２０１４年4月）、ジョセフ・ヒース著『啓蒙主義2.0』（２０１４年10月）、ジョシュア・グリーン著『モラル・トライブズ』（２０１５年8月）の3冊だ。これら3冊も、必読書に加えたい。さらに本書の執筆がほぼ終わった２０１６年9月に、マット・リドレー著『進化は万能である』が出版され、基本的な考え方のあまりの類似性に驚いた。ただし、リドレーは社会的リーダー・専門家・行政の役割をあまりにも軽視しているように思われる。本書では、適応学習的プロセスや市場メカニズムだけですべてが解決するという完全自由主義的な考え方は採用していない。たとえば社会的ジレンマを解消するうえでは、地域のリーダーや行政の役割が大きい。

本書で採用したアプローチは、1.1で紹介した進化の原理（とくに組換えの原理）を、知識の創造に応用することだ。2.4でも述べたように、一見関係のない知識を関係づけることは、発想法の基本である。そして、関係づけられた知識の体系は、多くの人によってさらに改良がくわえられ、豊かになっていく。このようにして知識は「進化」する。

本書では、上記の二つの大きな問いに関係するさまざまな知識を関連づけ、一冊の本にまとめた。この本は、大学の全学共通教育で、人間や社会についての体系的な見方を教えるうえで役だつだろう。ぜひ多くの大学で、教科書や参考書として活用していただきたい。また、企業や行政の研修でも、リーダーのための基礎的なテキストとして活用できると思う。さらに、政治家にもぜひ活用していただきたい。イデオロギー対立を乗り越えた新しい政治が生まれることに、本書が少しでも貢献できることを願っている。

なお、本書の印税はすべて九州大学に寄付し、決断科学プログラムの発展に活用する予定である。本書の執筆を通じて、国立大学は独自の資金を持ち、「私立大学化」すべきだという思いが強くなった。「適応学習」による改善をうまく進めるには、いまの国立大学の仕組みはあまりにも制約が大きい。大学から創造的な人材が育ち、育った人材が社会に出て新たな価値を見出し、そこで生まれた利益が大学に還元され、その資金によって大学の改革が進むというサイクルを実現したい。そのためには、部分的な「私立大学化」によって自由度を高める必要がある。これは、本書で述べた「適応学習」による社会改革のひとつの実践だ。この考え方にもとづき、決断科学プログラムは文部科学省からの助成期間が終了する3年後には、事業として自立する計画だ。本書の出版には、この大きなチャレンジに向けての第一歩という意味がある。

私たちの社会は、人類6万年の歴史の中で最も平和で、最も豊かで、最も創造的な時代にある。そして、大きな転換期を迎えている。今後の社会では、多くの市民によるボトムアップ型の改革が進み、それらが組み合わせられることによって、オープンイノベーションが進むだろう。これは「適応学習」のプロセスだ。このような転換期に生きる多くの人にとって、本書が有意義なガイドブックとなることを願っている。

謝　辞

本書は、「九州大学持続可能な社会を拓く決断科学大学院プログラム」の学生・教員との討論を通じて生まれた。彼らは3年間を通じてさまざまな問題を提起し、私に考えるきっかけを与えてくれた。JB pressの鶴岡弘之編集長と堀川晃菜さんには、月2回原稿を書く機会をいただき、原稿を読みやすくするうえで、有益なアドバイスをいただいた。また、文一総合出版の菊地千尋さんには、原稿を改訂するうえで有意義なコメントをいただいた。これらの方々に心から感謝したい。

2017年1月

著者

cyousa/130321saigai.pdf
⒂：3.2⑵に同じ
⒃：1.2⑴に同じ
⒄：森田拓也. 2015. 阪神・淡路大震災からのNPO・NGOの活躍と現在. 都市政 策 161: 58-69. http://www.kiur.or.jp/file/hanshindaishinsai/04_morita.pdf
⒅：渡辺元. 2008. N P O 法の経 緯と意 義を振り返り、NPOの「いま」と「これから」を考える―法の成立・施行10年を経て―. 21世紀社会デザイン研究 2008(7): 29-38. http://www.rikkyo.ne.jp/web/z3000268/journalsd/no7/no7_thesis03.pdf
⒆：国際連合. 2015. 我々の世界を変革する：持続可能な開発のための2030アジェンダ. http://www.mofa.go.jp/mofaj/files/000101402.pdf
⒇：国際連合広報センター. 2015. 持続可能な開発のための2030アジェンダ採択―持続可能な開発目標ファクトシート. http://www.unic.or.jp/news_press/features_backgrounders/15775/

(3)：フリードリヒ・ハイエク(著), 西山千秋(訳). 2008. 隷属への道（ハイエク全集 I 別巻新装版). 春秋社.
(4)：カール・マルクス, フリードリッヒ・エンゲルス(著). 共産党宣言. http://redmole.m78.com/bunko/kisobunken/sengen1.html
(5)：3.2 (2)に同じ
(6)：自民党 日本国憲法改正草案. http://constitution.jimin.jp/draft/
(7)：3.4 (8)に同じ
(8)：ティム・ハーフォード（著), 遠藤真美（訳). 2012. アダプト思考：予測不能社会で成功に導くアプローチ. ランダムハウスジャパン.
(9)：1.2 (1)に同じ
(10)：1.1 (19)に同じ

6.5 どうすれば社会的ジレンマを克服できるか？

(1)：山崎繭加. 2016. ハーバードはなぜ日本の東北で学ぶのか：世界トップのビジネススクールが伝えたいビジネスの本質. ダイヤモンド社.
(2)：ムハマド・ユヌス(著), 岡田昌治(監修), 千葉敏生(訳). 2010. ソーシャルビジネス革命：世界の課題を解決する新たな経済システム. 早川書房.
(3)：山岸俊男. 2000. 社会的ジレンマ：「環境破壊」から「いじめ」まで(PHP 新書). PHP 研究所
(4)：Gutiérrez, N. L. *et al*. 2010. Leadership, social capital and incentives promote successful fisheries. *Nature* 470: 386-389.
(5)：3.3 (10)に同じ
(6)：4.5 (2)に同じ
(7)：6.3 (4)に同じ
(8)：Bowles, S. & Gintis, H. 2011. A Cooperative Species: Human Reciprocity and its Evolution. Princeton University Press.
(9)：1.1 (20)に同じ
(10)：4.2 (8)に同じ
(11)：Perreault, C. & Mathew, S. 2012. Dating the origin of language using phonemic diversity. *PLoS ONE* 7: e35289.
(12)：Gray, R. D. *et al*. 2011. Language evolution and human history: what a difference a date makes. *Philosophical Transansactions of the Royal Society B* 366: 1090–1100.
(13)：野中郁次郎・竹内弘高(著), 梅本勝博(訳). 1996. 知識創造企業. 東洋経済新報社.
(14)：全国保育協議会. 2013. 東日本大震災被災保育園の対応に学ぶ〜子どもたちを災害から守るための対応事例集. http://www.zenhokyo.gr.jp/

Review 1986(1-2): 137-146.
(5) :Beedle, M. *et al*. 2000. SCRUM: An extension pattern language for hyperproductive software development. *In*: Harrison, N. *et al*. (eds.) Pattern Languages of Program Design 4, pp. 637–651. Addison-Wesley, Reading. http://hillside.net/plop/plop98/final_submissions/P49.pdf
(6):大野耐一. 1978. トヨタ生産方式:脱規模の経営をめざして. ダイヤモンド社.
(7)：Moen, R. & Norman, C. 2006. Evolution of the PDCA cycle. http://pkpinc.com/files/NA01_Moen_Norman_fullpaper.pdf
(8)：Garmendia, E. & Stagl, S. 2010. Public participation for sustainability and social learning: Concepts and lessons from three case studies in Europe. *Ecological Economics* 69: 1712–1722.
(9)：引頭麻実. 2013. JAL 再生：高収益企業への転換. 日本経済新聞社.
(10)：ダニエル・ゴールマンほか(著), 土屋京子(訳). EQ リーダーシップ：成功する人の「こころの知能指数」の活かし方. 日本経済新聞社.

6.3　EU 分裂の危機は、人間の生物学的宿命なのか？

(1)：チャールズ・ダーウィン(著), 渡辺政隆(訳). 2009. 種の起源(上)(下)(光文社古典新訳文庫). 光文社.
(2)：Hamilton, W. D. 1964. The genetical evolution of social behaviour. *Journal of Theoretical Biology* 7: 1–16.
(3)：1.3 (3)に同じ
(4)：Chagnon, N. A. 1988. Life histories, blood revenge, and warfare in a tribal population. *Science* 239: 985-992.
(5)：マット・リドレー(著)・柴田裕之ほか(訳). 2010. 繁栄：明日を切り拓くための人類 10 万年史(上)(下)(ハヤカワ・ノンフィクション文庫). 早川書房.
(6)：Dunbar, R. I. M. 1993. Coevolution of neocortical size, group size and language in humans. *Behavioral and Brain Sciences* 16: 681-73.
(7)：ロビン・ダンバー(著), 藤井留美 (訳). 2011. 友達の数は何人？：ダンバー数とつながりの進化心理学. インターシフト.
(8)：1.2 (1)に同じ
(9)：3.2 (2)に同じ
(10)：4.5 (15)に同じ
(11)：1.1 (20)に同じ

6.4　社会主義はなぜ失敗したか？

(1)：4.5 (2)に同じ
(2):エドマンド・バーク(著), 佐藤健志(訳). 2011. 新訳 フランス革命の省察:「保守主義の父」かく語りき. PHP 研究所.

スペイン人の見た400年前の日本の姿. たにぐち書店.
(3)：河北新報社. 潮路はるかに：慶長遣欧使節船出帆400年. 竹書房.
(4)：上野久. 1994. メキシコ榎本植民：榎本武揚の理想と現実(中公新書). 中央公論新社.
(5)：上野久. 2008. サムライたちのメキシコ：漫画 メキシコ榎本植民史. 京都国際マンガミュージアム.
(6)：鈴木博. 1992. 熱帯の風と人：医動物のフィールドから. 新宿書房.
(7)：黒沼ユリ子. 1989. メキシコの輝き：コヨアカンに暮らして. 岩波書店.
＊：九州大学「持続可能な社会を拓く決断科学大学院プログラム」広報誌「決断科学」第2号（http://ketsudan.kyushu-u.ac.jp/mahara/artefact/artefact.php?artefact=4145&view=438）では，本コラム再録を含む16の記事により「メキシコから見た日本と世界」について紹介している.

第6章　社会をどうすれば変えられるか

6.1　どうすれば対立を乗り越えられるか？

(1)：ハーバート・サイモン(著), 松田武彦ほか(訳). 1965. 経営行動：経営組織における意思決定過程の研究. ダイヤモンド社.
(2)：ハーバート・A・サイモン(著), 稲葉元吉・吉原英樹（訳). 1999. システムの科学〔第3版〕. パーソナルメディア.
(3)：ハーバート・サイモン(著), 佐々木 恒男・吉原 正彦（訳). 2016. 意思決定と合理性(ちくま学芸文庫). 筑摩書房.
(4)：Simon, H. A. 1990. A mechanism for social selection and successful altruism. *Science* 250: 1665-1668.
(5)：3.3(10)に同じ
(6)：2.2(8)に同じ
(7)：4.5(15)に同じ
(8)：1.2(1)に同じ

6.2　どうすればリーダーはメンバーを幸せにできるか？

(1)：マイケル・アブラショフ(著), 吉越 浩一郎（訳). 2015. アメリカ海軍に学ぶ「最強のチーム」のつくり方：一人ひとりの能力を100％高めるマネジメント術（知的生き方文庫). 三笠書房.
(2)：マーティン・セリグマン(著), 宇野カオリ(監修・翻訳). ポジティブ心理学の挑戦“幸福”から“持続的幸福”へ. ディスカヴァー・トゥエンティワン.
(3)：1.4(10)に同じ
(4)：Takeuchi, H. & Nonaka, I. 1986. The new new product development game: Stop running the relay race and take up rugby. *Harvard Buisiness*

Resources Policy Research 1: 243-253.
(4)：4.3 (9)に同じ
(5)：4.3 (14)に同じ
(6)：Bobbink, R. *et al*. 2010. Global assessment of nitrogen deposition effects on terrestrial plant diversity: a synthesis. *Ecological Applications* 20:30–59.
(7)：ICSU. 2010. Earth system science for global sustainability: The grand challenges. International Council for Science, Paris. http://www.icsu.org/publications/reports-and-reviews/grand-challenges/GrandChallenges_Oct2010.pdf
(8)：5.4 (5)に同じ
(9)：Manabe, S. 1975. The dependence of atmospheric temperature on the concentration of carbon dioxide. *In*: Singer, S. F. (ed.) The Changing Global Environment, pp 73-77. Springer.
(10)：Manabe, S. & Stouffer, R. J. 1980. Sensitivity of a global climate model to an increase of CO_2 concentration in the atmosphere. *Journal of Geophysical Research* 85: 5529–5554.
(11)：Yahara, T. & Donoghue, M. J. 2007. bioGENESIS—a new DIVERSITAS Core Project is launched. *DIWPA Newsletter* 21:1–2. http://diwpa.ecology.kyoto-u.ac.jp/newsletter/no.21.pdf
(12)：Donoghue, M. J. *et al*. 2009. bioGENESIS: providing an evolutionary framework for biodiversity science. DIVERSITAS Report No. 6, 52 pp. http://www2.ib.unicamp.br/profs/cjoly/2%20-%201BioGENESIS%20&%20ICSU-LAC/bioGENESIS%20Science%20Plan.pdf
(13)：Mauser, W. *et al*. 2013. Transdisciplinary global change research: the co-creation of knowledge for sustainability. *Current Opinion in Environmental Sustainability* 5: 420–431.
(14)：2.2 (4)に同じ
(15)：マルクス(著), エンゲルス(編), 向坂逸郎(訳). 1969. 資本論 1(岩波文庫). 岩波書店.
(16)：フリードリッヒ・エンゲルス(著), 戸原四郎(訳). 1965. 家族私有財産および国家の起源：ルイス・H・モーガンの研究に関連して(岩波文庫). 岩波書店.
(17)：4.3. (1)に同じ

コラム 5：日本とメキシコが歩んだ正反対の 150 年

(1)：長崎文献社. 2012.「日本二十六聖人記念館」の祈り：公式「巡礼所」総合ガイドブック.
(2)：ロドリゴ・デ・ビベーロ・安藤操. 2009. ドン・ロドリゴの日本見聞録：

5.4 地球の危機が生み出した国際協力

(1)：IPBES. 2016. The assessment report on pollinators, pollination and food production. Summary for Policy Makers. http://www.ipbes.net/sites/default/files/downloads/pdf/spm_deliverable_3a_pollination_20161124.pdf
(2)：環境省ウェブサイト 愛知目標. http://www.biodic.go.jp/biodiversity/about/
(3)：Garibaldi, L. A. *et al*. 2013. Wild pollinators enhance fruit set of crops regardless of honey bee abundance. *Science* 339: 1608-1611.
(4)：日本生態学会(編). 2008. 森の不思議を解き明かす. 文一総合出版.
(5)：レイチェル・カーソン(著), 青木梁一(訳). 1974. 沈黙の春(新潮文庫). 新潮社.
(6)：Henry, M. *et al*. 2012. A common pesticide decreases foraging success and survival in honey bees. *Science* 336: 348-350
(7)：湯本貴和(編). 2011. 環境史とは何か（シリーズ日本列島の三万五千年―人と自然の環境史 1). 文一総合出版.
(8)：Diaz, S. *et al*. 2015. The IPBES conceptual framework: connecting nature and people. *Current Opinion in Environmental Sustainability* 14: 1–16.
(9)：1.1 (17)に同じ
(10)：環境省. 2010. 生物多様性総合評価（JBO). http://www.biodic.go.jp/biodiversity/activity/policy/jbo/jbo/index.html
(11)：環境省. 2014. 生物多様性及び生態系サービスの総合評価（JBO2). http://www.env.go.jp/nature/biodic/jbo2.html
(12)：Roberts, D. R. *et al*. 1997. DDT, Global strategies, and a Malaria control crisis in South America. *Emerging Infectious Diseases* 3: 295–302.
(13)：WHO. 2006. WHO gives indoor use of DDT a clean bill of health for controlling malaria. http://www.who.int/mediacentre/news/releases/2006/pr50/en/
(14)：WHO. 2011. The use of DDT in malaria vector control. WHO position statement. http://apps.who.int/iris/bitstream/10665/69945/1/WHO_HTM_GMP_2011_eng.pdf
(15)：中西準子. 2004. 環境リスク学：不安の海の羅針盤. 日本評論社.

5.5 地球の未来をかけた科学者たちの挑戦

(1)：Ehlers, E. & Krafft, T. 2006. Earth system science in the Anthropocene: Emerging issues and problems. Springer.
(2)：ウィリアム・ブライアント・ローガン(著), 岸由二(監修), 山下篤子(訳). ドングリと文明：偉大な木が創った1万5000年の人類史. 日経BP社.
(3)：Hardin, G. 2009. The tragedy of the commons. *Journal of Natural*

region sequences. *Molecular Phylogenetics and Evolution* 13: 511-519.
(7)：橘昌信. 2011. 阿蘇・くじゅうの旧石器から縄文世界の出現. 湯本貴和(編) 野と原の環境史(シリーズ日本列島の三万五千年―人と自然の環境史), pp. 123-135. 文一総合出版.
(8)：Norton, C. J. *et al*. 2010. The nature of megafaunal extinctions during the MIS 3–2 transition in Japan. *Quaternary International* 211: 113–122
(9)：Tsujino, R. *et al*. 2010. Distribution patterns of five mammals in the Jomon period, middle Edo period, and the present, in the Japanese Archipelago. *Mammal Study* 35:179-189
(10)：高槻成紀. 2015. シカ問題を考える：バランスを崩した自然の行方(ヤマケイ新書). 山と溪谷社.

5.3 神話なき時代――近代の苦悩を私たちはどう乗り越えるか

(1)：関根伸一郎. 2002. アスコーナ 文明からの逃走：ヨーロッパ菜食者コロニーの光芒. 三元社.
(2)：Hakl, H. T. 2013. Eranos: An Alternative Intelectual History of the Twentieth Century. McGill-Queen University Press.
(3)：C.G.ユング(著), 松代洋一・渡辺守(訳). 1995. 自我と無意識(レグルス文庫). 第三文明社.
(4)：Suzuki, D. 1934. An Introduction to Zen Buddhism. Eastern Buddhist Society.
(5)：ヘルマン・ヘッセ(著), 岡田朝雄(訳). 2016. 少年の日の思い出：ヘッセ青春小説集(草思社文庫). 草思社.
(6)：ヘルマン・ヘッセ財団ウェブサイト　https://www.hermann-hesse.de/ja
(7)：コラム 1 (2)に同じ
(8)：1.2 (7)に同じ
(9)：ゲーリー・スナイダー, 山尾三省(著), 山里勝己(編集, 翻訳). 2013. 聖なる地球のつどいかな. 新泉社.
(10)：鈴木大拙(著), 北川純雄(訳). 禅と日本文化(岩波新書). 岩波書店.
(11)：ジョーゼフ・キャンベル, ビル・モイヤーズ. 2014. 神話の力(ハヤカワ・ノンフィクション文庫). 早川書房.
(12)：ジョーゼフ・キャンベル, ビル・モイヤーズ.『神話の力』vol.2「神と人間」. https://www.youtube.com/watch?v=iga_x14SAG0
(13)：キャロル S. ピアソン(著), 鏡リュウジ(監訳), 鈴木彩織(訳). 2013. 英雄の旅 ヒーローズ・ジャーニー：12 のアーキタイプを知り、人生と世界を変える. 実務教育出版.
(14)：ジェームズ・ドゥティ(著), 荻野淳也(訳). 2016. スタンフォードの脳外科医が教わった人生の扉を開く最強のマジック. プレジデント社.

(3)：Wahid, M. B. *et al*. 2005. Oil palm - achievements and potential. *Plant Production Science* 8: 288-297.
(4)：内田道雄. 2016. 燃える森に生きる：インドネシア・スマトラ島 紙と油に消える熱帯林. 新泉社.
(5)：藤原秀樹. 2014.06.18. 紙の生産と消費が如実に示す世界経済の構造変化 http://jbpress.ismedia.jp/articles/-/40927
(6)： 天 然 ゴ ム の 需 要 と 供 給 http://cx.minkabu.jp/cx_gum/_07/index.html#07_1
(7)：Sist, P. *et al*. 2003. Towards sustainable management of mixed dipterocarp forests of South-east Asia: moving beyond minimum diameter cutting limits. *Environmental Conservatoin* 30: 364-374
(8)：フォレストパートナーシップ・プラットフォーム.『森林認証制度』 http://www.env.go.jp/nature/shinrin/fpp/maintenance/new/cert.html
(9)：FSC Japan. 管理木材基準 非認証原料を対象とした基準. https://jp.fsc.org/jp-jp/web-page-/3546935388123983127839006/316492970226408264482252228310
(10)：誰もが不可能と見たスマトラ森林保全 未来を拓いたのは APP. 日経ビジネス ONLINE. http://special.nikkeibp.co.jp/atclh/NBO/16/appj1206/sp/index.html
(11)：WWF. 2015. 新工場稼働により原料不足？ APP 社への懸念高まる. http://www.wwf.or.jp/activities/2016/05/1318719.html

5.2 屋久島の森が危ない！

(1)：湯本貴和・松田裕之(編). 2006. 世界遺産をシカが喰う：シカと森の生態学. 文一総合出版.
(2)：小野田雄一・矢原徹一. 2015. 第 9 章 人とシカと時間：屋久島の生態系とシカ個体群変遷. 宮下直・西廣淳(編). 保全生態学の挑戦：空間と時間のとらえ方, pp.126-149. 東京大学出版会.
(3)：Yahara, T. *et al*. 1987. Taxonomic review of vascular plants endemic to Yakushima Is., Japan. *Journal of the Facalty of Science, University of Tokyo III* 14: 69-119.
(4)：湯本貴和. 1995. 屋久島：巨木の森と水の島の生態学(ブルーバックス). 講談社.
(5)：Suetsugu, K. *et al*. 2016. *Sciaphila yakushimensis* (Triuridaceae), a new mycoheterotrophic plant from Yakushima Island, Japan. *Journal of Japanese Botany* 91: 1–6
(6)：Nagata, J. *et al*. 1999. Two genetically distinct lineages of the sika deer, *Cervus nippon*, in Japanese islands: Comparison of mitochondrial D-loop

(6)：Hatemi, P. K. & McDermott, R. 2012. The genetics of politics: discovery, challenges, and progress. *Trends in Genetics* 28: 525-533.
(7)：Sherif, M. *et al*. 1954/1961. Intergroup conflict and cooperation: The Robbers Cave experiment. http://psychclassics.yorku.ca/Sherif/index.htm
(8)：3.3 (8)に同じ
(9)：2.3 (1)に同じ
(10)：3.3 (10)に同じ
(11)：Graham, J. *et al*. 2012. Moral foundation theory: the pragmatic validity of moral pluralism. *Advances in Experimental Social Psychology*, available at SSRN: https://ssrn.com/abstract=2184440
(12)：3.2 (2)に同じ
(13)：2.3 (3)に同じ
(14)：マイケル・サンデル. 2011. これから「正義」の話をしよう(ハヤカワ・ノンフィクション文庫). 早川書房.
(15)：ジョシュア・グリーン(著), 竹田円(訳). 2015. モラル・トライブズ：共存の道徳哲学へ(上)(下). 岩波書店.

コラム 4：SEALDs が浮き彫りにした「個」と「忠節」の相克

(1)：SEALDs(編著). 2015. SEALDs：民主主義ってこれだ！ 大月書店.
(2)：BLOGOS 編集部(2015 年 06 月 15 日)【詳報】「安全保障法制は違憲、安倍政権は撤回を」～長谷部恭男氏・小林節氏が会見 http://blogos.com/article/116803/
(3)：Hegre, H. *et al*. 2010. Trade does promote peace: New simultaneous estimates of the reciprocal effects of trade and conflict. *Journal of Peace Research* 47: 763–774.
(4)：Benson, B. V. 2011. Unpacking alliences: deterrent and compellent alliances and their relationship with conflict, 1816-2000. *The Journal of Politics* 73: 1111–1127.

第 5 章　持続可能な社会へ

5.1　日本人こそ知っておくべき熱帯林消失の現状

(1)：Laumonier, Y. *et al*. 2010. Eco-floristic sectors and deforestation threats in Sumatra: identifying new conservation area network priorities for ecosystem-based land use planning. *Biodiversity and Conservation* 19: 1153–1174
(2)：ミヒャエル・エンデ(著), 上田真而子・佐藤真理子(訳). 1982. はてしない物語. 岩波書店.

(7)：4.2 (15)に同じ
(8)：4.2 (11)に同じ
(9)：グレゴリー・クラーク(著), 久保恵美子(訳). 2009. 10 万年の世界経済史(上)(下). 日経 BP 社.
(10)：2.5 (12)に同じ
(11)：Bell, A. V. *et al*. 2009. Culture rather than genes provides greater scope for the evolution of large-scale human prosociality. *Proceedings of the National Academy of Sciences of the United States of America* 106: 17671-17674.
(12)：2.5 (8)に同じ
(13)：4.2 (17)に同じ
(14)：ジャレド・ダイアモンド(著), 楡井浩一(訳). 2012. 文明崩壊：滅亡と存続の命運を分けるもの(上)(下)(草思社文庫). 草思社.

4.4 一目瞭然！ この 200 年で世界はどう変わったのか

(1)：Rosling, H. 2008. Gapminder. Unveiling the beauty of statistics for a fact based world view. https://www.gapminder.org/tools/#_chart-type=bubbles
(2)：日経ビジネス(編). 2013. アフリカビジネス(日経 BP ムック 日経ビジネス). 日経 BP 社.
(3)：Worldmapper. http://www.worldmapper.org/
(4)：ンゴシ・オコンジョ・イウェアラ. アフリカでのビジネスについて. https://www.ted.com/talks/ngozi_okonjo_iweala_on_doing_business_in_africa?language=ja
(5)：池上彰. 2013. 池上彰のアフリカビジネス入門. 日経 BP 社.
(6)：平野克己. 2013. 経済大国アフリカ：資源、食糧問題から開発政策まで(中公新書). 中央公論新社.

4.5 政治的対立をどうすれば乗り越えられるか？

(1)：1.2 (1)に同じ
(2)：ジョナサン・ハイト(著), 高橋洋(訳). 2014. 社会はなぜ左と右にわかれるのか：対立を超えるための道徳心理学. 紀伊国屋書店.
(3)：Hatemi, P. K. *et al*. 2011. A Genome-wide analysis of liberal and conservative political attitudes. *The Journal of Politics* 73: 271–285.
(4)：Gerber, A. *et al*. 2010. Personality and political attitudes. *American Political Science Review* 104: 111-133.
(5)：Oskarsson, S. *et al*. 2015. Linking genes and political orientations: Testing the cognitive ability as mediator hypothesis. *Political Psychology* 36(6): 649-665.

(8)：鬼頭宏. 2000. 人口から読む日本の歴史(講談社学術文庫). 講談社.

(9)：Zong, Y. et al. 2007. Fire and flood management of coastal swamp enabled first rice paddy cultivation in east China. *Nature* 449: 459-463.

(10)：ピーター・ベルウッド(著), 長田俊樹・佐藤洋一郎(監訳). 2008. 農耕起源の人類史(地球研ライブラリー). 京都大学学術出版会.

(11)：Hawks, J. *et al*. 2007. Recent acceleration of human adaptive evolution. *Proceedings of the National Academy of Sciences of the United States of America* 104: 20753-20758.

(12)：1.1 (22)に同じ

(13)：Fu, Q. *et al*. 2013. A revised timescale for human evolution based on ancient mitochondrial genomes. *Current Biology* 23: 553–559.

(14)：Bersaglieri, T. *et al*. 2004. Genetic signatures of strong recent positive selection at the lactase gene. *American Journal of Human Genetics* 74: 1111–1120.

(15)：Wolfe, N. D. *et al*. 2007. Origins of major human infectious diseases. *Nature* 447: 279-283

(16)：2.5 (8)に同じ

(17)：Nettle, D. 2006. The evolution of personality variation in humans and other animals. *American Psychologist* 61: 622-631.

(18)：栃内新. 2009. 進化から見た病気：「ダーウィン医学」のすすめ(ブルーバックス). 講談社.

(19)：奥田昌子. 2016. 欧米人とはこんなに違った日本人の「体質」：科学的事実が教える正しいがん・生活習慣病予防(ブルーバックス). 講談社.

(20)：湯本貴和(編). 2011. 環境史とは何か(シリーズ日本列島の三万五千年). 文一総合出版.

(21)：Lo, M. T. *et al*. 2017. Genome-wide analyses for personality traits identify six genomic loci and show correlations with psychiatric disorders. *Nature Genetics* doi: 10.1038/ng.3736

4.3 ヨーロッパの人たちはなぜ近代化の先駆者になれたのか？

(1)：ジャレド・ダイアモンド(著), 倉骨彰(訳). 2012. 銃・病原菌・鉄：1万3000年にわたる人類史の謎(上)(下)(草思社文庫). 草思社.

(2)：1.2 (1)に同じ

(3)：2.3 (1)に同じ

(4)：4.2 (18)に同じ

(5)：4.2 (10)に同じ

(6)：Diamond, J. 2002. Evolution, consequences and future of plant and animal domestication. *Nature* 418, 700-707.

(6)：海部陽介. 2016. 日本人はどこから来たのか？ 文藝春秋.
(7)：Roberts, R. D. *et al*. 2001. New ages for the last Australian megafauna: continent-wide extinction about 46,000 years ago. *Science* 292: 1888-1892.
(8)：キャロル・キサク・ヨーン(著), 三中信宏・野中香方子(訳). 2013. 自然を名づける：なぜ生物分類では直観と科学が衝突するのか. エヌティティ出版.
(9)：Coop, G. *et al*. 2008. The timing of selection at the human *FOXP2* gene. *Molecular Biology and Evolution* 25:1257–1259.
(10)：Dibble, H. L. *et al*. 2015. A critical look at evidence from La Chapelle-aux-Saints supporting an intentional Neandertal burial. *Journal of Archaeological Science* 53: 649–657.
(11)：スティーブン・ミズン(著), 熊谷淳子(訳). 2006. 歌うネアンデルタール：音楽と言語から見るヒトの進化. 早川書房.
(12)：Shea, J. J. 2003. The middle paleolithic of the east Mediterranean Levant. *Journal of World Prehistory* 17: 313-394
(13)：1.2 (8)に同じ
(14)：篠田謙一(編). 2013. 化石とゲノムで探る人類の起源と拡散(別冊日経サイエンス 194). 日本経済新聞出版社.
(15)：スティーブン・ピンカー（著), 幾島幸子・桜内篤子(訳). 2009. 思考する言語：「ことばの意味」から人間性に迫る（上)(中)(下)(NHK ブックス). NHK 出版.
(16)：1.2 (7)に同じ

4.2 過去 6 万年間、人類の進化は加速した

(1)：Nees, T. & Bellwod, P. 2014. The Global Prehistory of Human Migration. Wiley-Blackwell.
(2)：4.1 (6)に同じ
(3)：Villa, P. & Roebroeks, W. 2014. Neandertal demise: an archaeological analysis of the modern human superiority complex. *PLoS ONE* 9: e96424.
(4)：4.1 (5)に同じ
(5)：Mendez, F. L. *et al*. 2016. The divergence of Neandertal and modern human Y chromosomes. *American Journal of Human Genetics* 98: p728–734.
(6)：Sutikna, T. et al. 2016. Revised stratigraphy and chronology for *Homo floresiensis* at Liang Bua in Indonesia. *Nature* 532: 366-369.
(7)：Barnosky, A. D. *et al*. 2004. Assessing the causes of late Pleistocene extinctions on the continents. *Science* 306: 70-75.

(5)：ダニエル・ゴールマン, リチャード・ボヤツィス, アニー・マッキー(著), 土屋京子(訳). 2002. EQ リーダーシップ：成功する人の「こころの知能指数」の活かし方. 日本経済新聞社.
(6)：3.4 (12)に同じ
(7)：日本の人口の長期的推移. 出典：「国土の長期展望」中間とりまとめ 概要(平成 23 年 2 月 21 日国土審議会政策部会長期展望委員会)https://www.mlit.go.jp/common/000135837.pdf
(8)：浜田宏一・安達誠司. 2015. 世界が日本経済をうらやむ日. 幻冬舎.
(9)：浜田宏一. 2015. 金融緩和を止めてはならない. 東洋経済 ONLINE 2015 年 11 月 26 日. http://toyokeizai.net/articles/-/101990
(10)：藻谷浩介. 2010. デフレの正体：経済は「人口の波」で動く(角川 one テーマ 21). 角川書店.
(11)：2.5 (18)に同じ
(12)：安倍晋三. 2013. 新しい国へ：美しい国へ 完全版(文春新書). 文藝春秋.
(13)：菅直人. 2012. 東電福島原発事故：総理大臣として考えたこと(幻冬舎新書). 幻冬舎.
(14)：3.4 (14)に同じ
(15)：御厨貴. 2015. 安倍政権は本当に強いのか：盤石ゆえに脆い政権運営の正体(PHP 新書). PHP 研究所.
(16)：ジョセフ・ヒース(著), 栗原百代(訳). 2012. 資本主義が嫌いな人のための経済学. NTT 出版.

コラム 3：激しすぎる高城れにのダンスが「個性」になった日

(1)：石川ゆみ. 2015. みんな、いつか個性に変わる欠点を持っている. 宝島社.

第 4 章　私たちはどこから来て、どこへ行くのか？

4.1　6 万年前に人類が手に入れた驚異の能力とは？

(1)：三井誠. 2005. 人類進化の 700 万年：書き換えられる「ヒトの起源」(講談社現代新書). 講談社.
(2)：Green, R. E. *et al*. 2010. A draft sequence of the Neandertal genome. *Science* 328: 710-722.
(3)：Reich, D. *et al*. 2010. Genetic history of an archaic hominin group from Denisova cave in Siberia. *Nature* 468: 1053-1060.
(4)：スヴァンテ・ペーボ(著), 野中香方子(訳). 2015. ネアンデルタール人は私たちと交配した. 文藝春秋.
(5)：Vernot, B. *et al*. 2016. Excavating Neandertal and Denisovan DNA from the genomes of Melanesian individuals. *Science* 352:235-239.

(9)：大平英樹(編). 2010. 感情心理学・入門(有斐閣アルマ). 有斐閣.
(10)：ジョナサン・ハイト(著), 藤澤隆史, 藤澤玲子(訳). しあわせ仮説 古代の知恵と現代科学の知恵. 新曜社.
(11)：マーティン・セリグマン(著), 宇野カオリ(監訳). 2014. ポジティブ心理学の挑戦："幸福"から"持続的幸福"へ. ディスカヴァー・トゥエンティワン.

3.4 予測可能な失敗はどうすれば防げるか？

(1)：畑村洋二郎. 2005. 失敗学のすすめ(講談社文庫). 講談社.
(2)：Janis, I. L. 1971. Groupthink. *Psychology Today* 1971: 84-90
(3)：山下政三. 2008. 鷗外 森林太郎と脚気紛争. 日本評論社.
(4)：松田誠. 1990. 高木兼寛伝—脚気をなくした男. 講談社.
(5)：板倉聖宣. 脚気の歴史：日本人の創造性をめぐる闘い(やまねこブックレット). 仮説社.
(6)：Esser, J. K. 1998. Alive and well after 25 year; a review of groupthink research. *Organizational Behaviour and Human Decision Processes* 73: 116-141.
(7)：2.3(1)に同じ
(8)：樋口陽一・小林節. 2016.「憲法改正」の真実(集英社新書). 集英社.
(9)：柳澤協二. 2015. 亡国の集団的自衛権(集英社新書). 集英社.
(10)：R・アクセルロッド(著), 松田裕之(訳). 1998. つきあい方の科学：バクテリアから国際関係まで(Minerva21 世紀ライブラリー). ミネルヴァ書房.
(11)：1.2(1)に同じ
(12)：マックス H. ベイザーマン, マイケル D. ワトキンス(著), 奥村哲史(訳). 2011. 予測できた危機をなぜ防げなかったのか?：組織・リーダーが克服すべき 3 つの障壁. 東洋経済新報社.
(13)：半藤一利. 2012. 日本型リーダーはなぜ失敗するのか(文春新書). 文藝春秋.
(14)：野中郁次郎(編著). 2012. 失敗の本質：戦場のリーダーシップ篇. ダイヤモンド社.
(15)：坂内正. 2001. 鷗外最大の悲劇(新潮新書). 新潮社.

3.5 日本が取り組むべき優先課題は何か？

(1)：2.3(3)に同じ
(2)：Klugman, P. 1998. Japan's trap. 日本がはまった罠(山形浩生訳) http://cruel.org/krugman/japtrapj.html
(3)：ポール・クルーグマン(著), 山形浩生(監修), 大野和基(翻訳). 2013. そして日本経済が世界の希望になる(PHP 新書). PHP 研究所.
(4)：クルーグマンが明かす「安倍首相が極秘会談で語ったこと」～消費税 10% にするのか、しないのか　週刊現代 2016 年 4 月 4 日　現代ビジネス(ウェブページ)：http://gendai.ismedia.jp/articles/premium01/48303

⑵：2.3⑴に同じ
⑶：谷岡一郎. 1997. ツキの法則：「賭け方」と「勝敗」の科学（PHP 新書）. PHP 研究所.
⑷：ゲルト・ギーゲレンツァー（著）, 吉田利子（訳）. リスク・リテラシーが身につく統計的思考法：初歩からベイズ推定まで（ハヤカワ文庫 NF）. 早川書房.

3.2 なぜ男性は美女の誘惑に弱いのか？

⑴：デイヴィッド・ブルックス（著）, 夏目大（訳）. 2012. 人生の科学：「無意識」があなたの一生を決める. 早川書房.
⑵：ジョセフ・ヒース（著）, 栗原百代（訳）. 2014. 啓蒙思想 2.0：政治・経済・生活を正気に戻すために. NTT 出版.
⑶：Clark, R. D. & Hatfield, E. 1989. Gender differences in receptivity to sexual offers. *Journal of Psychology and Human Sexuality* 2: 39–55.
⑷：Buss, D. M. 2006. Strategies of human mating. *Psychological Topics* 15: 239–260.
⑸：1.2⑶に同じ
⑹：Buss, D. M. 1985. Human mate selection: opposites are sometimes said to attract, but in fact we are likely to marry someone who is similar to us in almost every variable. *American Scientist* 73: 47–51.
⑺：2.4⑹に同じ
⑻：2.5⒄に同じ
⑼：2.3⑴に同じ
⑽：2.4⑵に同じ

3.3 悲しみを喜びに、失敗を成功に変える方法

⑴：チャールズ・ダーウィン（著）, 浜中浜太郎（訳）. 1991. 人及び動物の表情について（岩波文庫）. 岩波書店.
⑵：Darwin, C. & Ekman, P. 1999. The Expression of the Emotions in Man and Animals: Definitive Edition. HarperPerennial.
⑶：Ekman, P. *et al.* 1969. Pan-cultural elements in facial displays of emotion. *Science*: 86–88.
⑷：2.1⑽に同じ
⑸：Carter, C. S. 2014. Oxytocin pathways and the evolution of human behavior. *Annuual Review of Psychology* 65:17–39.
⑹：Kosfeld, M. *et al.* 2005. Oxytocin increases trust in humans. *Nature* 435: 673–676
⑺：2.4⑹に同じ
⑻：アントニオ・R・ダマシオ（著）, 田中三彦（訳）. 2010. デカルトの誤り：情動、理性、人間の脳（ちくま学芸文庫）. 筑摩書房.

(3)：バーバラ・ミント(著), 山崎康司(訳). 1999. 考える技術・書く技術：問題解決力を伸ばすピラミッド原則(新版). ダイヤモンド社.
(4)：シーナ・アイエンガー(著), 櫻井祐子(訳). 2010. 選択の科学. 文藝春秋.
(5)：ダン・アリエリー(著), 熊谷淳子(訳). 2014. 予想どおりに不合理：行動経済学が明かす「あなたがそれを選ぶわけ」. 早川書房.
(6)：平田オリザ. 2015. 四国学院大学新制度入試. 主宰からの定期便 http://www.seinendan.org/oriza/2015/11/07/4759
(7)：2.1 (5)に同じ
(8)：安藤寿康. 2012. 遺伝子の不都合な真実：すべての能力は遺伝である(ちくま新書). 筑摩書房.
(9)：ピーター・ブラウンほか(著), 依田卓巳(訳). 2016. 使える脳の鍛え方：成功する学習の科学. NTT 出版.
(10)：アンジェラ・ダックワース (著), 神崎朗子 (訳). 2016. やり抜く力：人生のあらゆる成功を決める「究極の能力」を身につける. ダイヤモンド社.
(11)：Flynn, J. R. 1987. Massive IQ gains in 14 nations: What IQ tests really measure. *Psychological Bulletin* 101(2): 171–191.
(12)：ジェームズ・R・フリン(著), 水田賢政 (訳). 2016. なぜ人類の IQ は上がり続けているのか？：人種、性別、老化と知能指数. 太田出版.
(13)：Andy Hunt(著), 武舎広幸・武舎るみ(訳). 2009. リファクタリング・ウェットウェア：達人プログラマーの思考法と学習法. オライリー・ジャパン.
(14)：池上彰. 2014. おとなの教養：私たちはどこから来て、どこへ行くのか？(NHK 出版新書). NHK 出版.
(15)：東京工業大学リベラルアーツセンター(編). 2014. 池上彰の教養のススメ. 日経 BP 社.
(16)：1.4 (12)に同じ
(17)：野崎明弘. 1976. 詭弁論理学(中公新書). 中央公論新社.
(18)：デービッド・アトキンソン. 2016. 新・所得倍増論. 東洋経済新報社.

コラム 2: 王道プロジェクトマネジメントが実を結んだももクロ主演『幕が上がる』

(1)：平田オリザ. 2014. 幕が上がる(講談社文庫). 講談社.
(2)：平田オリザ(原案), 喜安浩平ほか(著). 2015. 幕が上がる(講談社青い鳥文庫). 講談社.

第 3 章　決断を科学する

3.1 運が左右する世界で成功する秘訣とは？

(1)：竹中明夫. 2002. 2002 FIFA ワールドカップの得点とポアソン分布. http://takenaka-akio.org/etc/fifa_poisson/

研究 10: 63-75.
(5)：ジェームズ・L・マッガウ(著), 大石高生・久保田競(監訳). 記憶と情動の脳科学：「忘れにくい記憶」の作られ方(ブルーバックス). 講談社.
(6)：ラリー・R・スクワイア, エリック・R・カンデル(著), 小西史朗, 桐野豊(監修). 2013. 記憶のしくみ(上)(下)(ブルーバックス). 講談社.
(7)：ピーター・センゲ(著), 枝廣淳子ほか(訳). 2011. 学習する組織：システム思考で未来を創造する. 英知出版.
(8)：ピーター・センゲほか(著), 有賀裕子(訳). 2010. 持続可能な未来へ：組織と個人による変革. 日本経済新聞出版社.

2.3「リーダー脳」は手抜きしない！

(1)：ダニエル・カーネマン(著), 村井章子(訳). 2012. ファスト＆スロー：あなたの意思はどのように決まるか？(上)(下)(ハヤカワ・ノンフクション文庫). 早川書房.
(2)：西内啓. 2013. 統計学が最強の学問である. ダイヤモンド社.
(3)：ロバート・チャルディーニ(著), 社会行動研究会(訳). 2014. 影響力の武器：なぜ人は動かされるのか(第三版). 誠信書房.

2.4　答えを導く「発想力」を手に入れる！

(1)：Sawyer, R. K. 2012. Explaining creativity: The science of human innovation. Oxford University Press.
(2)：ゲイリー・クライン(著), 奈良潤(訳). 2015.「洞察力」があらゆる問題を解決する. フォレスト出版.
(3)：千住博. 2004. 千住博の美術の授業：絵を描く悦び(光文社新書). 光文社.
(4)：米盛裕二. 2007. アブダクション：仮説と発見の論理. 勁草書房.
(5)：三中信宏. 2006. 系統樹思考の世界：すべてはツリーとともに(講談社現代新書). 講談社.
(6)：M. チクセントミハイ(著), 大森弘(訳). 2010. フロー体験入門：楽しみと創造の心理学. 世界思想社.
(7)：M. チクセントミハイ(著), 今村浩明(訳). 1996. フロー体験：喜びの現象学(SEKAISHISO SEMINAR). 世界思想社.

2.5　リーダーに必要な本当の思考力

(1)：中央教育審議会答申(2014 年 12 月 22 日). 新しい時代にふさわしい高大接続の実現に向けた高等学校教育、大学教育、大学入学者選抜の一体的改革について. http://www.mext.go.jp/b_menu/shingi/chukyo/chukyo0/toushin/__icsFiles/afieldfile/2015/01/14/1354191.pdf
(2)：1.2 (8)に同じ

(5)：河原一久. 2015. スター・ウォーズ論(NHK 出版新書 473). NHK 出版.

第2章　リーダーシップ

2.1「優れたリーダー」はなぜ少ないのか？

(1)：John, O. P. *et al*. 2008. Paradigm shift to the integrative big five trait taxonomy. *In* John, O. P. *et al*. (eds) Handbook of Personality, Third Edition: Theory and Research, Chapter 4. pp. 114–158.Guilford Press.

(2)：ダニエル・ネトル(著)・竹内和世(訳). 2009. パーソナリティを科学する：特性5因子であなたがわかる. 白揚社.

(3)：村上宣寛・村上 千恵子. 1999. 性格は五次元だった：性格心理学入門. 培風館.

(4)：Hernandez, M. *et al*. 2011. The loci and mechanisms of leadership: exploring a more comprehensive view of leadership theory. *The Leadership Quarterly* 22: 1165–1185.

(5)：Bouchard, T. J. & McGue, M. 2003. Genetic and environmental influences on human psychological differences. *Journal of Neurobiology* 54: 4–45.

(6)：Komarraju, M. *et al*. 2011. The Big Five personality traits, learning styles, and academic achievement. *Personality and Individual Differences* 51: 472–477.

(7)：Simonton, D. K. 2006. Presidential IQ, openness, intellectual brilliance, and leadership: estimates and correlations for 42 US chief executives. *Political Psychology* 27: 511–526.

(8)：DeYoung, C. G. *et al*. 2009. Intellect as distinct from openness: Differences revealed by fMRI of working memory. *Journal of Personality and Social Psychology* 97: 883–892

(9)：青島未佳ほか. 2016. 高業績チームはここが違う：成果を上げるために必要な三つの要素と五つの仕掛け. 労務行政.

(10)：丹野義彦. 2003. 性格の心理：ビッグファイブと臨床からみたパーソナリティ(コンパクト新心理学ライブラリ). サイエンス社.

2.2　リーダーのあなたにビジョンと情熱はあるか？

(1)：Baruch Fischhoff, John Kadvany(著)・中谷内一也(訳). リスク：不確実性の中での意思決定(丸善サイエンス・パレット). 丸善出版.

(2)：ダニエル・ピンク(著), 大前研一(訳). 2015. モチベーション 3.0：持続する「やる気」をいかに引き出すか(講談社＋α文庫). 講談社.

(3)：Ariely, D. *et al*. 2009. Large stakes and big mistakes (Working paper series). Federal Reserve Bank of Boston, No. 05–11. http://hdl.handle.net/10419/55603

(4)：日本生態学会生態系管理専門委員会. 2005. 自然再生事業指針 保全生態学

the Anatolian theory of Indo-European origin. *Nature* 426: 435–439.
(8)：ロビン・ダンバー(著), 鍛原多恵子(訳). 2016. 人類進化の謎を解き明かす. インターシフト.
(9)：Nesse, R. M. 2007. Runaway social selection for displays of partner value and altruism. *Biological Theory* 2: 143–155.
(10)：ジェフ・サザーランド(著), 石垣賀子(訳). 2015. スクラム：仕事が4倍速くなる“世界標準”のチーム戦術. 早川書房.
(11)：ジェフェリー・ミラー(著)・長谷川眞理子(訳). 恋人選びの心：性淘汰と人間性の進化(1)・(2). 岩波書店.
(12)：冨山和彦. 2014. なぜローカル経済から日本は甦るのか：GとLの経済成長戦略(PHP新書). PHP研究所.

1.5 学力の意味―試験は何を選んでいるか

(1)：1.4 (11)に同じ
(2)：巌佐庸. 1998. 数理生物学入門：生物社会のダイナミックスを探る. 共立出版.
(3)：Singh, D. 1993. Adaptive significance of female physical attractiveness: role of waist-hip ratio. *Journal of Personality and Social Psychology* 65: 293–307.
(4)：長谷川寿一・長谷川眞理子. 2000. 進化と人間行動. 東京大学出版会.
(5)：三田村泰助. 1983. 宦官：側近政治の構造（中公新書). 中央公論新社.
(6)：サトシ・カナザワ（著), 金井啓太（訳). 2015. 知能のパラドックス：なぜ知的な人は「不自然」なことをするのか？. PHP研究所.
(7)：1.1 (10)に同じ
(8)：出久根達郎. 2015. 幕末明治：異能の日本人. 草思社
(9)：マット・リドレー(著)・長谷川眞理子(訳). 赤の女王：性とヒトの進化（ハヤカワ・ノンフィクション文庫). 早川書房.
(10)：山極寿一. 2015. 京大式 おもろい勉強法(朝日新書). 朝日新聞出版.
(11)：矢原徹一. 2016. 独創性のおじさん〜元同僚として見た大隅博士の素顔「役に立たない研究」はなぜ役に立つのか？ JBpress(2016.12.9). http://jbpress.ismedia.jp/articles/-/48616

コラム1：誰もが「スター・ウォーズ」に心奪われる必然的理由

(1)：クリス・テイラー(著)・児島修(訳). 2015. スター・ウォーズはいかにして宇宙を征服したのか. パブラボ.
(2)：ジョーゼフ・キャンベル(著)・倉田真木(訳). 千の顔をもつ英雄(上)(下)(ハヤカワ・ノンフィクション文庫). 早川書房.
(3)：アーシュラ・K. ル＝グウィン(著)・清水真砂子(訳). 2009. 影との戦い：ゲド戦記(1)(岩波少年文庫). 岩波書店.
(4)：宮崎駿. 1994. 風の谷のナウシカ (1)–(7). 徳間書店.

(3)：クリストファー・ボーム(著)・斉藤隆央(訳). 2014. モラルの起源：道徳、良心、利他行動はどのように進化したのか. 白揚社.
(4)：Pääbo, P. 2014. The human condition – a molecular approach. *Cell* 157: 216–226.
(5)：Ingman, M. *et al.* U 2000. Mitochondrial genome variation and the origin of modern humans. *Nature* 408: 708–713.
(6)：McBrearty, S. & Brooks, A. S. 2000. The revolution that wasn't: a new interpretation of the origin of modern human behavior. *Journal of Human Evolution* 39: 453–563.
(7)：Bowler, J. M. *et al.* 2003. New ages for human occupation and climatic change at Lake Mungo, Australia. *Nature* 421: 837–840.
(8)：Fu, Q. *et al.* 2015. Genome sequence of a 45,000 year-old modern human from western Siberia. *Nature* 514: 445–449.
(9)：Bentley, R. A. & O'Brien, M. J. 2012. Cultural evolutionary tipping points in the storage and transmission of information. *Frontiers of Psychology* 3: article 569.
(10)：ジャレド・ダイアモンド(著), 長谷川寿一(訳). 1999. セックスはなぜ楽しいか(サイエンス・マスターズ). 草思社.
(11)：平田オリザ. 2012. わかりあえないことから：コミュニケーション能力とは何か(講談社現代新書). 講談社.
(12)：カール・ジンマー, ダグラス・J・エムレン(著), 更科功ほか(訳). 2016. 進化の教科書 第1巻 進化の歴史(ブルーバックス). 講談社.

1.4 今の日本には遊びが足りない！

(1)：冨山和彦. 2014. 我が国の産業構造と労働市場のパラダイムシフトから見る高等教育機関の今後の方向性. 文部科学省「実践的な職業教育を行う新たな高等教育機関の制度化に関する有識者会議」資料. http://www.mext.go.jp/b_menu/shingi/chousa/koutou/061/gijiroku/_icsFiles/afieldfile/2014/10/23/1352719_4.pdf
(2)：ヨハン・ホイジンガ (著), 高橋英夫 (訳). 1973. ホモ・ルーデンス(中公文庫). 中央公論新社.
(3)：チャールズ・ダーウィン(著), 長谷川眞理子(訳). 2016. 人間の由来(上)(下)(講談社学術文庫). 講談社.
(4)：1.3 (3)に同じ
(5)：国分拓. 2013. ヤノマミ(新潮文庫). 新潮社.
(6)：佐々木高明. 2007. 照葉樹林文化とは何か 東アジアの森が生み出した文明(中公新書). 中央公論新社.
(7)：Gray, R. D. & Atkinson, Q. D. 2003. Language-tree divergence times support

& Development 3: 595–605.
⒃：小田徹. 2015. コンピュータ開発のはてしない物語：起源から驚きの近未来まで. 技術評論社.
⒄：鷲谷いづみ・矢原徹一 1996. 保全生態学入門：遺伝子から生態系まで. 文一総合出版.
⒅：カール・ジンマー(著), 長谷川真理子(訳). 2012. 進化－生命のたどる道. 岩波書店.
⒆：マット・リドレー(著), 大田直子ほか(訳). 2016. 進化は万能である：人類・テクノロジー・宇宙の未来. 早川書房.
⒇：アレックス・メスーデイ. 2016. 文化進化論：ダーウィン進化論は文化を説明できるか. NTT 出版.
(21)：リチャード・ドーキンス. 2006. 利己的な遺伝子(増補新装版). 紀伊國屋書店.
(22)：木村資生. 1988. 生物進化を考える(岩波新書 新赤版 19). 岩波書店.

1.2 人類はどうやって暴力を減らしてきたのか

⑴：スティーブン・ピンカー(著), 幾島幸子・塩原通緒(訳). 2014. 暴力の人類史. 青土社.
⑵：Varki, A. & Nelson, D. L. 2007. Genomic comparisons of humans and Chimpanzees. *Annual Review of Anthropology* 36: 191–209.
⑶：ジャレド・ダイアモンド(原著), レベッカ・ステフォフ(編集), 秋山勝(訳). 2015. 若い読者のための第三のチンパンジー：人間という動物の進化と未来. 草思社.
⑷：スティーブン・ピンカー(著), 山下篤子(訳). 2014. 人間の本性を考える：心は「空白の石版」か(上)(中)(下)(NHK ブックス). NHK 出版.
⑸：Bouchard, Jr. T. J. *et al*. 2003. Evidence for the construct validity and heritability of the Wilson–Patterson conservatism scale: a reared–apart twins study of social attitudes. *Personality and Individual Differences* 34: 959–969.
⑹：安藤寿康. 2000. 心はどのように遺伝するか：双生児が語る新しい遺伝観(ブルーバックス). 講談社.
⑺：スティーブン・ピンカー(著), 椋田直子(訳). 2013. 心の仕組み：人間関係にどう関わるか(上)(下)(ちくま学芸文庫). 筑摩書房.
⑻：スティーブン・ピンカー (著), 椋田直子(訳). 1995. 言語を生みだす本能(上)(下)(NHK ブックス). NHK 出版.

1.3 人類はどうやって自由を手に入れたのか

⑴：ホッブス (著), 水田洋 (訳). 1972〜1985. リヴァイアサン (1)〜(4) (岩波文庫). 岩波書店.
⑵：ダニエル・C・デネット(著), 山形浩生(訳). 2005. 自由は進化する. NTT 出版.

引用文献

はじめに

出口治明. 2014. 本の「使い方」: 1 万冊を血肉にした方法（角川 one テーマ 21）. 角川書店.

第 1 章　進化的思考——人間と社会の理解の礎

1.1　生命の進化に学ぶイノベーションの原理

(1)：遊川知久(解説), 中山博史ほか(写真). 2015. 日本のランハンドブック① 低地・低山編. 文一総合出版.

(2)：http://ngm.nationalgeographic.com/2008/06/nudibranchs/doubilet-photography

(3)：園池公毅. 2008. 光合成とはなにか：生命システムを支える力(ブルーバックス). 講談社.

(4)：デイヴィッド・サダヴァほか(著), 石崎泰樹・斎藤成也(監修). 2014. アメリカ版 大学生物学の教科書 第 4 巻 進化生物学(ブルーバックス). 講談社.

(5)：オオノ・ススム(著), 山岸秀夫・梁 永弘(訳). 1977. 遺伝子重複による進化. 岩波書店〔2015 年に岩波オンデマンドブックスとして再出版されている〕.

(6)：Ingolia, T. D. & Craig, E. A. 1982. Four small *Drosophila* heat shock proteins are related to each other and to mammalian α-crystallin. *Proceedings of the National Academy of Sciences of the United States of America* 79: 2360–2364.

(7)：Nathans, J. *et al*. 1986. Molecular genetics of human color vision: the genes encoding blue, green, and red pigments. *Science* 232: 193–202.

(8)：Hsu, H. *et al*. 2015. Model for perianth formation in orchids. *Nature Plants* 1: 15046. doi:10.1038/nplants.2015.46

(9)：大野乾. 1988. 生命の誕生と進化. 東京大学出版会.

(10)：矢原徹一. 1995. 花の性：その進化を探る(ナチュラルヒストリーシリーズ). 東京大学出版会.

(11)：宮田隆. 1996. 眼が語る生物の進化(岩波科学ライブラリー 37). 岩波書店.

(12)：ウォルター・アイザックソン(著), 井口耕二(訳). 2011. スティーブ・ジョブズ (1)・(2). 講談社.

(13)：Gehring, W. J. & Ikeo, K. 1999. *Pax* 6: mastering eye morphogenesis and eye evolution. *Trends in Genetics* 15: 371–377.

(14)：Kozmik, Z. 2005. Pax genes in eye development and evolution. *Current Opinion in Genetics & Development* 15: 430–438.

(15)：Noll, M. 1993. Evolution and role of *Pax* genes. *Current Opinion in Genetics*

著者紹介

矢原徹一

九州大学大学院理学研究院教授・持続可能な社会のための決断科学センター長。1954年、福岡県生まれ。京都大学理学部卒業。京都大学大学院理学研究科博士課程単位取得退学。東京大学理学部附属植物園助手、東京大学理学部附属植物園日光分園講師、東京大学教養学部助教授、九州大学理学部教授を経て、2000年より現職。専門は生態学・進化生物学。著書に『花の性―その進化を探る』（東京大学出版会）、『保全生態学入門―遺伝子から景観まで』（共著、文一総合出版）など。紫推し。

決《けつ》断《だん》科《か》学《がく》のすすめ

持続可能《じぞくかのう》な未来《みらい》に向けて、どうすれば社会《しゃかい》を変《か》えられるか？

２０１７年３月20日　初版第１刷発行

著　者　矢原徹一《やはらてつかず》

発行者　斉藤　博

発行所　株式会社 文一総合出版

〒162-0812　東京都新宿区西五軒町２－５

電話　０３－３２３５－７３４１

ファクシミリ　０３－３２６９－１４０２

郵便振替　００１２０－５－４２１４９

印刷・製本　モリモト印刷株式会社

装幀　國末孝弘（blitz）

定価はカバーに表示してあります。

乱丁、落丁はお取り替えいたします。

ISBN978-4-8299-7106-2

NDC 209　判型　Ａ５判（128 × 188 mm）384 pp.